内阁首辅 01 严嵩

青词宰相

文茜——著

SPM 南方出版传媒·广东人民出版社

·广州·

图书在版编目（CIP）数据

内阁首辅之青词宰相 / 文茜著 . — 广州：广东人民
出版社，2017.11
ISBN 978-7-218-11987-8

Ⅰ . ①内⋯　Ⅱ . ①文⋯　Ⅲ . ①中国历史－明代－通俗
读物　Ⅳ . ① K248.09

中国版本图书馆 CIP 数据核字（2017）第 199727 号

Neige Shoufu Zhi Qingci Zaixiang
内阁首辅之青词宰相
文茜　著

出 版 人：肖风华

责任编辑：马妮璐
责任技编：周　杰　易志华
装帧设计：今亮后声 HOPESOUND
　　　　　pankouyugu@163.com

出版发行：广东人民出版社
地　　址：广州市大沙头四马路 10 号（邮政编码：510102）
电　　话：（020）83798714（总编室）
传　　真：（020）83780199
网　　址：http://www.gdpph.com
印　　刷：大厂回族自治县正兴印务有限公司
开　　本：710mm×1000mm　1/16
印　　张：17　字　数：213 千
版　　次：2017 年 11 月第 1 版　2017 年 11 月第 1 次印刷
定　　价：39.80 元

如发现印装质量问题，影响阅读，请与出版社（020－83795749）联系调换。
售书热线：（020）83795240

目录

引　子　　耻于谄媚写青词，夏言三度被革职 / 1

第一章　　嘉靖帝一心修道，无视俺答犯国土 / 8

第二章　　严嵩朝堂戴香叶，龙颜大悦受宠信 / 28

第三章　　不堪忍受折与辱，宫女密谋杀皇帝 / 44

第四章　　许勉仁攀上赵文华，聂豹成功抗俺答 / 59

第五章　　祖传《清明上河图》，无端惹来杀身祸 / 92

第六章　　查秉彝耿直谏言，严嵩惊出一身汗 / 129

第七章　　　帝王把玩平衡术，夏言复职首辅位 / 163

第八章　　　徐推官韬光养晦，夏首辅慧眼识人 / 180

第九章　　　夏言搜贪腐证据，严次辅举步维艰 / 197

第十章　　　严嵩为苟且偷生，忍屈辱跪求夏言 / 215

第十一章　　　陆指挥使遭弹劾，阁老们各怀心思 / 234

第十二章　　　夏阁老死不瞑目，严首辅小人得志 / 247

引子　耻于谄媚写青词，夏言三度被革职

嘉靖二十一年（1542 年）夏天的一个深夜。

狂风夹杂着雷电，像是要将黑夜撕成碎片。京城里，劳累了一天的人们，早早关上门窗睡觉。而乾清宫里却乱成一团，所有人都处在惊恐中。

乾清宫中，一排排红灯笼在狂风中打着秋千，火烛不断被吹灭，又被点亮，明明灭灭，像极了野外坟头上那跳动的鬼火，诡异至极。而那殿宇，在一道道雷电声中则如同高高矗立的巨魔，不时发出狞笑。

殿内，嘉靖帝朱厚熜头梳道髻，身穿道袍，盘腿闭目，坐在蒲团上默念祷词，似乎处在三界之外。其实，他的内心如那滚烫的开水，焦躁着、沸腾着。

嘉靖帝有些害怕。

难道是自己祭天时诚意不足，惹怒了上天，要遭天谴？抑或是自己"议大礼"惹怒了天上的神仙？

"议大礼"过去了四年，但始终是嘉靖帝的一块心病。

四年前，嘉靖帝为了让自己的亲生父亲兴献王朱祐杬进入皇帝世系，拥有皇帝庙号，他先将永乐帝庙号从太宗改为太祖，又不顾

群臣"声震阙庭"的阻止,用"廷杖"取得了"议大礼"的胜利。确定生父朱祐杬的尊号为"本生皇考恭穆献皇帝",母亲蒋氏为"本生圣母章圣皇太后"。

最后,嘉靖帝终于让亲生父亲以睿宗的身份,进入九庙。

能进九庙的,必是帝王。不等嘉靖帝享受艰难得到的这份荣耀,他就为接下来发生的一系列怪事惴惴不安起来。先是亲生母亲蒋氏去世,接着四省闹蝗灾饿死很多人,而后又是旱涝灾害……天灾不断,民怨沸腾。

这还不算什么,真正让嘉靖帝惊恐不安的,是嘉靖二十年(1541年)四月初五发生的那件事。

那天的天气和此时一样,狂风夹杂着雷电。不同的是,那天是白天,天空却像蒙上了一块黑布,整个京城都陷入黑暗之中,犹如末日来临。

"出大事了!老天发怒了!老天要降罪于我们了!"百姓们神色惊慌,议论纷纷。

"一定是皇上违背正统,惹怒了上天!"那些曾因反对"议大礼"而被嘉靖帝廷杖的大臣悄悄议论着。他们惊中带着怕,悲中带着喜,"九庙岂是随随便便什么人都能入的?皇上不听我等谏言,这下出事了吧!"

面对如此"异象",嘉靖帝不可能不害怕,而更令他害怕的是,伴随着刺耳的雷声,九庙着火了!大火从仁宗庙开始烧起,一直蔓延到祖庙和太庙。不久,群庙全都处在了火海中。

天空犹如着了火。

那场雷火烧毁了九庙中的八庙,唯独嘉靖帝的亲生父亲——睿宗的庙宇得以幸免。

有人说,这场天火是大明祖先们不愿和没当过天子的睿宗共同被祭祀,情愿用雷火自毁。嘉靖帝也有过这种念头,可他不愿将亲生父亲移出九庙。为了得到上天原谅,他不断用祭天的方式,祈求上天接受他父亲为睿宗。

四年过去了，在嘉靖帝以为自己祭天已经取得成效时，"异象"再次出现！如果说四年前，上天用雷电击毁九庙，以此警示他违背了正统，那四年后的今天，上天会击毁什么来警示他呢？会不会是他的乾清宫？

嘉靖帝想到这里，嘴唇微微颤抖，端坐的身体也开始摇晃……

无逸殿里，内阁首辅夏言一脸怒容地坐在椅子上，粗黑的眉毛不停地微微耸动，双目能喷出火来。不远处的书桌旁，礼部尚书严嵩趴在一张书桌前埋头疾书，额头不时渗出细密汗珠，在那张沟壑纵横的脸上流淌。怕汗珠掉落在纸上，严嵩不时地用衣袖擦拭着额头。

"可笑！"夏言突然挺直身子，扭过脸来，双眼含剑盯着严嵩，讥讽道，"在如此狂风大作的深夜，大明内阁首辅和礼部尚书竟然不为苍生安危着想，趴在这里写什么祭天的青词，可笑！可笑至极！"

正专注于写青词的严嵩，被夏言突然出声给吓到了，落笔的手一抖。他睨了夏言一眼，庆幸那笔没落下，不然前面的也就白写了。他心里生着气，可脸上却挤出一丝讨好的笑，"阁老，青词是皇上祭天要用的，皇上祭天是为天下苍生，您和我这也是在为天下苍生……"

"哼！"严嵩的话还没有说完，便被夏言的一声冷笑打断了，"严大人，不用说了，你接下来会说什么，老夫知道。老夫不想听，老夫听厌了！"夏言越说声音越大，说到最后，他愤而起身，踱起步来。

大明官员讲究官仪，夏言双眉如漆，鬓若刀裁，相貌堂堂，很有官仪。而那严嵩就差多了，身形虽高却略显佝偻，双眉稀疏，长鬓杂乱，脸颊消瘦。相较于夏言，严嵩的形象很是猥琐。

夏言如此不客气地训斥严嵩，旁人听了都会替严嵩尴尬，但严嵩本人却像没听到似的，继续谄媚道："在下能为皇上写青词，是在下的荣幸！在下能与夏阁老在此值宿，也是在下的荣幸！"

六十二岁的严嵩，在面对比他小两岁的夏言时，总忘不了低头哈腰。

夏言看不惯严嵩这个样子，他紧皱眉头，盯了严嵩好一会儿后，摇摇头走到了窗前，看着窗外那黑压压的天空，喃喃道："这是天灾还是人祸？这种天气，不知又有多少百姓要流离失所了。唉！祸不单行啊，如今又有俺答汗带着匪兵入侵。也不知那俺答的入侵，是不是被遏制住了……"

为这些事，夏言多日以来愁得寝食难安。可他不明白，大明百姓在遭难，大明领土被侵扰，身为大明天子的嘉靖帝，为何依旧整日沉迷于祭天修道。如果祭天有用，大明还会天灾不断，苍生受苦？

近几年，夏言曾多次谏言皇帝，让他不要沉迷于祭天修道，可皇帝不仅不听，反而勃然大怒，屡屡将他革职。

被革职对夏言来说已成常态。自嘉靖十七年（1538 年）第一次入内阁至今，短短四年时间，他已经被革职两次了，而这两次被革职，都和他向皇上谏言不要沉迷于修道有关。而更让他哭笑不得的是，他每次很快复职，又都与他能写青词有关——嘉靖帝找不到一个能在写青词上与他媲美的人。

"青词宰相"——有人这么称呼他。

对自己沦落为一个给皇上写青词的首辅，夏言既痛苦又厌倦，当然更多的是无奈。最近一段时间，每次写青词，他都找各种借口拖延。今天他便是如此。

和夏言不同，严嵩对写青词表现得很积极，他甚至觉得能为皇上写青词是他的荣幸。好不容易做到了礼部尚书，好不容易被皇上点名值宿，好不容易有资格写青词，他怎么能不好好把握机会？

内阁建立值宿制度，除了方便内阁官员随时接受皇上的询问，还要奉旨写祷神的青词。因而，每日由谁值宿就很要紧，因为值宿人全由皇上钦点。值宿是和皇上接触的最好机会，被钦点值宿更是受到皇上宠信的象征。朝臣中，除了夏言，没有人不想获得这样的机会。

夏言不想值宿是不愿写青词，不愿被人讽为"青词宰相"，他想当的是名垂青史、能为世人称道的宰相。

青词是嘉靖帝祷告时用的词，全文用赋体，语言华丽，笔法玄妙，写作难度很大。写青词的笔和纸很讲究，必须笔蘸朱砂，在青藤纸上写。"青词"一词，由此诞生。

青词的书写，对嘉靖帝来说大过一切，它关系到祷祀是否灵验。因而，能写青词，成了他选拔内阁成员的第一要件。夏言因写得一手漂亮青词，还曾被嘉靖帝亲赐"学博才优"银章（获这银章即有向皇上密奏的权力）。

擅青词者，得首辅位。

朝臣中流传的这句话，让夏言倍感耻辱，他极力想要避开和青词有关的一切。而严嵩却在极力争取。严嵩是礼部尚书、内阁阁员，因被皇上钦点值宿写青词，有了往上爬的机会。他卖力地表现着，以求能在写青词上"一鸣惊帝"，进而取代夏言，当上他梦寐以求的"青词宰相"。

为了当上"青词宰相"，严嵩几年前就开始练习写青词了，可惜他一直没有机会展示。如今，他要使出浑身解数，抓住这个千载难逢的机会。外面电闪雷鸣，严嵩听不到，他埋头伏身，注意力全都集中在了写青词上。此时，他不是在写青词，他是在攀云梯，攀登通向首辅位的云梯。

两炷香的时间过去了，外面那呼啸的风声和"咔嚓"的雷电声仍然不绝于耳。

"违背正统，会遭报应的！"突然，嘉靖帝的耳边响起了这句话。他不禁打了个寒噤。

"青词呢？"嘉靖帝闭着眼，轻声问旁边的黄锦，"青词送来了吗？"

"奴才这就让他们去请夏阁老……"

黄锦还未说完，便听嘉靖帝说："你跑一趟吧！"

"奴才还是伺候万岁爷吧！"黄锦不愿意离开皇上，特别是这样的天气，他必须守在皇上身边。

"别人朕不放心，老天还在震怒。"嘉靖帝微微睁开眼，扫了黄锦一眼，"让崔文来替你吧。"

"是！"黄锦答应一声，出去了。

半炷香后，雷电停了，万籁俱寂。

黄锦再进来时，却见嘉靖帝已经身着白衣单衫，侧卧在了龙榻上。熟睡中的嘉靖帝发出了轻微的呼噜声。

"黄公公，皇上睡着了。"崔文小声说。黄锦挥挥手，崔文出去了。

第二日，嘉靖帝一睁眼就问黄锦，"夏言的青词呢？"

"万岁爷！夏阁老说身体有恙，青词还未来得及写。"

嘉靖帝看着黄锦，脸上露出了愠色。"身体有恙？"嘉靖帝鼻子里哼了一声，"看来，朕给他这个首辅的权力太大了，大到他连朕都不放在眼里了！"

"万岁爷，千万别为这事生气，气坏了身子不值当，那夏阁老虽未写好青词，但礼部尚书严大人写好了。万岁爷要不要先看看？"黄锦上前一步，轻声道。

嘉靖帝没有说话，重新闭上眼睛。

黄锦从怀里轻轻拿出严嵩所写的青词，慢慢呈了上去。好半天，嘉靖帝才睁开眼，先是瞟了一眼，后又接过去，仔细看起来。

少顷，嘉靖帝脸上的愠色消失了。见状，黄锦暗里长舒了一口气。

几日后，嘉靖帝下手谕给都察院，列出夏言五项罪状：欲改皇太后慈庆宫为太子东宫府、在西苑乘轿、拒不戴所赐道士巾、罗织郭勋狱、军事重事径自家裁。

欲加之罪，何患无辞，嘉靖帝没有给夏言任何辩解机会。

嘉靖二十一年（1542年）七月一日，夏言第三次被革职，原内阁次辅翟銮升任首辅，而写青词有功的内阁阁员——礼部尚书严嵩则做了次辅。

第一章　嘉靖帝一心修道，无视俺答犯国土

嘉靖二十一年（1542 年）七月。蒙古土默特部首领俺答汗率兵在太原掠杀百姓。

六月，俺答便开始入侵太原。当时，俺答纠集青台吉、咒刺哈、哈刺汉及大同叛军首领高怀智等人，领兵数万，先进朔州，又抵广武，最后经太原南下沁、汾，复经忻、崞以北，屯驻在了祁县。

这是一场谋划许久的抢掠。俺答有备而来，兵强马壮，刀剑锋利。相反，驻守在这些地方的明军却毫无思想准备，面对来势汹汹的俺答兵，丝毫没有还手之力。

急奏依然一封又一封。嘉靖帝嫌这些事打扰了他的清静，竟然索性将自己关在殿里，别说上朝，就是平常的议事也取消了。

"朕要闭关几日，有什么事就找内阁，让他们和六部协商！"嘉靖帝一句话就把事情推给了臣子，推给了刚刚接替夏言当上首辅的翟銮。

翟銮叫苦不迭，"人人都想当宰相，那是人人不知当宰相的苦啊！"

大明是没有宰相的，可内阁首辅干着宰相的活。

"臣下敢有奏请设立宰相者，群臣即时劾奏，将犯人凌迟，全家处死"，这是明太祖朱元璋留下的祖训。

不难看出，对于"宰相"这个职位，朱元璋是多么的排斥。由于没有宰相，大明户、吏、礼、刑、工、兵六部加上都察院、通政司、大理院这些平行的九卿，一有重大事情便都直接上报皇上，由皇上定夺。明太祖朱元璋废相，并从此不再设相，就是担心分权，他要把权力集中在皇帝手中。

可权力越大，事情就越多。当所有的权力都集中到皇帝那里时，即便皇帝的精力再充沛，也会力不从心。

明太祖朱元璋感受到了压力，为了分担朝政压力，又不被分权，他下令设立一个专门替他处理九卿上奏文书的部门，事情不大，此部门汇报后处理；事情重大，皇上亲自处理。由于这个部门设立在皇帝的阁殿之下，直接和皇帝联系，因而被称为内阁，内阁成员之首叫内阁首辅，内阁里的成员也就有了专门的称呼——大学士。

内阁刚刚设立时，也如明太祖朱元璋所愿，只起"传旨当笔"的作用，并没有多少实际权力。然而，懒政的皇帝出现了，"重大事"越来越少，由内阁直接处理的"小事情"越来越多。这时候，内阁不再只是"传旨当笔"，而是成了权力只在皇帝之下的部门，内阁首辅也成了一人之下、万人之上的人物。

内阁、内阁首辅的权力越来越大，大到危及皇权，连懒政的皇帝也害怕了。怎么办？再设立一个可以制约内阁的部门吧。这个部门就是司礼监。司礼监是明朝宦官二十四监之首，主要代皇帝批阅奏章，传达谕旨。二十四监的主管叫掌印太监，是宦官之首，和内阁首辅一样，拥有"宰相"之权。

于是，大明出现了两个不是宰相的"宰相"职位：在皇帝殿外（内阁首辅）的叫"外相"；时刻跟在皇帝身边（司礼监掌印太监）的叫"内相"。

宦官和皇帝走得近，因而干政可能性更大，是怕分权的皇帝竭力设防之人。为绝后患，明太祖立下不设"相"祖训的同时提出："内臣不得干预政事，预者斩！"为规避宦官干政的风险，明太祖还规定，太监在宫中只能充当杂役，只能是奴才；宦官的品级绝对不能过四品；不能兼文武衔，不能读书识字等。然而，规定是死的，人是活的。明宣宗以后，太监不能读书识字的规定被打破了，皇帝不仅允许太监读书，还专门派大学士来教太监识文断字，这为后来司礼监的出现打下了基础。

懒政的皇帝，给了司礼监太监代皇帝批阅奏章，传达谕旨的权力。

内阁"票拟"，司礼监"批红"，懒政的皇帝将政事交给这两个部门，自己则从政事中解脱出来。

何谓"票拟"？来自全国各地的奏章在送呈皇帝批示前，会经过内阁，内阁给出建议，这建议写在小纸上，并贴在奏章背面。这便是"票拟"。而"批红"，则是司礼监在奏章上用"红字"代皇帝批示。有了内阁的票拟和司礼监批红的奏章，皇上才会下诏，各部、各地才能执行。从章程上看，内阁和司礼监权力虽大，但互为制约，缺一不可。

部门权力，很多时候是掌握在掌管部门的人的手里的。慢慢地，内阁的票拟便成了首辅的票拟，司礼监的批红成了掌印太监的批红。

权力的诱惑实在是太大了。

入朝为官，无不想进内阁；进内阁者，无不想做首辅。

进宫做宦官者，无不想进司礼监；进司礼监者，无不争抢着当掌印太监。

当然，也有例外。权力越大，责任也就越大，不想担责、胆小怕事的内阁首辅翟銮，把首辅位当成了烫手山芋。

"诸位不知，伴君如伴虎啊！"翟銮替换夏言三次坐上首辅位，别人恭喜他时，他都苦笑着如是说。他太怕出事了。可怕什么就来什么，俺答进攻山西太原势如破竹，兵部尚书刘天和整天跟在他的后面，要募兵，需粮饷。

募兵、粮饷，哪一样不要银两？可户部声称不见皇上的御批，不拨银两。什么意思？其实就是不想拨。皇上正闭关修道呢。当然，即便户部想拨，国库也无银两可拨。

明知道找翟銮没用，刘天和还是不停地找，谁让他是内阁首辅呢？

翟銮急得抓耳挠腮想不出办法。俺答掠杀成瘾，百姓受罪也就罢了，只怕听之任之会让他们更加肆无忌惮，不再只满足于抢掠财物，还要侵占大明领地。后果不堪设想啊！只几日，翟銮的黑胡子就白了一半。

翟銮想，夏阁老在就好了。他是真想夏言了，有夏言在，他便可以继续做他的好好先生，在内阁安稳混着了。翟銮为人处事谨慎，也没多大野心，这是他能在官场稳步上升的原因。在别人争权夺利斗得两败俱伤之时，他渔翁得利。不会给人造成威胁的翟銮人缘很好，与那恃才傲物、人缘极差的夏言也能和平相处。

翟銮只想跟在夏言身后，做个次辅，混到告老还乡。可夏言又一次被革职了，他翟鸾再次被推到了风口浪尖。这劳什子首辅，看着威风，却实在不是什么好差事，来个大浪就能被卷走。

翟銮的首辅做得很被动，他既不擅长溜须拍马，也不会写青词，如果不是夏言屡屡被革职，他还真和首辅之位无缘。前两次夏言被革职而他任首辅时，朝廷无大事发生，他才侥幸混到夏言复职。可这次，他是混不下去了。

"翟阁老，不能等了，俺答步步紧逼，再不募兵拨粮饷，那俺答汗可就率兵攻进来了！"兵部尚书刘天和又在内阁逼翟銮。

"刘大人呀，本官该做的都做了，你呈上的疏文，本官也票拟了，你不亲眼见着了吗？这、这……唉！"翟銮长吁短叹一番，突然又说，"要不您再找找张公公？"

"找张公公"只是翟銮应付刘天和之言。司礼监掌印太监张佐早就说了，皇上不点头，他不敢批，牵扯到拨银两的事可不是小事，他一个司礼监太监不能擅作主张。

张佐不批红，是不是皇上的意思？他们不知道，也不敢多问。

"翟阁老啊，您老又不健忘，卑职和您去找张公公多少次了，有用吗？"刘天和急得几天没睡好觉，眼睛里全是红血丝，"卑职掉脑袋都没事，只是不忍心看着百姓……看着百姓们被俺答欺凌啊！"

刘天和捶胸顿足，声音哽咽。

"老夫何尝不是？只是老夫也没办法，无能为力啊！"翟銮搓着手转圈。

"那……翟阁老，既然皇上忙着天上的事，顾不过来地上的，要不我们一起冒死跪在乾清宫，求谏皇上如何？皇上不……"

刘天和刚刚说到这里，翟銮就一脸惊慌，冲过去按住了他的胳膊，不停对他使眼色。意思是，你这么说皇上，不想活了吗？

刘天和不再说了，只苦笑了一下。他心想，这事如果不能解决，闹大了，他不一样是死？既然横竖都是一死，还不如冒死求谏。

翟銮见刘天和真将生死置之度外，怕他又说出什么过激的话，抑或做出什么过激的事，便故意大声道："松石兄，冷静！冷静！急是没用的，我们不是正在想办法吗？太原百姓受俺答掠杀，谁都急，我们急，皇上更急，这才闭关祈求老天保佑啊！"翟銮一边说，一边还朝外看。

"窝囊！"刘天和在心里骂了一句。

"要不我们再去求求如翰兄？"翟銮知道不想个法子是支不走刘天和的，"让他想想办法，或许他能拨点银两来。"翟銮所说的如翰兄是户部尚书李士翱。刘天和摇了摇头，不再说话，只是坐在那里发呆。他打定主意，翟銮不想出个法子，他不走。

"唉！"翟銮见支不走刘天和，便只得叹口气，坐回椅子上，耷拉下了脑袋。两个人都不再说话。

翟銮和刘天和在首辅室说的每一句话，都钻入了隔壁房间的次辅严嵩的耳朵里。按理说，严嵩是次辅，翟銮遇事是要和他商量的。可翟銮没有把严嵩放在眼里，在他看来，严嵩是靠溜须拍马、谄媚逢迎进入内阁，靠写青词当上次辅的平庸之人，没必要和他商量，和他商量也商量不出什么来。

翟銮几日来的着急和无计可施，严嵩全都看在了眼里。此时，他觉得自己该出场了。他先令小吏给翟銮和刘天和倒了茶，然后自己端着这两杯茶，小心翼翼地向首辅室走去。

在门口，他将满是皱纹的脸挤出千层花。

"二位大人忙了一上午，喝杯茶润润嗓子吧！"严嵩说，"这是我们江西的茶，二位大人先尝尝怎么样？"

翟銮正心急火燎呢，哪有心情喝茶？不过，从不打笑脸人的他，还是接了过去。

"哎哟，这可不敢当，怎么是严阁老……小吏呢？"刘天和急忙起身，惶恐地道。

"是卑职没让他们进来，二位大人正谈大事，怕他们进来了惊扰二位。"严嵩一脸谦卑地说。

"严阁老请坐！"刘天和对严嵩也没好印象，可人家好歹是内阁次辅，他也就装出恭敬的样子，起身让座位给严嵩。

严嵩嘴里说不坐，但屁股却已落在了椅子上。

"翟阁老和刘大人可是为俺答掠杀太原之事烦恼？"严嵩问道。

翟銮一听，禁不住又叹了口气，却没说话。

"可不是吗，卑职和翟阁老正为此事烦呢，不知严阁老可有什么好法子？"刘天和坐在另一张椅子上，随口问了一句。

严嵩等的就是这句话，他立马回道："二位大人何不找夏阁老出出主意？"

"夏阁老？"翟銮和刘天和互看一眼，刘天和说，"夏阁老……夏阁老不是被革职了吗？"

"夏阁老虽然被革职，可一向很受皇上器重。何况，夏阁老在山西任过职，对那里也熟悉……"

严嵩还没说完，刘天和便频频点头道："没错没错，兴许夏阁老有办法！"

夏言的个性让他在朝中难有朋友，可他的能力也少有人否定。他虽然被革职在家闲居，但身居高位多年，指不定有办法解决此事。

既然无计可施，那就死马当活马医吧！

"翟阁老觉得怎样？"刘天和问。

"想不到严阁老对山西的事也这么关心。"翟銮没回答刘天和，睨了严嵩一眼道。

"身为大明臣子，岂能眼睁睁地看着百姓被欺凌？"严嵩说到这里，眼圈一红。

翟銮心里暗道，想不到这严嵩也会想到百姓，还以为他只会攀附权贵。

严嵩可没翟銮想的那么好，他这么做，只想将夏言拉进泥潭，然后"一石二鸟"。

这"二鸟"就是曾经的首辅夏言和现在的首辅翟銮。

事虽棘手，可依夏言的脾气性格，只要翟銮和刘天和去求他，他定会出面，而一旦出面，就很可能做出违背圣意之事。严嵩觉得是个机会，抓住这个机会就可以将夏言永远阻隔在内阁外，现在的首辅翟銮也必定会滚蛋。

翟銮滚蛋，他严嵩就是首辅。当然，对严嵩来说，翟銮不是劲敌，夏言才是。所以他要借皇上之手，除掉夏言。夏言屡屡被革职又屡屡被重用，让严嵩觉得，夏言根本就没离开过。离开又怎样？很快又会像上两次一样，重回内阁。而一旦夏言回到内阁，他严嵩坐上首辅位的梦想也就很难实现了。

夏言和严嵩缘分不浅，可谓宿敌。

嘉靖七年（1528年），那时候严嵩和夏言都在礼部，夏言是礼部尚书，严嵩是礼部右侍郎。

从二人的仕途来看，夏言比严嵩顺利得多。顺利的仕途，出众的才华，让恃才狂傲的夏言从不把严嵩放在眼里，时常对他呼来喝去，毫无尊重。

在礼部时，夏言对严嵩除了呵斥，没有其他。严嵩则表面上对夏言恭恭敬敬，任由其呵斥，内心却对他恨之入骨，一直想找机会报复。可惜不管他怎么拼命往上爬，上头总有个夏言。

"想报仇，只能求助于皇上。"儿子严世蕃的一句话，提醒了严嵩。

攀任何权贵，再巴结夏言，有什么用？不如攀上皇上。只要攀上皇上这棵大树，夏言还不被自己踩在脚下？

可要怎么攀皇上这棵大树呢？严嵩一刻都没放松过寻找机会。

功夫不负有心人。一个对他来说至关重要的机会出现了。

嘉靖帝亲生父亲的显陵落成了，需致祭，而致祭之事归礼部管。礼部尚书夏言本就对嘉靖帝一而再，再而三地"美化"出身不满，想到致祭还要说一些违心话，他不想去，于是派礼部右侍郎严嵩去。

"这事严大人去最合适！"夏言的话里不无讥讽，严嵩则喜不自禁，觉得机会来了。他不仅为显陵举行了隆重的致祭仪式，还写了一篇文采斐然的文章向嘉靖帝汇报："臣恭上宝册及奉安神床，皆应时雨霁。又石产枣阳，群鹳集绕，碑入汉江，河流骤涨。请命辅臣撰文刻石，以纪天眷。"

嘉靖帝高兴不已。

参加显陵落成致祭的，不是只有严嵩一个人，向皇上汇报当时场景的也有好几个，可只有严嵩的这篇最得皇上心。亲生父亲只是亲王却享受帝陵，嘉靖帝知道朝臣不满，也有些心虚。可一看严嵩所写，"以纪天眷"，顿时心安理得起来，同时下旨，严嵩官升一级，任礼部左侍郎。

"论拍马屁功夫，无人能及严嵩。"夏言对别人说。

夏言嘲讽、鄙视严嵩，严嵩不在乎，他只在乎皇上。想着自己仅用一篇华美文章就能升官，严嵩为找到了晋升捷径而高兴。他想，用不了多久，自己就能美梦成真。

自此，严嵩开始了他的吹捧皇上之路。在嘉靖帝为供奉亲生父亲而修建的明堂落成之时，严嵩又如法炮制，献上了一篇更加肉麻的《庆云赋》："帝开明堂而大享，岁在戊戌，月惟季秋。百物告成，报礼斯举。先三日，己丑日正午，天宇澄霁，有五色云气抱日，光彩绚烂，熠熠如绮。臣民瞻呼，久之不息。考诸载籍，若烟非烟，若云非云，郁郁纷纷，萧索轮囷，足谓庆云，亦云景云，此嘉气也。太平之应，《援神契》曰：天子孝则景云出游。信斯言也，允符今日之征……"

在这篇赋中，严嵩不仅故弄玄虚，捏造明堂落成时现五色祥云，还引用《援神契》中所说，明堂落成，之所以会出现如此嘉气，皆是因为天下太平，天子贤孝。

严嵩吹捧死人为天子，吹捧嘉靖帝为孝子，嘉靖帝一高兴，恨不得再给他升职，无奈礼部尚书的位子上有人了，那就是夏言。嘉靖帝即任严嵩为南京礼部尚书。

南京是陪都。从职位上看，严嵩和夏言已经平起平坐了，可夏言是京城的礼部尚书，实权比严嵩大。更主要的是，在京城任礼部尚书可进内阁，成为内阁大学士，而南京的礼部尚书则只有尚书空名。

升职却升了个闲职，严嵩在被调去南京后，失落了很长时间。好在他很快就因给嘉靖帝留下深刻印象而被调回京城。但不料他回京后，居然发生了一件更让他沮丧的事：当他回到京城，坐上了夏言的礼部尚书之位时，夏言已进了内阁，成了内阁首辅。

夏言连升二级，严嵩嫉恨不已。

"夏言被破格提拔，是因青词写得无人能比。"儿子严世蕃那句看似随意的话，让严嵩开始把全部精力都用在练习写青词上。

青词不是用心就能写好的，也需天赋。严嵩练来练去，夏言的青词还是让他望尘莫及。可严嵩不气馁，暗地里偷偷拿着夏言写的青词揣摩、研究。

严嵩任礼部尚书后，也进了内阁，成为内阁大学士。虽然写青词的功力不如夏言，但他的青词言辞华丽，也算比上不足比下有余。

再加上夏言对写青词的消极，给了严嵩机会，让他被嘉靖帝钦定，上了值宿人员名单。严嵩知道，青词写得好坏，直接关系到他是否会被皇上信赖，能否当上内阁首辅。

他终于如愿了！夏言因不愿写青词被革职，而他则被升为次辅。

次辅位只是严嵩通向首辅的踏板。坐上次辅位后，严嵩对首辅位更加垂涎了。可那已经被革职的夏言，总像是他前进路上的绊脚石，无比碍眼。

现在的首辅翟銮，严嵩没把他当对手。因而，彻底击垮夏言，顺道拉翟銮下水，才是严嵩给翟、刘二位出主意让他们找夏言的真实目的。

无计可施的首辅翟銮、兵部尚书刘天和就那么钻进了严嵩的圈套。

当晚，翟銮乘马车前往夏言的府邸，原本是要和刘天和一起去的，不料临出发时刘天和令随从带信给翟銮，说他以前得罪过夏言，如若去了，势必令夏言不快。

翟銮知道这只是刘天和的推托之言，朝臣得罪夏言的不少，谁没和他争吵过几句？

"老狐狸！"翟銮在心里骂了刘天和一句，"谁还不知道你的心思？"

他知道，一定是刘天和过后一想，夏言刚刚被革职在家，若去夏府，很可能被夏言拖累。刘天和所担心的，也是胆小谨慎的翟銮所担心的，可他又能怎么办呢？要解燃眉之急，似乎也只有求助夏言了。

夏府门房向夏言禀告内阁首辅翟銮来访，夏言听后皱了皱眉，斥道："他来干什么？不见！"

门房正要离开，夏言又问："一个人来的？"

"是！"门房说，"小人只看到翟大人的马车。"

"有没有说什么事？"夏言沉思片刻又问。

"说是来探望老爷！"门房又说。

"说本老爷不在。"夏言一挥手说。

门房慢吞吞走出两步又停下道："老爷，还是见见吧，毕竟他是新内阁首辅。"

门房已经收了翟銮的好处，自然要竭力替他说话了。

这话不说还好，一说，夏言更来气了，抓起桌上的一把茶壶，往地上一掼，怒声道："首辅又怎么样？别说是首辅来了，就是皇上来了，本老爷说不见还是不见！"

门房吓得缩着身子溜了出去。

"哼！"夏言还在生气，"老夫既已是个闲人，又何须你们来假模假样地探望？"

"老爷别生气！"熟知夏言脾性的随从说，"那门房不会说话，他的意思是，翟大人既然来了，老爷还是见见的好。不见的话，知道的，说老爷您不想见，不想攀富贵，不知道的，还不知怎么编派您呢，指不定会说老爷嫉恨翟大人抢了您的首辅位，所以……"

随从是在故意激夏言，他怕夏言再树一敌，复职成泡影。

夏言听随从这么一说，急了，他可不愿意别人这么编派自己。

"真有人会这么想？"他问。

随从正要说话，门房在门口又闪了一下，恰好被夏言看到。

"要进来就进来，别偷偷摸摸的。"夏言说。

"老爷，翟大人还说，老爷若不见他，他就一直在外面等着。"门房小心翼翼地道。

"哼！不走？"夏言冷笑一声，"一个内阁首辅，站在被革职的闲人家门口，成何体统？难道大明官仪不要了吗？"

"那……那小的再去和翟大人说，就说老爷睡了，让他改日再来？"门房已经听出夏言语气缓和了，假装磨磨蹭蹭地朝外面走。

"罢了，罢了，既然来了，就让他进来吧！"夏言一摆手，"老夫倒要看看，他来此到底要做什么。"

门房高兴地答应一声，走了。

随从帮夏言整理好衣服，夏言端坐在椅子上，直视前方，等着翟銮的到来。

夏言刚刚喝了一口茶，放下杯子，便听到了翟銮的脚步声。

"夏阁老，夏阁老近日可好？"翟銮还未进门，一只脚刚踏进来，便满脸堆笑，朝夏言拱手行礼。虽然他已是内阁首辅，可在夏言面前，他还是将自己放在次辅位上。

夏言并不起身，只是稍稍欠了欠身，哂笑道："好啊！怎么能不好呢？如今不用再操心政事，不用替皇上写那劳什子青词，能不好吗？吃得香，睡得着！"

"那就好！那就好！"翟銮说着，从随从手里接过一盒点心，冲夏言笑道，"贱内做了点阁老喜欢吃的桂花饼，拿来给您老尝尝。"翟銮夫人做的桂花饼夏言以前吃过，赞不绝口。翟銮是了解夏言的，知道送其他东西，定会被拒收。

"桂花饼？翟夫人的桂花饼做得无人能及！好！"夏言哈哈笑着，指示随从接过点心，然后指指旁边的椅子，"翟阁老请坐！"

翟銮坐下，夏言突然又严肃地道："以后千万不要再叫老夫阁老了，特别是你。如今你是阁老，是首辅大人。你这么一叫，不知道的，还以为我夏言有野心，想夺你的首辅位呢！"

夏言这话说得真假参半，翟銮连连摆手，向夏言说起了掏心窝子的话。

"夏阁老，在我翟某人心里，您一直都是阁老。不管您在不在内阁，在不在朝廷。如今，您虽然被革职，但这只是皇上的一时之气，过不了多久，您又会像前几次一样复职的！同僚们也都知道！"

夏言心里也这么想的，但嘴里却不这么说。

"伴君如伴虎！那首辅位，还是让有能耐的人去做吧！老夫……"夏言摆摆手，摇摇头，"做不来！做不来喽！"

翟銮一听这话，正要借机说明他的来意，只见夏言又冲身边的仆人说："快快给翟阁老上一壶茶，新茶。"翟銮只好把到嘴里的话又吞了回去。

茶来了，翟銮应付地喝了一口，正要说话，机会又被夏言抢了去。

夏言开始滔滔不绝地讲起茶史来，讲得头头是道。翟銮暗想，难道他知道我此次来的目的，故意东拉西扯，不让我有开口机会？正想着，夏言突然打住了，将身子朝翟銮那边一歪，小声道："翟阁老信不信，被皇上革职，老夫觉得很庆幸？"

"信！信！当然信。别人说这话，我不信，但夏阁老这么说，我……绝对信！"翟銮先是愣了一下，后忙不迭地说完，稍停，又降低音量，将身子凑近夏言，"夏阁老信不信，我也不愿意做这个首辅？"

夏言瞪大眼睛，坐直了身子，先是没说话，然后看着翟銮，仰头哈哈大笑起来。

"信！信！别人说这话，老夫不信，但你说这话，老夫信。特别是现在，现在呀，这首辅位是真不好坐！有刺！哈哈哈哈……"

夏言笑得前仰后合，那笑声里，似乎还带着幸灾乐祸，这让翟銮很不舒服。

他想，难道之前夏言不写青词就是一个阴谋？他是为了躲避现在自己所面临的困境？毕竟一个月前，俺答使者石天爵被大同巡抚龙大有诱捕后遭车裂一事就已经惹怒了俺答汗。俺答汗会报复，谁都能想到。何况之前，为了俺答入侵的事，夏言还曾屡屡上奏，只是被皇上无视了。

想到这里，翟銮的心沉了下来，觉得自己今天白来了。他甚至觉得，如今自己被搁在火上烤，都是拜夏言所赐。

"夏阁老，还是您老有远见啊。如今事情越来越严重了，俺答汗已率兵拥进边关，掠杀朔州、广武……"

翟銮还没说完，夏言便一挥手说："翟阁老莫不是忘了？俺答刚刚进犯边关时，刘尚书和老夫也曾为此事上奏过？这事老夫能不知道？当时老夫可还在内阁。唉！俺答进犯的是什么地方？山西，山西是老夫的第二故乡。俺答入侵，百姓遭殃，老夫比谁都难受。"

夏言脸上的笑容消失，只剩一片凝重。

看来自己错怪夏言了。翟銮急忙赔笑道："老了！老了！还望夏阁老见谅！这人老了啊，什么事都忘得快，肯定是这些时日被那刘松石催得心乱如麻，糊里糊涂的，见谅啊！"翟銮起身，冲夏言抱拳。

夏言的浓眉锁了起来，先不说话，后又看了看翟銮，端起一杯茶，抿上一口。

"知道近日你和刘尚书的日子不好过，坐卧不宁，心烦气躁。先喝茶吧，降降火。"

翟銮心焦得都快冒烟了，哪有心情品茶？为了不驳夏言面子，他只得坐回去，端起杯子喝了一口。

"好茶啊！真是好茶！很久没喝到这么好的茶了！"

夏言瞟了一眼翟銮。

"现在能喝出是好茶，看来翟阁老并不急。"

"唉！"翟銮重重地叹了口气，放下杯子，"我就知道，这朝廷的事啊，什么都瞒不住夏阁老。我也不向阁老隐瞒什么了，今日我来阁老府上啊，除了看望阁老外，还有件事想请教！"

夏言没说话，只是用鼻子轻轻哼了一声。

"俺答入侵的情况，夏阁老一定清楚。您老说说，如今这种情况，我该怎么办？皇上整日闭关修道，不问政事，说要把政事交予内阁处理，可这些事情，内阁能处理吗？怎么处理？很多事情，没有皇上点头，办不了啊！您说，这事装瞎吧，一旦大明领地被俺答占领，后果不堪设想！可想阻止俺答入侵，哪有那么容易？如今边防缺人缺粮，不管是人还是粮，都需要银两，可银两从何而来？不见皇上亲自指示，户部不拨款，我……我……"翟銮越说越急，再次站了起来，冲夏言摊开手，"这……这不是要我命吗？"

"你真相信皇上不知道事情的紧迫？"夏言突然插话，面露讥讽，打断了翟銮的话，"你们真以为皇上现在只知天上事，不知人间事？"

"夏阁老……什么意思？"翟銮有些不明白。

"外面发生了什么，皇上都知道。俺答对太原的侵略，他能不知道？别说之前老夫向他汇报过，即便不汇报，他身边的锦衣卫是干什么的？东厂是做什么的？这些人，除了给他抓人，还要给他汇报天下事的。"夏言说到这里，瞟了一眼翟銮，摇摇头道，"翟兄啊翟兄！你呀……唉！"

夏言也起身，背着手，在房间里踱起步来。

"皇上什么不知道？他会不知道太原百姓正在遭受俺答欺凌？俺答最初入侵，我们上奏多少次了，他能不知道？他能不知道太原防守不利，需要兵粮？"夏言越说越激动，开始挥舞起了双手，嘴里也唾沫星子乱溅。

"知道？"翟銮有些糊涂了，"既然皇上什么都知道，可又为何……"

"为何又装作不知道，对吗？"夏言再次打断了翟銮的话，他停住脚步，"如果不装作不知道，出了事谁负责？俺答为何掠杀太原？还不是龙大有诱捕了向朝廷示好的俺答使者石天爵？"

"什么？"翟銮大惊失色，他还是第一次听说，"您是说石天爵是俺答派来的使者，是为了示好朝廷？那……怎么……不是说石天爵潜入大同，是给俺答入侵探路吗？"

"翟阁老啊，说你什么好呢？你这一天……"夏言不停摇头，"龙大有为了立功，将俺答派来求和的使者以接见为由抓住，并五马分尸了，这事你不知道？"

翟銮摇头，有些惭愧。

"你说说，俺答能不生气？"夏言又说。

"肯定生气！任谁都生气！这……这龙大有！"翟銮气得握紧拳头，朝桌上一砸，"成事不足，败事有余！"

夏言睃了一眼翟銮，用鼻子哼了一声。

"翟阁老连这些事都不知道，看来啊，翟阁老在内阁过得还真……"

翟銮现在毕竟是首辅，不是他的下属，夏言将"逍遥"两个字吞了回去。翟銮此时倒顾不上在意夏言的嘲讽了。

"这么说，龙大有欺骗了皇上，这才引来了俺答的报复？"翟銮急急说，"如果真是这样，我们是不是可以向皇上上奏，下旨将龙大有抓起来，以欺君之罪名斩杀，这样不就给俺答汗消气了吗？俺答汗不生气了，不就会退兵了吗？趁这段时间，我们再募兵、募粮饷，就算国库空了，也可以想其他办法筹借银两啊！"

"你想得太简单了！"夏言摇了摇头，"龙大有欺君，此时皇上不会不知道，只是无法治他的欺君之罪罢了。"

"为什么不能治？皇上没理由袒护龙大有啊。"翟銮刚说完，便反应过来，"对，皇上是不能治龙大有罪，皇上因龙大有抓石天爵有功，对他大加赏赐，还把他从大同巡抚升为兵部侍郎。皇上不能……对，不能！唉！怪不得皇上要闭关修道呢，他是没办法啊！他不能不袒护龙大有啊！"

"不不！你说错了一点。"夏言摇头道。

"什么？错了？"翟銮问。

"皇上不是袒护龙大有。很多时候，皇上不是想维护谁，而是不想让臣子说他昏庸。如今，如果说龙大有欺君，那就证明皇上被龙大有骗了，也就证明皇上昏庸。"夏言苦笑一下，"何况，石天爵是使者，两国交战，不斩来使，可我们却把俺答的使者斩了。因此，我们怎么都不能承认我们抓错人了，不能承认我们杀错人了，只能将错就错，明白了吗？"

"那这龙大有，闯了这么大的祸还……"

翟銮还没说完，夏言又说："龙大有也活不了多久的，龙大有的头，终归还是会被皇上要了去的，只是不是现在。"

"龙大有的头可以过段时间要，可现在怎么办？任由俺答掠杀太原？"翟銮一脸绝望。

"皇上不是说了吗？事情由你内阁解决！"夏言的脸，表情凝重至极，"内阁的存在，很多时候就是为替皇上担责的。"

"这么说，我……我只能担着这责任了？"翟銮喃喃着，脸如死灰，"我担得了吗？"

"担不了也要担，除非刘尚书和你翟大人把生死抛在脑后。"夏言说完，见翟銮的脸色很是难看，又道，"当然，并不是完全没有办法。"

翟銮顿时精神了，急忙问道："什么办法？"

夏言倒不急着回答了，卖起了关子。他慢慢地坐回椅子上，悠闲地端起茶盅，咂巴了几下嘴，"知道你喝的这上好的茶来自哪里吗？"

翟銮可没心情和他猜谜，皱着眉头不说话。

"曾铣！"夏言说。

翟銮起初没明白夏言说这话的意思，突然意识到后，他耷拉着的脑袋抬了起来，瞪大眼睛看着夏言。

"曾将军？难道夏阁老您是说让他去增援太原？"

如果真是这样，倒不失为一个好办法。曾铣是兵部侍郎兼总督三边军务，以前和俺答交过手，战绩不俗。

"就看你和刘尚书愿不愿意，敢不敢了。"夏言说。

"敢不敢？不敢也要敢啊！"翟銮忙说。不过，很快他的眼神又黯淡下来，"曾铣是不错，可曾铣在陕西，如果调动西北军去太原，远水解得了近渴吗？"

"调西北军去太原快还是现募兵快？"夏言扫了一眼翟銮，"俺答来势汹汹，即便有银两去募兵，也来不及了，何况国库虚空，根本没这银两为边防增添人马。最可行的，只有调兵！若调兵，也只有曾铣最合适！"

翟銮点了点头。确实如此，关键是调兵这事，刘尚书能做主。

"看来，只能如此了。"翟銮说完，起身就向夏言告别，"多谢夏阁老！”

“不说这话，但愿能解除危急！”夏言说完，稍停后又说，“对了，你只需向刘尚书提建议，他愿不愿意调西北军，由他决定。这样到时皇上怪罪下来，也不会让你内阁首辅一个人承担。”

“夏阁老……”翟銮因夏言的这句话，差点掉下泪来。

想不到，平时对谁都冷冰冰的夏言，这么关心他。想到这个，翟銮心里顿时热起来，泣道：“翟銮……翟銮替太原百姓感谢夏阁老！”

翟銮说完，向夏言深深地施了个礼，快步离开。

从夏府出来，翟銮没有直接回家，而是去了兵部尚书刘天和的府上。刘天和虽然没和翟銮去夏府，但没有一刻不惦记此事，一直引颈等待。

当翟銮提出“调曾铣的西北军去太原支援”时，刘天和半晌没说话。

如果他写奏文，再由翟銮票拟，张佐批红，那么调西北军去山西在他权限之内。可身为兵部尚书的他有另一种担心，他忧心地开口问道：“如果曾铣带兵去山西了，俺答趁机入侵西北怎么办？”

“刘大人，不能再犹豫了！曾将军久经沙场，在率军去太原支援前，他一定会考虑周全，留军镇守西北的。”翟銮催促他说。

刘天和一听，心下想，也只能如此了，总比什么都不做好吧。他当晚就写了奏疏，第二日翟銮票拟过后，下午他便求张佐批红，晚上飞鸽传书给曾铣。

俺答抢掠太原，曾铣当然是知道的，他也早想去救援，无奈没有接到兵部的调令。因此，接到指令后，他即刻挑选部分精兵强将，连夜飞马向山西而去。

就在曾铣率兵急速赶往山西时，驻守山西的副总兵张世忠已经射尽了最后一支箭，而后惨遭俺答兵杀害了。眼见副总兵死了，张世忠的手下张宣和张臣悲伤不已，他们抱着誓死守卫山西的想法，与俺答汗率领的部队展开了肉搏。虽然在兵力上与俺答差距很大，可他们的殊死一搏，还是让急着前行的俺答吃尽了苦头。

俺答汗万没想到会在这里受到阻击！在遇到副总兵张世忠前，俺答一路畅通，掠杀了无数乡镇。

"快快摆脱他们的纠缠，继续前行。"

俺答汗刚刚发出指令，就有兵士来报，说明军的援军到了。

"援军？哪里来的援军？"俺答汗问。

"好像是曾铣率领的西北军。"俺答兵说。

俺答汗惊道："怎么是他？"俺答汗和曾铣交过手，且多次都以惨败告终，因而对曾铣颇为忌惮。

"这是个打仗不要命的，撤！"俺答汗一声令下，就此率领俺答兵火速撤离了。

不过，曾铣还是在途中阻杀了少部分俺答兵。

此次俺答入侵，山西十八个州县遭受损失，俺答所到之处，无不被烧杀抢掠！八万间房屋被毁，二百万头牲畜被掠，二十余万男女老幼被屠杀。

"俺答杀掠晋南还至祁县一带。副总兵张世忠自候城村起营，突袭俺答，并约诸营官军邀击。俺答以三千精兵围杀张世忠，而诸营官军皆闭营不出，不予增援。张世忠下马步战，箭及火药用尽，俺答军四面围杀，张世忠愤呼：'我军被围苦战，诸将竟不相援，国宪天刑宁汝逭耶！'复上马督短兵接战，自巳至酉，张世忠力竭，头部中箭而死。部将张宣、张臣痛世忠死，皆力战死。"

曾铣了解副总兵张世忠阻击俺答的情况后，即刻上书朝廷。

看了曾铣的奏报，兵部尚书刘天和老泪纵横。张世忠曾是刘天和手下的爱将，爱将死得如此悲壮，刘天和心疼不已，同时也愧疚难当。他觉得这一切都是由他的失职造成的，如果他早点调兵去救援，张世忠很可能就不会死。

"我们堂堂大明，怎能如此忍受一个凶蛮游牧民族的欺凌？"

曾铣最后这句，让刘天和羞愧不已。

他不禁跪倒在地，仰天怒吼："身为兵部尚书，我愧对皇上信任，愧对朝廷信任，愧对天下的信任啊！我有罪！我有罪啊！"

随即，他拿着奏报向乾清宫走去，他要向嘉靖帝请罪。此时翟銮却是想拦没拦住，只好也跟着去了。

俺答撤出太原的第二天，嘉靖帝结束了他的闭关修道，时间很是凑巧。看完曾铣传回来的奏报后，他一言不发，面无表情。

"臣刘天和向皇上请罪！"刘天和带着颤音说。

"臣翟銮向皇上请罪！"翟銮跟着说。

"都起来吧！"许久，嘉靖帝才淡淡地说道。

翟銮想起身，见刘天和依然跪着，也只得跪着。

"万岁爷让你们起身，二位大人没听到吗？"黄锦加高了音量。

"谢皇上！"刘天和和翟銮齐声道。

二人起身后，站在一边，等着嘉靖帝发话。

"朕累了，你们出去吧！"

刘天和吃惊地看向皇上，他还想说话，却被翟銮的眼神制止了。

从乾清宫出来，刘天和喃喃道："怎么会这样？死了二十余万百姓啊！二十余万！皇上竟然不发一言。"

"是有些奇怪。皇上……到底什么意思呢？"

"什么意思？翟阁老，您还不知道吗，能有什么意思？百姓死多少，他不关心，只要俺答退了就行，就是这意思。"

"刘大人，你……"翟銮一把扯住刘天和的胳膊，小声道，"你不想活了？"

"不活了！死了那么多人，身为兵部尚书，我又如何能苟活？"

"你不想活，老夫还想活呢！"

第二章 严嵩朝堂戴香叶，龙颜大悦受宠信

严嵩想借俺答掠杀山西事件算计夏言，但没有成功。

被革职的夏言，在严嵩眼里，已经是只落水狗。但这只落水狗如果不打，很快就会爬上岸，咬自己一口！严嵩最害怕的就是这点，严嵩很想再算计夏言，找出类似"拒戴香叶冠"之类的把柄。

"拒不服戴所赐道士巾"是嘉靖帝为了革夏言的职所列的五大罪状之一，而这道士巾实则是香叶冠，其实就是一种用荷叶做成的帽子。

一次，祭天仪式结束后，嘉靖帝为了向老天表明自己的虔诚，突发奇想要用荷叶做帽子。于是，他先令人采来上好荷叶，然后焚香净手，亲手做荷叶冠。对于这顶香叶冠，嘉靖帝看得很重，除了荷叶是由别人采的，其余的事情他都不让任何人插手，就连他最信任的黄锦也只能在旁看着。

"万岁爷的诚心，上天一定能看到。"黄锦感动地道。

"上天之物，岂能让别人沾手？"嘉靖帝冲黄锦说完，将做好的香叶冠戴在了头上。

堂堂一国之主，戴着顶香叶冠，很是滑稽。

黄锦以为嘉靖帝只是戴着玩，谁料上朝时，身穿朝服的嘉靖帝依然戴着那顶香叶冠。

"万岁爷，要上朝了！"黄锦看着香叶冠，提醒他。

"朕以后就戴着它上朝。"嘉靖帝说。

"万……万岁爷！这、这……"黄锦惊得目瞪口呆，结巴起来。

"有何不可？香叶冠由朕亲手做成，是上天所赐，不可戴吗？"嘉靖帝不高兴了，瞪了黄锦一眼，"黄伴，难道这香叶冠还比不上那朝冠吗？"

"万岁爷息怒！香叶冠是万岁爷亲手所做，自然比那朝冠珍贵，只是……"

"只是什么？"嘉靖帝打断黄锦的话，怒声道。

黄锦哪敢再说什么。身穿朝服，头戴香叶冠的嘉靖帝，就那么大摇大摆、神采飞扬地走上朝堂，坐在金銮殿上。群臣无不瞪目结舌，以为皇上修道修得走火入魔了。

面对一个"疯"了的皇上，那些有事想奏的臣子也打消了念头，而夏言更是怒火中烧。

"天下万物都是上天所赐。"嘉靖帝那略带沙哑的声音在空旷的大殿里回荡，窃窃私语的朝臣这时全都停了下来。

"天下万物既是上天所赐，朕与众爱卿就要珍视天下万物。近日，朕特意做了几顶香叶冠，想与众爱卿分享。"

久不上朝的嘉靖帝既不谈边境危机，也不谈各地灾情，而是谈起了他的香叶冠。这让一些关心百姓社稷的大臣失望至极，特别是夏言，他不停地用深呼吸平息内心的愤怒。

嘉靖帝扫视着离自己最近的几位重臣，慢声道："朕还做了五顶，就赐予你们几个吧！"

话刚出口，夏言和四位尚书就面面相觑起来，正不知如何是好，却见礼部尚书严嵩猛跨一步，跪地就拜，大声说："谢主隆恩！吾皇万岁万岁万万岁！"

　　四位尚书全都瞪大了眼睛，但他们不得不一齐跪下，大声喊："谢主隆恩，吾皇万岁万岁万万岁！"

　　夏言没动，他看了一眼严嵩，骂了句："无耻小人！"

　　旁边的人都听到了，全都看向严嵩。严嵩也听到了，却目不斜视。

　　"众爱卿平身！"嘉靖帝说，眼睛却停留在没有下跪的夏言身上。

　　就在这时，五位太监悄无声息地来到了内阁首辅夏言、礼部尚书严嵩、户部尚书李士翱、兵部尚书刘天和、吏部尚书许赞面前。每位太监手里的托盘上，都放着一顶香叶冠。

　　四位尚书全都看向夏言，而夏言却在看严嵩。严嵩正像接宝贝一样，恭恭敬敬地拿过香叶冠，戴在头上。

　　"拿吧！皇上赐的！"四位尚书中，不知谁说了一句。

　　于是，除夏言外，被赐香叶冠的都拿起了自己那顶，虽然很勉强。

　　"夏阁老，这可是皇上所赐之物。"站在夏言面前的太监小声说。

　　夏言从严嵩那里收回眼光，皱眉耸鼻，一脸嫌弃地拿过香叶冠。

　　"严爱卿，朕亲手做的香叶冠怎么样？"嘉靖帝见严嵩戴在了头上，高兴地问。

　　"回禀皇上，臣刚一戴上，便觉神清气爽，眼明心亮。"严嵩大声说。

　　嘉靖帝大笑起来，开心称道："好！好！"

　　嘉靖帝的"好"刚一出口，拿着香叶冠的夏言就上前一步。

　　"皇上，臣有事要奏！"

　　"说吧！"嘉靖帝收起了满脸笑容懒懒地道。

　　"臣等多谢皇上恩赐香叶冠！可依臣之见，身为朝廷臣子，实在不适合戴它。"夏言刚刚说完，嘉靖帝那本就板起的面孔，顿时冷若冰霜。夏言知道他的话会惹怒皇上，却继续道："臣等还希望皇上也不要戴。君临天下者，应该有天子之威仪，只有这样才能正视听。可若皇上戴着这样一顶香叶冠上朝，实在有损天子威严！"

　　"什么？你……"刚刚夏言不下跪，嘉靖帝已经忍了，没想到他还当着众臣的面这样放肆，实不可忍。嘉靖帝气得脸色铁青、浑身发抖。他指着夏言，大声道："滚！滚！快！给朕滚出去！朕不想见到你！"

皇上着实生气而离开了大殿，群臣却像被定在了朝堂上，没有人说话。夏言如此顶撞皇上，吓坏了他们。夏言的脾气性格他们知道，但他在朝堂上如此和皇上针锋相对还是第一次。群臣里，不乏幸灾乐祸者，可暗暗佩服者也不少。夏言那些话，也是他们想说的，只是他们没胆说而已。

"唉！"还是夏言打破了沉寂，长叹一声后，大踏步向外走去。这一声，让凝滞的空气开始流动，众臣解了"定"。户部尚书李士翱小跑两步，追上夏言，小声道："夏阁老啊夏阁老，您这样在朝堂上顶撞皇上，您就不怕……不怕又被革职？"

李士翱原本想说的是，夏阁老啊，您就不怕掉脑袋吗。

"革职？哼！让老夫戴这个，还不如革老夫的职！"夏言说着，还看到了不远处像小丑一样，戴着香叶冠的严嵩，故意大声说，"老夫若不冒死提醒皇上，皇上必定会被一些无耻小人的谄媚蒙蔽双眼，真要这样，大明还会好吗？"

严嵩听到了，不仅没生气，还谄媚地冲夏言笑了笑，然后低着头，扶着头上的香叶冠离开了。

"夏阁老，革职您不怕，我们知道。"兵部尚书刘天和见严嵩走远了，也走过来说，"可皇上要是想要您的脑袋，您也不怕吗？"

夏言瞥了一眼刘天和。

"要老夫的脑袋？"夏言冷笑一声，"君要臣死，臣不能不死。不过，皇上若就此事要了老夫的脑袋，除非他不怕天下人议论！"

刘天和还要再说什么，见吏部尚书许赞给他使了个眼色，也便不再说什么了。夏言不怕革职，他们怕。夏言自信皇上不会为此事要了他的脑袋，他们没那个自信。

嘉靖帝怒气冲冲地下朝，回到寝宫，还真想要了夏言的脑袋。不过，就在他要下旨把夏言抓起来，判个忤逆皇上的罪时，被黄锦劝住了。

"这个夏言，胆子太大了，敢在朝堂之上蔑视皇权、不遵上命，朕要砍了他的脑袋！"嘉靖帝怒吼道。

"万岁爷消消气！万岁爷千万别为此事生气，这夏言虽然不遵上命，可万岁爷真要砍了他的脑袋，传出去了，万岁爷这……"黄锦不说了，看着嘉靖帝，"夏言那脑袋，不值。"

这些话也只有黄锦敢在嘉靖帝面前说，也只有黄锦说时，嘉靖帝才不会震怒，才不会觉得是在"背叛"他，是在违抗皇令，替夏言求情。

在宫里，嘉靖帝最信任的就是黄锦了，他将黄锦视若比皇后妃子、皇子皇孙还亲的亲人。皇后妃子会背叛他，黄锦不会；皇子皇孙会为了皇位害他，黄锦更不会。

嘉靖帝之所以如此信任黄锦，称黄锦为"黄伴"，是因在他还是兴献王世子时，黄锦就在他的身边伺候他，做他的伴读。因而，他们既是一起长大的主仆，也是没有血缘关系的亲人。嘉靖帝继承皇位后，嘉靖帝想让黄锦做宦官之首——司礼监掌印太监，但又觉得黄锦过于老实憨厚，做掌印太监不合适，便将他留在身边，做了贴身太监。

一个自己不信任的人说自己不想听的话，人会排斥，甚至反其道而行之；但若一个自己极其信任的人说了自己不想听的话，人还是会冷静下来想一想的。嘉靖帝想了想，觉得黄锦说得有道理，夏言的脑袋算什么？顿时，他气消了一半。再一想，夏言虽然不敬，但他身为内阁首辅，做这样的劝谏也属正常。如果自己就此要了夏言的命，气是出了，可传出去，对自己的形象和皇权都有影响。

再昏庸的皇帝也不愿意别人说他是昏君，何况嘉靖帝还不认为自己昏庸。他决定暂时留下夏言的脑袋。不过夏言屡屡违背圣意，不惩戒有损皇上的威严，于是嘉靖帝便说："那就革他的职吧！"

"万岁爷，依奴才之见，夏阁老的职现在还不能革！"黄锦又说。

嘉靖帝看着黄锦，眼里有了怒意。

"在朝堂上，他当着众臣的面顶撞朕，朕难道连革他职都不能了吗？"

"万岁爷，此时若革了夏阁老的职，朝中可就没人写青词了。过几日，万岁爷不是还要祭天吗？"

"朕都快被夏言气得差点忘了这事。"嘉靖帝想了想，怒骂一句，"这老倔驴！"

嘉靖帝按捺住了惩治夏言的念头。不过，嘉靖帝虽然没有惩治夏言，但却开始疏远他，不再召他觐见，只在需要青词时想起他。

和夏言的"违背圣意"不戴香叶冠相反，严嵩自那日领了香叶冠后，便视若珍宝。

"这是皇上所赐之物，你们要全心全意地照顾它，不能有一丝马虎，不能让它干了，也不能让它有任何破损。"严嵩一回家就小心翼翼地取下香叶冠，对下人说。

下人们全都好奇地看着严嵩，心想，不就是用荷叶做的帽子吗，有什么好稀罕的？可他们敢想不敢做，只要那香叶冠没有戴在严嵩头上，他们就整日整夜地伺候着，比伺候祖宗还用心，生怕它枯了、黄了。那段时间，整个严府都处在紧张中。当然，最紧张的是严嵩，他除了怕弄坏香叶冠，还要承受朝臣们的白眼。

香叶冠要戴给皇上看，因此，每去宫里，严嵩都戴着它，承受讥讽的眼光。为了能戴久点，他还在香叶冠上罩了一层青纱，以免香叶冠沾上灰尘，日晒雨淋。

严嵩的举动被嘉靖帝知道了，嘉靖帝高兴极了。

"还是这严大人知朕的心意啊！"

为了奖赏严嵩，嘉靖帝对黄锦说："黄伴，昨儿那吃食不错，赐予那严大人吧！"

嘉靖帝能知道严嵩珍视香叶冠，多亏了一个人，这个人就是崔文。要是想得到皇上的宠信，必须笼络皇上身边的人。严嵩在得知暖殿太监崔文喜欢古物后，投其所好，忍痛把一幅价值不菲的古画送给了崔文。

"严大人如果能写出像夏言一样好的青词，咱家保准皇上会革了夏言的职。"崔文说。

"还请崔公公在皇上那里多多替我美言几句。"严嵩说。

"放心吧！"崔文一边爱抚那卷古画，一边说，"咱家心里有数，您只需好好练写青词即可。"

严嵩继续研究青词，崔文则一有机会就在皇上面前说严嵩的好话。

嘉靖帝称赞过严嵩的《庆云赋》，说其文字优美，再一听崔文的话，便在值宿名单上加上了严嵩名字。这才给了严嵩写青词的机会，也最终让严嵩取代了会写青词的夏言。

青词写得最好的夏言走了，严嵩觉得，只要夏言复不了职，很快他就能坐到首辅位上。可要怎么才能阻止夏言复职呢？严嵩还没有头绪。他佝偻着背，整日像丢了魂似的，心事重重。夫人欧阳氏见了，很为他担心。她急忙令人找来儿子。

严世蕃是严嵩和欧阳氏的唯一的儿子。不过，这个儿子不管是外形上还是性格上，和严嵩都没有一点儿相似之处。从外形上看，严世蕃更像他的母亲，粗脖短颈，肥头大耳。如果仅仅只是这样，倒也罢了，关键严世蕃还是个独眼。独眼是因为他小时候调皮，上树抓鸟时被老鹰啄瞎了一只眼。

上帝是公平的，在给了他一张丑陋无比的面孔的同时，也给了他超凡的智慧。因而，平素只要遇到什么棘手事，严嵩和欧阳氏都会找独眼儿子商量。

严世蕃来了，满身酒气，摇摇晃晃。

"蕃儿，又去哪儿喝酒了？一身的酒臭。"欧阳氏一边嫌弃地皱着眉，一边心疼地给严世蕃擦脸上的汗水。

严世蕃并不理会母亲，接过下人端来的茶水，咕咚咕咚地喝了起来。一壶茶喝完，他一抹嘴，看着母亲。

"什么事？"他问，显得很不耐烦。

"蕃儿啊，你爹这几日不知怎么了，一回来就唉声叹气，莫不是朝廷发生什么事，殃及你爹了？"

严世蕃用那只独眼，斜睨着母亲，瓮声瓮气地道："能有什么事？没事！"

"没事他怎么不停叹气？你爹背也驼得厉害，一定是遇到什么事了，我问他也不说。你……"

欧阳氏刚开始絮叨，严世蕃就不耐烦了，大声说："好了好了！你烦不烦啊？说个没完，我这就去书房，问问爹。"

严世蕃说完，大踏步朝书房走去。

欧阳氏看着儿子摇摇晃晃的背影，又叮嘱了一句："别忘了让你爹吃饭，他还没吃饭呢。"

严世蕃并不回答母亲，快速穿过一条小径，向暗处的走廊走去。"以后有的是时间收拾夏老儿，不急在这一会儿。"严世蕃的人还没进书房，话便进来了。

儿子这没头没脑的话，惊得坐在椅子上发呆的严嵩站了起来。

"东楼！你在说什么？"

"能说什么？说让你茶不思，饭不想的事。"严世蕃说完，将那只独眼翻了翻，打了个很响的喷嚏。

严嵩又惊又喜。

"你都知道了？"

严嵩遇到棘手的事喜欢和儿子商量，这段时间的烦心事却并没有说过儿子听。不说是怕儿子在外面喝醉了，说出什么不该说的话。现在听儿子的口气，他好像了解自己的烦恼，想必这就是父子连心吧！

"我想知道的事，能不知道？"严世蕃说。

"那……"严嵩看着儿子，假装咳嗽两声，"东楼，那你说说，为父为何事烦恼？"

"不就是夏言吗？夏言一除，爹的烦心事就没有了。"严世蕃说完，一屁股坐在严嵩的书桌上。

他双手撑桌，瞪着独眼，活像一只蹲在树上的独眼猫头鹰。

对于这个儿子，严嵩的心情很复杂，既遗憾儿子长得太丑，又庆幸儿子聪明。不过，有时候他也会担心，儿子聪明反被聪明误。因为儿子太聪明，太张扬，不懂得隐藏，这样肯定容易惹事。

"东楼啊！这些话出了这屋可不能说啊。"严嵩起身，走到儿子面前，捏了捏儿子那粗壮的臂膀，稍后又说，"儿啊，你是有所不知，为父和那夏言积怨已久，且他此次被革职，很多人都说是为父……唉，他若复了职，能放过为父吗？"

"他被革职关爹什么事？他不做那违背旨意的事，爹即便真的向那皇帝说了什么，皇帝也不会相信。被革职，是他夏言太自以为是了。"严世蕃说完，长长地打了个哈欠，眯起了独眼，他有些困了。严嵩一惊，心想，儿子难道连自己向皇上告夏言黑状的事也知道？他想问儿子是怎么知道的，脱口而出的却是："东楼，那你说，为父的担心是否多余？"

严世蕃像青蛙一样，从桌子上蹦了下来，转而躺在一张躺椅上，眯着独眼说："爹告夏老儿状时，应该只有皇上和黄公公在吧，你是怕他们说给夏老儿？黄公公必然不会说，黄公公最大的优点是嘴严，最大的缺点也是嘴严……那皇帝老儿嘛，难说。他会不会告诉夏老儿，还要看他心情。"

这话说得严嵩更担心了，他本想听儿子说一句"不会"。他退回座椅，瘫坐在上面。

这几日，他吃不香、睡不着，都是因为这个。他告夏言黑状，若夏言永不复职，知道也就知道了，能奈他何？可如果夏言又像前几次一样复职，最终会怎么对付自己，严嵩想都不敢想。

严嵩告夏言黑状是在香叶冠事件发生后，皇上赐他吃食，他面圣谢恩时的事。

香叶冠事件发生后，严嵩以为皇上会革了夏言的职，最好能砍了夏言的头，结果未能如他所愿。

夏言越发趾高气扬，并不断对戴香叶冠的他热嘲冷讽，时常气得他七窍生烟，但他又不敢把夏言怎么样，只能忍气吞声。既然没有得罪夏言的资格，严嵩就决定讨好巴结夏言，让自己在内阁好过点。为此他亲自去夏府送请柬，请夏言吃饭。

夏言本想当严嵩的面将请柬一撕了之，可看到他那趋炎附势的样子，又想着他戴香叶冠的丑态，决定羞辱他一番。夏言收下请柬，答应到时赴约。

到了那天，开宴的时间都过了，夏言还是没到，严嵩当时尴尬不已。

对于这次请夏言，严嵩颇费了一番心思，他请了朝中几位大臣（江西老乡）当陪客。严嵩的目的很明显，打老乡牌。可陪客都等了很久，夏言还没到。陪客们窃窃私语，严嵩也犯了难：不等吧，夏言来了怎么办？等吧，又要等到什么时候呢？想了想，他决定亲自去夏府，再请一遍。

丢下所有陪客，严嵩带着随从骑马去了夏府，结果他们连门都进不去。

"我们家老爷不在，严大人回去吧！"

严嵩这才确信，夏言是在耍他。从接到他送的请柬起，夏言就没准备赴约。

遭遇如此羞辱，严嵩不可能不气愤，就连他的随从也和门房吵了起来。可严嵩知道，再生气也只能忍着。回到府里，面对陪客和满桌子的美味佳肴，严嵩做了一个和戴香叶冠去宫里一样令人咋舌的举动。他"扑通"一声跪在地上，脸朝夏府方向，先把给夏言的请柬从头至尾念了一遍，然后大声说："夏阁老，在下未能尽宾主之谊，有愧于您啊！"

众宾客见此，全都呆若木鸡。

严嵩面不红耳不赤，在家仆搀扶下起身，招呼开席。

"干爹，夏老儿那么羞辱您，您为何还要对他那么恭敬？"严嵩的干儿子赵文华事后问他。

严嵩笑笑，不说话。严世蕃则说："你跟我爹时间不短了，这点都不知道？我爹只是在麻痹夏老儿罢了，今儿在夏老儿那里受的羞辱，总有一天，我爹会加倍还给他的。"

严嵩当时没说什么，但心里却想，还是我家东楼了解我啊！

那场宴请后，夏言以为严嵩会改变对他的态度，可严嵩却像什么事都没发生似的，依然对他恭敬谦卑如初。

在官场摸爬滚打了那么多年的夏言理应知道，一个人在受辱后还能如此淡定，那人肯定是个狠角色。可他没有，他更加鄙视严嵩了，心里认定他是个没有骨气和血性，只会溜须拍马的废物。

他低估了严嵩。他不知道，严嵩是在等机会向他发动进攻。这个机会，最终在嘉靖帝赐严嵩吃食时，出现了。

皇上不管赏赐臣子何物，受赏赐的臣子都要面圣谢恩。借着这个机会，严嵩决定实施他的下一步计划——告黑状。

这是严嵩对夏言的首次主动出击，可他并不盲目，他有所准备。

严嵩从暖殿太监崔文那里得知，香叶冠事件让皇上很生气，皇上一度想杀了夏言。他就此认定，皇上恨透了夏言。

那天，面圣谢恩时，严嵩先是用他的"美言"将嘉靖帝制作的香叶冠夸赞一番，然后伏地磕头，接连磕了几个响头，直到他额头鲜血直流，流到了脸上。

严嵩抬起头，那张满是皱纹的脸上，泪水、血水横流。

嘉靖帝无比惊讶，忙问："严爱卿，你这是干什么？"

"回禀皇上，老臣一直以来备受夏言欺辱，还望皇上能为老臣做主！"

严嵩说完，又磕起头来。嘉靖帝先是一怔，接着哈哈大笑起来。

"快！说说看，他是如何欺辱你的？"嘉靖帝笑了会儿，这才说。

严嵩流着泪，从同在礼部时，夏言对他呼来喝去说起，一直说到他请夏言吃饭，夏言羞辱他的事。嘉靖帝听完，再次笑了起来。

"像！像！"嘉靖帝用手指着严嵩，"严爱卿啊，这确实像夏言干的事！也只有他会这么做，哈哈哈……"

严嵩不急，等嘉靖帝笑完，他又说了起来。接下来严嵩说的话，却让嘉靖帝再也笑不起来了。他说："夏言欺辱臣没什么，臣能忍。可他却藐视陛下，鄙弃御赐之物，这就是罪大恶极，臣不能忍！"

本已被嘉靖帝淡忘的香叶冠事件，再次涌上他的心头，他刚刚还笑得灿烂的脸，顿时冷了下来。

"哼！"他冷笑一声，"你下去吧！"

严嵩知道，自己的目的达到了。果然，几日后，当夏言交不出青词，嘉靖帝便翻起了"旧案"。嘉靖帝将夏言之前所做的让他不高兴的事，全都列成了罪状，据此将其革了职。

夏言被革职，严嵩只高兴了几天，就担心起来，他怕性情多变的皇上很快又让夏言复职，并把他告夏言黑状的事说出来。

"老爹不用担心！即便那皇帝老儿让夏老儿复职，也不会是现在，我们有的是时间。"严世蕃刚刚还在打呼噜，突然睁开他的独眼说道。

"你何以这么肯定？"严嵩来了精神。

"夏老儿和那皇帝老儿一直对着干，皇帝老儿就是想复他职，也不会是现在，总要给他点教训，拖上一段时间的。"严世蕃说着话，躺着的身体坐直了，"我们可以趁这个时间把翟銮搞下去，等您当上首辅了，我们再在那宫里的张公公那多走动走动，还担心夏老儿再被重用？"

严嵩想了想，点了点头，赞许地看着儿子。

"东楼呀，你说得对，这翟銮可比夏言好对付多了。"

"如果我们能和那黄公公拉上关系就好了。爹，您还是多和黄公公来往来往吧，黄公公虽然不是掌印，可在皇帝老儿那里比张公公吃香。"

"你有所不知啊，老父何尝不想和黄公公走近点？可黄公公和谁都不近，也没什么嗜好，实在难以买通啊。"

严嵩试图收买过黄锦，不过，在他把银两和珍贵字画送给黄锦时，黄锦却毫不客气地拒绝了。黄锦说，他的一切都是皇上给的，不需要银两，还说那些字画他不懂也不喜欢。没办法，严嵩把银两和字画通过崔文，送给了司礼监掌印太监张佐——崔文的干爹。

张佐不仅是二十四监太监之首，而且和黄锦一样，都是从兴献王府出来的。可惜张佐虽然精明，且职位高过黄锦，却不如黄锦在皇上那里吃香。

"既然黄公公拉不过来，就不用拉了。我们拉不过来，别人也拉不过去。有张公公和崔公公就够了。"严世蕃说完，眯着他的独眼，嘿嘿嘿地笑了起来，"如今，还需一个人，大明可真就成了我们严家的了。"

严世蕃的话音刚落，严嵩的脸就吓得煞白。他冲上去，捂住了儿子的嘴，连连小声道："祖宗，小祖宗，你可不能乱说啊。这大明是皇上的，是朱家的，和我们严家没有关系，千万不能这么说，会株连九族的！"

严世蕃轻轻一拨，把严嵩的手拨开了。

"爹，看把您给吓得，我也就在这里说说，除了您老，谁能听到？在这里别说咱们说话，就是大喊大叫，外面的人都听不到。放心吧！"

这个书房可不是一般的书房，建筑材料和构造都很特别，不仅墙壁的砖是特制的，比一般砖厚，且里外垒了三层。同时，进书房需穿过一条幽深的走廊，既隐蔽又具有隔音效果。

书房是严家禁地，不经严嵩或严世蕃许可，任何人不能进入。就是下人，连通向书房的走廊都不能靠近。在书房说话，完全不用担心被别人听到。虽然这样，严嵩还是小心翼翼地走到门口，探头探脑地朝外看了看，这才放下心来。

"东楼，你刚刚说还需要个人，是指……"

严嵩还没说完，严世蕃便开口说道："还能有谁？当然是最受皇上宠信的陶仲文了！有了陶少傅的帮助，大明是朱家的，也是我们严家的。"

怕吓着父亲，严世蕃在说最后一句时，刻意降低了音量。

严嵩用眼神剜了儿子一眼，严肃地道："为父说的话，你要记住，不能……"

"您说的话？什么话？"严世蕃不满地眨巴眨巴他的独眼，站了起来，"您老给我说的话多了，我哪里知道你指的是哪一句？"

"能是哪一句？是那'三字经'！为官'三字经'！东楼啊，你一定要给为父记牢了。这在官场上啊，想有所成就，就要牢记'三字经'，这不仅是为仕途，也为了保命啊！"

"保命！保命！天天就是保命！"对于这些老生常谈，严世蕃听了无数遍，听得耳朵都快长茧子了，不耐烦道，"走了！"

严世蕃说完，向外面走去。

"别走东楼，把那'三字经'给为父再重复一遍！"严嵩看着儿子那矮胖的背影说。

"有完没完？您老不烦，我都烦了。"严世蕃扭头看着父亲，拖起长音，大声道，"好！给您念！忍！藏！智！"

严世蕃拖着长音说完，人已经出了书房，不过，"忍""藏""智"的话音，还是在那幽深的走廊和书房中回荡。

严嵩满意地点了点头。严世蕃的脚步声渐行渐远，渐渐消失，严嵩才走到严世蕃刚刚躺过的藤椅前，躺下，闭上眼睛。

"忍！藏！智！"严嵩真希望儿子能听进去。自己能有如此成就，就是依靠这三个字。

一直以来，严嵩都拿自己和夏言作比较。论学识，他自觉不比夏言差，可他的仕途之路比夏言多了很多波折。严嵩和夏言一样，年少高才。年轻有为的他，二十七岁就做了庶吉士，他的仕途之路本可以和夏言一样，顺风顺水。可三十岁那年，母亲的突然病逝，让他不得不放弃仕途，回家丁忧。丁忧是明朝的祖制，官员的父母去世，为官者必须离职守孝三年。

这一耽误，等到严嵩三年丁忧期满，再入仕途，却赶上了宦官刘瑾专权。那时的他还不像现在心里只有权和利。因而，刘瑾的权倾天下，让立志一心为天下的严嵩感到绝望。既然为官无法实现自己的政治抱负，那就不复出了，隐退吧！

这一隐退就是十年。十年后，刘瑾及其党羽被灭，杨廷和任内阁首辅。严嵩这才又动了复出的念头。杨廷和曾是严嵩的老师，对严嵩的才华很赏识，知他想复出，便举荐他进入翰林院，做了编修。然而，就在他以为能在杨廷和的帮助下进入内阁，辅助杨廷和重振大明时，明武宗升天，嘉靖帝继位了。

一朝天子一朝臣，首辅杨廷和离开内阁，严嵩的仕途之路再遇波折。那时候，他已经四十一岁了。

人到中年，看着同辈升官的升官，发财的发财，年轻的晚辈又不把他看在眼里，严嵩很是失落，觉得自己很多余。

屋漏偏逢连夜雨。不久他被调去南京，在翰林院做侍读。南京是陪都，虽然北京有的六部十三省它都有，可它不管事，是个摆设。因而都说官场上失意之人才会去南京。去了南京的严嵩，对自己的仕途几乎已经不抱希望。混日子吧！可在那里混日子也不容易，也会遇到争权夺利。时间久了，严嵩总结出一些官场生存技巧：想在权力争斗中生存下来，必须左右逢源。寂寞无聊的南京官场生活，一点点地改变着严嵩的为人处世，改变着严嵩的人生目标。他不再为苍生做官，他要为权和利做官。

严嵩用他总结出的"左右逢源"，把官做到了南京国子监祭酒。

他身在南京，心却在京城。严嵩看到比他小两岁的老乡夏言在京城任礼部尚书，其时礼部正好需要人才，他便毛遂自荐。当时，求贤若渴的夏言便举荐他回京城，任礼部右侍郎。

严嵩以为在京城，在夏言身边，自己的"左右逢源"依然行得通，结果他却遭到了夏言的鄙视。

在礼部，严嵩过得并不好。幸而，嘉靖七年（1528 年），他有了致祭显陵的机会，并抓住了这个机会讨得了皇上的欢心，最后一步步走到了内阁。严嵩的为官之道，让夏言不齿，他后悔举荐严嵩。可那时的严嵩，已经不是很在乎夏言对他的态度了，且夏言对他的态度越恶劣，他越渴望升职。

若想不被别人踩，自己就必须站在别人的上面。而若想站在别人的上面，唯一的捷径就是取得皇上的宠信。于是，严嵩彻底走上了一条逢迎皇帝、阿谀奉承的入仕之路。

严嵩是个善于总结经验教训的人，从别人或成功，或失败的仕途之路里，他再次总结出：想要官运亨通，平时必须忍受种种不公平待遇，关键时刻要隐藏锋芒，遇到机会时要智取。

当年，他忍住了在南京的乏味时光，隐藏了自己的政治野心和实力，让对手对他放松警惕。最后，在老天给了他一个个机会时，他紧紧抓住，并用自己的智慧，让自己脱颖而出。

"不容易！不容易啊！"回顾自己这些年的经历，严嵩泪眼婆娑，不停喃喃。

离自己的目标，只差最后一步了。这一步却最难，因为他必须一举击败对手。这个对手不简单，正是一直踩在他头上的夏言。夏言虽然被革职，但依然很难对付。

难道一定要利用陶仲文才行？严嵩内心有些排斥。

陶仲文这种人，严嵩不想与之走得太近。如果在升迁之路上击败对手，必须靠一个让大明天子沉迷于修道不理政事的道士来成全，那就太可笑了。可他又不得不承认，儿子的话是对的。谁能让夏言永不能翻身？皇上。谁又能让皇上言听计从？陶仲文。陶仲文对皇上来说，不是道士，不是凡人，而是上天派来的使者。

第三章　不堪忍受折与辱，宫女密谋杀皇帝

嘉靖二十一年（1542 年）秋。这天夜里的京城和往常并没什么不同，乾清宫西暖阁中有一群战战兢兢、脸色煞白的女子正屏住呼吸，幽灵般地向龙床靠近……

乾清宫是皇帝的寝宫，因而豪华气派属内廷之首。此处既有雕刻着活灵活现的金龙的双檐，又有宽阔深远的汉白玉石走廊。而殿内则由金砖铺就，华贵无比。暖阁位于乾清宫东西两头，分别叫东暖阁和西暖阁，东西暖阁各设两层九间十二张床，好似迷宫。设计成迷宫，是为了防止皇帝遭遇不测。不过，再严密的设防，也有漏洞。

"不要怕！"走在最前面的青衣女子轻声说。

寂静无声的暗夜，她的声音很轻，丝丝缕缕地飘进同伴的耳朵。从长相上看，青衣女子也是这一行女子中年龄较长的一位。

四周太安静了，青衣女子扭头瞟了一眼身后的同伴，见她们个个都屏住了呼吸，脸都憋得变了形。

终于，她们看到了龙床上酣睡的男人。这个让她们既恨又怕的男人此刻紧闭双目，微启双唇，发出轻微的呼噜声，完全没有她们平时看到的威仪。

然而，即便如此，她们还是有些害怕，毕竟这是当今天子！

几个胆小的已经有些后悔了，想转身逃跑，但她们的双腿不听使唤。她们只能站在那里，任身体像筛糠般抖个不停。

接下来会发生什么，只能听天由命了！

"下手吧！"青衣女子发出了指令。

在这一行女子中，青衣女子最镇定。虽然她脸色煞白，嘴唇微颤，但却控制住了身体的抖动，她用手指指了指龙床上的皇上。指令已发却没人动，同伴们全都僵硬地站在那里。青衣女子急了，稍稍偏了偏头，看了一眼靠她最近，在服饰和打扮上与她们有所不同的粉衣女子，嘴唇嚅动。粉衣女子知道，青衣女子是说，与其被他折磨死，不如先让他死。

粉衣女子一激灵，扭头看了看其他人。受她的感染，其他人也有了反应，她们全都咬紧嘴唇，点了点头。

这些人是谁？怎能如此大胆，私闯皇上寝宫？

一行女子中，除了粉衣女子外，其他的都是宫女。为首的青衣女子叫杨金英，而粉衣女子则是嘉靖帝的宁嫔王氏。

他们私闯皇上寝宫，只为杀死皇上和他身边的妃子。

以杨金英为首的宫女，目标只是皇上，而宁嫔的目标则是皇上身边的端妃曹氏。

宁嫔从看到龙床的那刻，眼神就没有离开端妃，她的眼神里闪现着嫉恨的火苗。

宁嫔在心里怒骂道："这是他最后一次宠幸你了！妖妇！你们就相伴着下地狱吧！"

仇恨让宁嫔忘记了害怕，她扯了一下身边的宫女——她的贴身侍女杨玉香的衣袖。杨玉香惊慌地点了点头，将手里的绳子（由从仪仗上抽下来的丝花做成）交给了旁边一个叫苏川药的宫女。最后，她战战兢兢地随着宁嫔慢慢移到了床的另一边，以方便捂死端妃。

行动之前，她们已经彩排过无数遍了，此时虽然精神仍然恍惚，但她们的动作却没有受到影响。接着，宫女苏川药把杨玉香递给她的打好绳套的绳子，递给了杨金英。

这次行动的主谋是杨金英，执行者也是她。

接过结好绳套的绳子，杨金英深深吸了口气，瞟了一眼哆哆嗦嗦却已掏出怀里黄绫布的邢翠莲。邢翠莲忙不迭地将手里的黄绫布往发怔的姚淑皋手上塞。邢翠莲的动作太快了，瘦小的姚淑皋没能接住，黄绫布掉在了地上。矮胖的王槐香反应敏捷，将黄绫布捡了起来，塞还给姚淑皋。

姚淑皋不停摇头，不敢再接，但王槐香瞪了她一眼，她不得不接下黄绫布。

龙床上正睡熟的两个人，并没有感觉到危险的降临。而守在外面的宫女和侍卫，也靠的靠、坐的坐，睡得晕晕乎乎。

行动！杨金英用眼神下了最后一道指令。

这眼神是进攻指令，接下来的行动关系到她们此次计划的成败。

还不快动手！宁嫔也用眼神向杨玉香发了指令。

两边一起动手是她们提前商量好，也练习过很多遍的。只要不失手，这次行动肯定能成功。刚刚还簌簌发抖的姚淑皋，伸了伸脖子，重重咽了口唾沫，她率先挺直身子，扑向了龙床上的嘉靖帝，并用手里的黄绫布捂住了嘉靖帝的嘴。

姚淑皋虽然长得瘦瘦弱弱，但很有劲。她的这个动作，也预示着谋杀正式开始。

宁嫔比姚淑皋稍慢一些，或许是太着急，也或许是太紧张，在捂曹氏的嘴时，她捂偏了。睡梦中的曹氏醒了，惊叫半声后另半声被宁嫔捂在了手帕里。

此时，嘉靖帝也醒了，他是被突然捂上来的黄绫布憋醒的。

醒来的嘉靖帝瞪大眼睛，拼命挣扎，无奈王槐香按住了他的上半身，邢翠莲一只手按他前胸，另一只手掐住了他的脖子。

嘉靖帝的眼神，惊恐而绝望。

自此，除了拿着绳套的杨金英，其他人都在忙活。曾经的恐惧和害怕，在她们开始行动时全都消失了，行动中的她们感到了莫名的兴奋。杨金英也激动起来，激动到不能自已。这个想方设法折磨她们的男人，马上就要死了，就要死在她们的手里了。

"姐妹们！为你们报仇的时候到了！"杨金英轻轻嘀咕一声，将绳套往嘉靖帝的脖子上套。

她熟练地把绳套套在了嘉靖帝的脖子上，只需一拉，当今的大明天子，这个用尽方式虐待她们让她们生不如死的皇上，就可以去见阎王了。虽然她们也会死，但有皇上陪葬，值了。可就在姚淑皋和关梅秀用力拉绳索时，绳套却怎么都拉不动。

怎么回事？

绳套被打成死结了。

给绳套打结是杨金英的事，她没有想到操练过无数次的打结，竟然在最后关头被她打成了死结。

杨金英和其他几位的心瞬间就掉到了冰窖里，而被邢翠莲掐得差点断了气的嘉靖帝也晕了过去，不再挣扎。

"死了吗？"这句不知出自谁口中的惊恐一问，彻底坏了事，外屋打盹的宫女张金莲醒了！

张金莲是端妃的贴身侍女。杨金英和众宫女就是趁着张金莲打盹的时机靠近龙床的。而她们能在那迷宫般的西暖阁，准确找到嘉靖帝的龙床，也要归功于张金莲。张金莲和参与者中的刘妙莲是朋友。刘妙莲从张金莲嘴里得知嘉靖帝当晚睡觉的准确位置后，告诉了杨金英。

张金莲醒来后，先是怔了怔，接着趴在门口看了一下。

"你们……你们……"

烛光下那骇人的一幕让张金莲叫了起来。

杨金英和同伴们听到张金莲的声音后，怔在了那里。

宁嫔首先反应过来，惊呼道："还不赶快抓住她！"

这句话倒救了张金莲，她听到这句话后，扭头就往外面跑。可能太震惊了，她没有呼喊，只是拼命往前跑。张金莲跑动的声音惊动了另一个宫女陈芙蓉，陈芙蓉看着张金莲跑动的背影，嘟哝了一句："她跑什么？"

陈芙蓉一边嘴里嘀咕，一边朝西暖阁走去。而这时，西暖阁里的谋杀者们已经分寸全乱，开始叽叽喳喳。

"坏了！坏了！"

"怎么办？"

"现在怎么办？"

……

这场景她们从没想到，因此都变得不知所措。

"火烛！还不快把火烛吹灭！"还是宁嫔镇定，喊出了这句。

火烛被吹灭了，西暖阁陷入到了黑暗中。突然，她们又听到外面传来陈芙蓉的声音："有刺客！快来人啊！有刺客！"

陈芙蓉在西暖阁的"谋杀者"们慌乱吹火烛时，影影绰绰地看到了人影，她的第一反应是有刺客。

第一次面对这种情况，九个宫女和宁嫔一时之间忘了她们此次的行动目的。她们无比恐惧，因而忘了龙床上昏迷的皇上和端妃，也就错过了绝好的刺杀机会。

"你们……"方皇后和张金莲仓促奔来，还未说句完整的话，后脑便挨了一拳，倒了下去。

原来，张金莲仓皇而去的方向是坤宁宫。

"西暖阁进了好多宫女。"张金莲是这么对方皇后说的，不然方皇后也不会贸然赶来。

看到方皇后，姚淑皋似乎一下子清醒了，喊了一声："总归是个死，那就再大胆一回！"

她从后面攻击了方皇后。

姚淑皋的举动唤醒了同伴们，她们想起了此举的目的，一齐望向龙床上的皇上。她们不约而同地拔下头上的簪子，在昏迷的皇上身上乱扎。然而，又气又急又怕的她们，哪有什么力气？簪子虽然扎在穿着薄衫的皇上身上，却没能伤及他性命，最多让他多了些皮外伤。

"是我的失误，我来负责。"杨金英惨白着脸，拨开大家。就在她要去掐嘉靖帝的脖子时，侍卫来了……

谋杀者们全都瘫软在地，束手就擒。

参与谋杀的宫女和宁妃，全都被抓了起来。这场发生在嘉靖二十一年（1542年）的震惊朝廷内外的"乾清宫谋杀事件"以失败告终……

最震惊的莫过于苏醒过来的嘉靖帝。后怕过后，他当即下旨，命刑部和司礼监对抓来的宫女和宁嫔严加拷问。

"黄伴，你亲自参与审问。"嘉靖帝说。

除了黄锦，他不再相信任何人了。嘉靖帝是个疑心很重的人，既然宫女和妃嫔都参与到了对他的谋杀中，宫里一定还隐藏着谋杀者的同谋。担心刑部也有谋杀者的同谋，他专门派黄锦去盯着。

嘉靖帝让他们一定要审出谁在指示这些女人。

"这是一场阴谋！"嘉靖帝说，"有人想谋反、逼朕退位……"

于是，黄锦在参与审问时，不时地引导她们，让她们交代主谋。

"万岁爷说了，只要你们说出主谋来，就饶你们不死！"黄锦说。

可任黄锦和刑部左侍郎怎么审问那九名宫女，她们要么三缄其口，要么说她们都是主谋。

"这件事是我们十个人一起商量做的。"她们说。

看来，只能从宁嫔身上找突破口了，毕竟她和那些宫女的身份不同。

"你身为她们的主子，为何和这些奴才一起谋杀皇上？"黄锦面对宁嫔时，怎么都想不明白，"快说，是谁指使你们这么做的？说了，皇上念在你育有皇子，也会饶你不死的。"

"主谋？"宁嫔重复一句，"你是想问谁牵头的对吧？"

"对！对！是谁提出这么做的？给了你们什么好处？"黄锦激动地站了起来，他以为宁嫔王氏就要招供了。

宁嫔的脸上露出怪异的笑容。

"我说的你们信吗？"

"只要你说实话，我们就信。"黄锦说。

"端妃！"宁嫔王氏说。

"大胆！"黄锦大声道。

"哼！"宁嫔王氏冷笑一声，"你们让我说实话，我说了，你们又不信。"

参与审问的刑部左侍郎看了黄锦一眼，小声问："怎么办？黄公公？"

黄锦沉默半晌，又问："那参与此事的到底有多少人？"

"我们十个，还有端妃和她身边的丫头。"宁嫔王氏说。她打定主意，要把端妃拉下水。

"你是说十二个人？"刑部左侍郎问。

宁嫔王氏没说话，点了点头。

"你能写出她们的名字吗？"刑部左侍郎问。

宁嫔王氏点了点头，并写下了如下人的名字：宁嫔王氏、杨金英、杨玉香、苏川药、邢翠莲、姚淑皋、王槐香、关梅秀、刘妙莲、陈菊花、端妃曹氏、张金莲。

"端妃差点被你们捂死，怎么可能和你们是一伙的？"黄锦说。

"没有她，我们怎么可能知道皇上就寝在西暖阁？"宁嫔瞟一眼黄锦，"没有她和她的侍女张金莲，我们又怎么近得了皇上的龙床？"

"似乎有些道理。"刑部左侍郎小声说。

宁嫔听到了，嘴角微微上扬，露出了微笑。能让端妃陪她一起死，划算。王氏觉得，她之所以有今天，全是因为端妃。为何这么说呢？

俗话说，母凭子贵。为皇上生了儿子的宁嫔，按惯例是要由"嫔"晋升为"妃"的，可她不仅没晋升，反而被贬，甚至沦落到和宫女们一起干活的地步。王氏百思不得其解：为什么会这样？我肤若凝脂、长相秀丽、性格温和，为何要遭受这般冷落和屈辱？宁嫔王氏整日哭天抹泪，想问个究竟，可皇上根本不见她。最后她从一些妃子那里听说，是那受宠的端妃成日向皇帝吹着枕边风。

曹氏原来和她一样，也是嫔，且生了个女儿，最后竟被封为妃。

一定是她，一定是这个狐狸精在搞鬼。随着端妃越来越受宠，宁嫔想杀她的心也就更强烈了。

对于宁嫔供出的端妃，黄锦一直持怀疑态度。曹氏正受宠，有什么理由谋杀皇上？

"左侍郎，王氏所招，有几分真？"黄锦问。

刑部左侍郎笑笑。

"黄公公，是不是真，不由我们决定，还是让皇上裁决吧！"

黄锦叹口气，他不想冤枉好人。可所有的审讯结果，都必须上报皇上。相不相信端妃曹氏参与其中，还真不是他们能决定的。

"既然主谋就是她们……凡供出的，一个不留，统统杀掉！"

宁可错杀一千，不能放过一个，皇上怎么可能放过端妃这枕边人？

"这群逆婢，并曹氏、王氏合谋弑于卧所，凶恶悖乱，罪及当死，你们既已打问明白，不分首从，都依律凌迟处死。其族属，如参与其中，逐一查出，着锦衣卫拿送法司，依律处决，没收其财产，收入国库。而那陈芙蓉虽系逆婢，阻拦免究。钦此钦遵。"

圣旨下来了。

这个结果，九名宫女和宁嫔都料想到了，可还没从惊恐中回过神来的端妃，以及以为自己举报有功等着受赏的张金莲却傻眼了。

"冤枉啊！冤枉！臣妾要见皇上！臣妾要皇上为臣妾做主！"端妃曹氏大声叫喊，不断哀求，可于事无补，嘉靖帝根本不给她申冤的机会。

没有参与又怎么样？就冲她在谋杀现场，她就不该活着。

最终，十二名谋杀参与者，包括两名被冤枉的，不是被截断了四肢，就是被割了喉。这还不算，嘉靖帝还令人将她们的尸首示众。不仅她们，就连她们的亲眷全都未能逃过一劫。

"乾清宫谋杀事件"中含冤致死者超过百人。

十二名"案犯"在被锦衣卫掌卫事、左都督陈寅等人押到街市游街时，除了端妃和张金莲外，其他人或沉默，或悲伤，甚至有人面带微笑。

对于她们来说，这未尝不是件好事。解脱了！总归是死，这样的死，倒好过被皇上折磨死！。

那些悲伤者，并非在为自己的死悲伤，她们只是在为冤死的家眷悲伤。

宫女妃嫔及其亲眷的死，宣告"乾清宫谋杀事件"结束，可乾清宫自此却阴魂不散，散发着血腥味。

这样的地方，嘉靖帝不敢住了，他搬去了西苑的万寿宫。他心里怒道，不是有人想让朕死吗？朕不仅不会死，还会万寿永生！本就崇尚修道的嘉靖帝，自此对修道也就更痴迷了。而原本很少上朝的他，在搬去西苑万寿宫后，就更没有时间上朝了，他要把大部分时间都交给上天，他要炼丹、修道、求长生！

"老夫以为皇上在经历过此事后，会不再沉迷修道炼丹，谁料他却……"被革职的夏言痛心疾首。

"唉！"翟銮不说话，只是摇头叹息。

自俺答入侵太原，翟銮来夏府讨过主意后，两个人的关系就近了很多。"乾清宫谋杀事件"发生后，夏言第一时间去了翟府。

翟銮亲自在门口迎接。

"夏阁老，您看，有事叫下人来叫一声，我去您府上拜会您就是，哪能劳您大驾？"

夏言一脸严肃，并不接茬，径直往翟銮的书房走。翟銮的腿没有夏言长，走不快，只得一路小跑跟着。

"翟阁老，你应该联合六部，上书朝廷，弹劾邵元节、陶仲文两个妖道，是他们蛊惑皇上，这才最终导致了宫女谋杀皇上的事件发生。"夏言一进翟銮的书房便说。

翟銮先关上书房门，又让夏言坐下，这才说："夏阁老，弹劾不会起作用的，皇上不会听的！"

"不管起不起作用，身为臣子，特别是你——内阁首辅，怎么能任由皇上听信那些妖道胡言乱语呢？还弄什么长生不老的……红……红铅。"

夏言在说出"红铅"两个字时，脸红了。

"红铅……我也听说了，可是……这会不会是谣传？不会有这种事吧？"

翟銮话虽这么说，可他知道，真有这事。

乾清宫那场史无前例的宫女谋害皇上事件，归根结底就是因为嘉靖帝执迷修道炼丹。

很多人都有嗜好，而每个人的嗜好又都千奇百怪，嘉靖帝的嗜好是修道。因而，凡有些名气的道士，都是他的座上宾。道士邵元节就是这么进宫的。

邵元节一进宫便得到了嘉靖帝的绝对信任。凡是邵元节说的，嘉靖帝都赞同。可那邵元节到底是什么人，为何能得到嘉靖帝的如此信任呢？邵元节就是一道士，进宫前，他是江西龙虎山的上清宫里的一名道士。嘉靖帝想，既然邵元节是上清宫的道士，也就是张天师的弟子了，自己若有了张天师弟子的庇护，定会百毒不侵，长生不老。自小身体瘦弱的嘉靖帝，抱着这种心理，命人将邵元节接进了宫。当然，虽然邵元节来自上清宫，但疑心重的嘉靖帝一开始，并未盲目信任他，而是让邵元节"祈雨"，以测试他的法力。邵元节擅长故弄玄虚，也懂些天象，他通过看天象，知道近日有雨，便说"祈雨"时机到了。邵元节几次"祈雨"都颇有成效，嘉靖帝就此将他奉为能通天的神仙。

一个连"龙王"都请得动的人，自然也能让他身体强壮，"隐疾"消失。嘉靖帝是有"隐疾"的，这个"隐疾"很折磨他。是什么呢？就是自十五岁即位后，他虽然有后宫佳丽三千，却没有一个为他诞下龙子。

邵元节当然不是神仙，但他却知道嘉靖帝没有子嗣，是因身体虚弱，因而他特意为嘉靖帝配了一些调养身体的药物。这些药物，邵元节不说是为了调养身体，也不直接熬制，而是将它们做成药丸，称其为"仙丹"。嘉靖帝吃了这些"仙丹"，果真皇子迭出。

对历朝历代的帝王来说，子嗣是否兴旺，意味着天下是否兴盛。从无子到皇子迭出，嘉靖帝欣喜若狂。他想拥有更多的子嗣，想做盛世天子。但做盛世天子还不够，他还要长生不老，做永远的盛世天子。

"仙师无所不能！"嘉靖帝说，"就为弟子炼长生不老丹吧！"

嘉靖帝在邵元节面前，毕恭毕敬，放下了天子的架子，自称"弟子"，可见他对邵元节寄予了多么大的期望。邵元节知道自己无法让嘉靖帝长生不老，任何人都不能，可他不能这么说，说了，他的荣华富贵就没有了，甚至很可能还会因此丢命。

怎么办呢？狡猾的他向嘉靖帝推荐了一个叫陶仲文的人。

邵元节推荐陶仲文，是想将嘉靖帝对他的冀望转移到陶仲文身上。糊弄皇上久了，他也怕出事，而论糊弄人，陶仲文比他更擅长。

陶仲文是湖北黄冈人，略懂医术，也学过一些驱邪捉鬼的伎俩，还擅长书法。邵元节能认识陶仲文，且将他养在府里，就是看中了他的书法。在他府里时，陶仲文就给他卖弄过一些伎俩，他觉得糊弄皇上绰绰有余，便问陶仲文，愿不愿意给皇上炼仙丹。

陶仲文当然愿意。

"弄不好要掉脑袋的。"邵元节提醒他说。

"弄好了不仅不会掉脑袋，还能升官发财！"陶仲文说。

"说得好！说得好！"

邵元节在嘉靖帝面前对陶仲文好一通夸奖，称其法术高深，尤其擅长炼仙丹。

"那仙师还不快快请陶大师进宫！"嘉靖帝高兴地说。

和邵元节一样，陶仲文想要完全得到嘉靖帝的信任，还需通过嘉靖帝的测试。这次，嘉靖帝没让陶仲文祈雨，而是让他给小皇子治天花。小皇子生了天花，几个御医轮番上阵，但都没能彻底治愈。陶仲文本就懂些医术，再加上小皇子的天花已经被前几位御医治得差不多了，于是他一出手，小皇子就好了。

"朕身边有二位仙人，何愁大明不兴盛？"嘉靖帝得意地道。

从此以后，嘉靖帝对邵元节和陶仲文越来越依赖，做什么事都要让他们来决定，外出时更是必带其一才安心。

一次，陶仲文陪同嘉靖帝外出游玩，旋风刮过，嘉靖帝觉得是异象，问陶仲文是什么意思。只是一阵旋风刮过，能有什么意思？可陶仲文不能这么说，于是说了句模棱两可的话："主火。"

"主火？"嘉靖帝不解其意，"仙师可否说清楚点？"

"天机不可泄露。"陶仲文装出一副高深莫测的样子说。

既然天机不可泄露，那肯定就不能再问了。但陶仲文却忐忑起来，思来想去，他在深夜偷偷给嘉靖帝的行宫放了把火。当然，也是他第一时间冲进去，"救"出了嘉靖帝。

看着熊熊大火，嘉靖帝和身边人这才恍然大悟，原来这就是陶大仙说的"主火"啊。自此，陶仲文也就更得嘉靖帝信任了，嘉靖帝对其的信任程度甚至超过了对邵元节的。

邵元节是个聪明人，知道陶仲文这样下去是会闯祸的，也乐得从嘉靖帝身边淡出，于是借云游之名，时常出宫云游天下。

嘉靖帝能依赖的道士，也就只有陶仲文了。

陶仲文的法术，在夏言眼里就是骗术，陶仲文这人，在夏言眼里就是个骗子。可嘉靖帝对陶仲文深信不疑啊，他觉得陶仲文是上天派来的使者，是来帮他治理大明的。因而，他不仅不听夏言等人的劝谏疏远陶仲文，反而封陶仲文为少师、少保、少傅。可以说是，政事交给内阁，私生活交给司礼监，身体交给被他称为"秉一真人"的陶仲文。

小法术不能一直用，嘉靖帝需要的是能长生不老的仙丹。为了得到嘉靖帝的长久优待，陶仲文挖空心思"炼仙丹"。

没有不想长生不老的皇帝。为了长生不老，历朝历代遍寻道士炼制长生不老丹药的皇帝不是只有嘉靖帝一个，但亲自上阵炼丹的却只有嘉靖帝。

"炼仙丹"对嘉靖帝来说，也是在和上天交流。因而炼丹时，他全神贯注，忘记了自己是大明天子。

"秉一真人，我们的仙丹，何日才能炼成？"嘉靖帝等不及了。

"还需要些时日。"陶仲文说。

嘉靖帝问得多了，陶仲文心里也发慌。再拖延，也总有炼成的时候，到了那时候，自己又该如何交代呢？

"如果能有一种方法，多久都炼不成就好了。"陶仲文想。

突然，他灵机一动，想到了一个好法子。

"皇上，想炼成仙丹，还需一道引子。"陶仲文对嘉靖帝说。

"什么引子？"嘉靖帝问。

"采阴才能补阳，"陶仲文说，"只有阳气旺盛才能长生不老。"

"秉一真人说得在理，那要如何采阴补阳呢？"

"红铅。"陶仲文说。

"何谓红铅？"

"就是用处女月经和药粉搅拌、焙炼，制成辰砂。"

陶仲文说的时候，还是有些忐忑的，他怕嘉靖帝发火。结果，嘉靖帝不仅没发火，反而很高兴，当即就令陶仲文"采集"处女的经血。

陶仲文长松一口气。这法子，只是他的一种拖延术。他知道，按他的要求，想制成数量不凡的辰砂，需要源源不断地得到处女的经血。宫里宫女虽然多，但也有取完的时候。

一句还是不够就可以永远炼下去；永远炼下去，就永远不会穿帮。

嘉靖帝不知道陶仲文的诡计，为了炼成不老仙丹，收集多少处女经血都行。凡没到经期的，他就让陶仲文给宫女喝催经下血的药物。

宫里那八岁到十四岁的宫女轻则伤身，重则血崩而死。为此丧命的宫女数不胜数，且越来越多。

何时才到头呢？那些遭受过这种折磨的宫女聚集起来，说着说着就哭了，最后生出"既然生不如死，不如让他先死"的念头。宁嫔不是因为这个原因，而是有日听贴身侍女杨玉香和她说了宫女们正密谋的大事时，心里一动，也参与进来。

经过几个月的密谋，这才有了震惊宫廷的"乾清宫谋杀事件"，也就是"壬寅宫变"。

可惜，"乾清宫谋杀事件"没能阻止嘉靖帝继续凌辱宫女，红铅的炼制还在继续。甚至嘉靖帝对于修道更热衷了。他觉得，只要拥有了"长生不老"仙丹，他修炼成了神仙，也就没人能杀得了他了。

为感谢上天让他死里逃生，嘉靖帝还斋醮了七天，发出了"若非天地鸿恩，岂能死里逃生"的感慨。为何能死里逃生？全凭老天保佑。老天为何保佑他？全因他长期修道、祭天。他开始自称"灵霄上清统雷元阳妙一飞玄真君"。

搬去西苑后，嘉靖帝将寝宫仁寿宫的名字改成了万寿宫，寓意不言自明。

嘉靖帝专心于修道祭天，顾不上朝政，便将朝政彻底交给内阁，首辅的权力更大了。善于抓住机会的人，会将别人的坏事，变成自己的好事。"乾清宫谋杀事件"又给了严嵩一个机会，他如法炮制了之前的"告黑状"，称皇上寝宫发生如此骇人听闻的事，责任都在内阁首辅翟銮身上，是翟銮的失职和不作为让皇上担了惊、受了怕，翟銮理应被贬。

嘉靖帝对翟銮没什么好印象，加之翟銮又不会写青词，嘉靖帝便听从了严嵩的建议。于是，翟銮和严嵩的身份对调，严嵩做了首辅，翟銮做了次辅。

"卑鄙无耻，小人之举！"夏言得知后，破口大骂。

"其实，严阁老待我还算不错，只让皇上贬我。"翟銮调侃道。

"只贬，是因你对他没威胁。"夏言一语道破天机。

翟銮何尝不明白，若他也被革职，内阁再进一个有威胁的角色，严嵩只会更麻烦。

第四章　许勉仁攀上赵文华，聂豹成功抗俺答

嘉靖二十二年（1543 年）。

在通往山西平阳的小道上，走着一群衣衫褴褛的人。他们是逃难者，人数不少，但一路上却寂静无声，即便偶有小孩的啼哭声响起，也会很快消失。饥饿让孩子们大哭，但同样也因为饥饿，他们没有了哭的力气。

放眼小道四周，一片荒芜。

突然，寂静被打破。逃难者的身后传来一阵急促的马蹄声。走在路中间的逃难者感受到了危险，急忙跑到路边，不等他们站稳，几匹高头大马已经到了面前。

"滚开！一群穷鬼，不想活了？"马背上的人怒骂道。

骂声未落，马鞭声又响起。有人挨了鞭子，发出痛苦的呻吟。打人者提了提马的缰绳，马仰头嘶鸣一声，飞奔而去。骑马者刚过，又有一辆装饰豪华的马车经过，马车夫在马车经过逃难者身边时，狠狠甩了一下马鞭，冲逃难者大喊一声："闲人快快让开！别挡了卫指挥佥事大人的路！"

一听有大官经过，逃难者们停了下来，在尘土飞扬中，默默注

视着豪华马车飞驰而去。他们正要继续前行，又有几匹高头大马经过。尘土进了眼睛和嘴巴，他们无暇顾及，眼睛始终盯着豪华马车和高头大马离开的方向，直到马蹄声完全消失，浓尘变淡，他们才又机械地朝前走。

"马车上坐着的是朝廷来的人吗？"一个枯瘦如柴的老者问旁边的年轻人。

"不是朝廷来的，能坐这么好的马车？"年轻人中的一个，羡慕地看着前方，"你们没看到吗？前头都有快马开道，官肯定小不了。"

"好像说是卫指挥佥事！"另一个年轻人说，"他们去的也是平阳方向。"

"管他们去哪儿呢，管他们是什么官，我现在只想有个能遮风挡雨的地方，有口稀粥吃。"一个中年人气鼓鼓地说完，不停地摸着肚子。他已经饿得前胸贴后背了。

"唉！忍忍吧！到了平阳就好了，那里有的是善人舍粥。"老者说着舔了舔嘴唇，"而且，那里有聂大人在，他不会看着我们饿死的。"

"就是就是！"矮点的年轻人说，蜡黄的脸上泛起了笑意，"聂大人心肠好，不会让我们饿死。"

"当官的能多几个聂大人就好了。"高点的年轻人也说。

聂大人成了这群逃难者的希望，为了这点希望，他们前赴后继奔向平阳。

这些逃难者是俺答掠杀下侥幸活着的无家可归者。他们此次去平阳，是因平阳有聂大人。这聂大人是谁呢？就是平阳知府聂豹。平阳也是俺答抢掠的目标地之一，可平阳百姓在知府聂豹的带领下，英勇反抗，赶走了俺答兵，让平阳没有遭受更大灾难。因而，那些被烧毁家园的流民便拖家带口地奔向平阳。

那坐在马车上的卫指挥佥事，也是去往平阳的，也是冲着聂豹而去的。当然，他去平阳不是为了讨生活，而是为了显摆，为了复仇。

半日后，马车已将蹒跚而行的逃难者甩得远远的了。马车上的布帘被揭开，露出一张焦黄的脸来，脸上有双不大但眼神凌厉的眼睛。这张脸上，能让人印象深刻的却并非眼睛，而是那走偏了道的鼻子。此人的鼻子向右歪，歪得很是离谱，像被人打过一拳。

马车里的这个人是朝廷新任卫指挥佥事许勉仁。

许勉仁原是平阳同知，前些时间刚刚升调到京城，做了卫指挥佥事。他此次重回平阳，可谓衣锦还乡，因此派头不小。他坐着装饰豪华的马车，马车前后各有四匹高头大马保护，要多神气有多神气。

虽然坐着豪华马车，前后也有快马护卫，可许勉仁还是不满意。因为一路上，目睹他气派场面的，只有逃难者，这让他的虚荣心无法得到满足。

许勉仁将头伸出布帘，四下一看道："快到平阳境内了吧？这一路上，怎么连个阴凉处都找不到？"许勉仁走一路骂一路，骂这些人影响了他的好心情。

"是的，老爷，马上就到平阳境内了。老爷忍忍吧！这一路上，遇到的都是穷鬼。这些穷鬼，天生穷相，个个就像饿死鬼投胎似的，指不定那树叶就是被他们捋下来吃了。"和马车夫坐在一起的随从说。

马车夫听不下去了，小声道："他们也是可怜！还不是饿的？要不是饿急了，谁会去吃树叶？又苦又涩的。"

随从不高兴了，伸手在马车夫的头上敲打了一下，嗤笑道："怎么的？你这是同情他们了？那就把他们接到你家里去好了。"

"嘿嘿，您真是说笑了，小人的家里也就能煮点米糊糊和野菜糊口，吊着条命还行，养不了别人啊……"马车夫不是怕许勉仁的随从，而是怕许勉仁。见随从生气，马车夫急忙讨好他，随即改口骂道："这些穷鬼，看样子也是去平阳的，咱们好好的平阳，被他们这一去，还能有个好？"马车夫说话时，不忘回头朝布帘处看，以确定自己有没有惹许勉仁生气。

许勉仁冷笑一声道："哼！还不都是那聂豹！如果不是他让富

人舍粥给逃难者，会有那么多逃难者往平阳拥吗？这些穷鬼，到哪儿都是祸害。"

许勉仁每次一说到聂豹，气就不打一处出来。

随从扭转头，冲许勉仁说："老爷说的是！老爷，你说这聂大人也是怪，别的地方欢迎官宦富家，他倒好，把一群穷鬼……"

"你以为他真那么好心为穷鬼们着想？还不是想讨得人叫他一声'青天大老爷'、一声'大善人'？"许勉仁说到这里的时候，把因气愤而握紧的拳头砸在了马车上。正跑得好好的马受到惊吓，双蹄一弹，跳了起来，马车瞬间摇晃起来。马车里的许勉仁吓得冷汗直冒，紧紧抓住马车前的横梁，嘴里大喊："快！快！别让马惊了！别让马惊了！"

马车夫和随从急忙跳下马车，一个慌忙拽马的缰绳，另一个去安抚受惊的马。马终于平静下来，马车也平稳了。

许勉仁长舒一口气，冲马车夫大喊道："狗奴才，好好赶马！再让马受惊，本老爷饶不了你。"

"听到了吗？好好赶马车，不然饶不了你。"随从又在马车夫的头上拍了一下，"再不好好赶，你就下去替马拉车。"

马车夫心里不忿，嘴里却说："是奴才的错，都是奴才让老爷受惊了，奴才一定好好管教劣马，不再让老爷受惊。奴才保证，再不出这种事了。"

"算你识相。"随从一瞥马车夫说。

又行了一段，随从觉得许勉仁气消了，这才又说："老爷，您也别生气！那聂豹爱当大善人就让他当好了，让他在这穷山恶水的地方当一辈子大善人，当一辈子知府，让他眼睁睁看着老爷您步步高升！"

这话说得正对许勉仁胃口，许勉仁犹如盛夏喝了一杯冰水，刚刚还愠怒的脸，瞬间神采飞扬起来。

"这话本老爷爱听！"许勉仁说完，哼起小曲来。当然，哼小曲时，他脑海里浮现的是他的贵人——赵文华。许勉仁能从平阳同知升为京城卫指挥佥事，就因他遇到了贵人赵文华。这赵文华是谁呢？是内阁首辅严嵩的干儿子。

许勉仁在升任京城卫指挥佥事时，一直庆幸自己去了京城，去了清风居，甚至还庆幸自己喝醉了。如果没有喝醉，他肯定不会大骂平阳知府聂豹，也就不会引起赵文华的注意；若没引起赵文华的注意，也就攀不上严嵩；攀不上严嵩，又怎么可能被提拔为卫指挥佥事？

赵文华的官不算大，工部侍郎，正三品。不过，赵文华攀上了正一品的内阁首辅，做了首辅的干儿子。对许勉仁来说，他攀上的看似是正三品的赵文华，实则是正一品的严嵩。攀上内阁首辅严嵩，何愁仕途之路不畅通？

当时，在清风居喝醉酒，被几个陌生人架到一个白白胖胖、宽脸、满脸大胡子的人面前时，许勉仁还以为自己在做梦。他认出了面前的人是赵文华，可他不敢相信。

"您……您是……赵大人？"许勉仁掐了一下自己，好像不是在做梦，可又怀疑自己产生了醉酒后的幻觉。

许勉仁曾在任某地县令时见过赵文华一面，那时的赵文华只是个通政使，严嵩也还不是内阁首辅，还在南京任职。一人得道，鸡犬升天。严嵩从南京调回京城做了礼部尚书，赵文华也随着严嵩的高升而高升，从通政使升到刑部主事；当严嵩进入内阁，做了首辅后，赵文华也就成了工部侍郎，成了此刻的许勉仁做梦都想攀上的大官。

许勉仁揉揉眼睛，知道自己确实不是产生了幻觉。许勉仁乍惊又喜的表情，赵文华见多了，他冷冷地道："你和聂豹有仇？"

"什么？"霎时，许勉仁的酒全醒了，脑子飞快地转了起来，他暗自琢磨着赵文华问他这句话的意思。他要怎么回答呢？承认和聂豹有仇对自己有利，还是否认对自己有利呢？他无法确定，因而，他只得先点两下头，随后又摇拨浪鼓似的开始摇头。

此时应该否认，除了不知道聂豹和赵文华的关系外，还因聂豹是他的上司。

"哦？这么说，你和那聂豹既无冤又无仇？"赵文华斜着眼睛瞟了一眼许勉仁，脸上露出了些许的失望。

许勉仁看出了赵文华眼神里的失望，心下一喜，暗道，莫非这赵文华希望自己和聂豹有仇？

许勉仁嚅嗫着，小心翼翼道："赵大人，卑职……聂大人……聂大人和赵大人……赵大人……"

早年，赵文华认了做祭酒的严嵩为干爹。能讨得严嵩欢心，可见他是多么擅长捕捉别人心事。许勉仁的吞吞吐吐，让他知晓了许勉仁的心思，于是他提醒道："聂豹是谁的弟子，你知道吗？本官的干爹是……"

赵文华说到这里，便不再继续说下去了。如果许勉仁能领会，说明他是聪明人，还有用；如果他仍不领会，那就暴打一顿拖出去。

许勉仁笑了，那歪斜的鼻子，因他谄媚的笑而变得更歪了。

"明白！明白！"许勉仁激动起来，向赵文华靠近一步，"聂……聂豹是王阳明的弟子！聂豹时常在下官面前说王阳明是圣贤之人。其实，若论圣贤，当属当今的内阁首辅啊！"

赵文华哈哈大笑起来，一边笑一边鼓掌道："好！好！这话说得好！说得好啊！大明天下，若论圣贤，除了皇上，当然就是本官的干爹了！不是本官的干爹，还会是谁呢？说得好啊！"

许勉仁附和地笑着说："嘿嘿……嘿嘿……多谢赵大人夸奖！多谢赵大人夸奖！"

突然，仰头大笑的赵文华收住笑，弯腰将脸凑到了许勉仁面前，紧紧盯着他，盯得许勉仁心里发毛。

"你……为何骂聂豹？"赵文华问。

"聂豹难道不该骂？大人，在下恨死那聂豹了。"许勉仁咬牙切齿道。

许勉仁确实恨聂豹，但还不至于恨到咬牙切齿，这咬牙切齿的样子，是扮给赵文华看的。

"那你又为何恨聂豹呢？"赵文华捏了捏鼻子。

许勉仁想了想说："此人阴险狡诈，是个奸诈小人！"

赵文华听完，脸上露出好奇的微笑，"哦？本官不是听说聂豹是大善人吗？还有人说他如何如何清廉。听说他在华亭县任知县时，老百姓都叫他'青天大老爷'，是不是有这事啊？"

"他是什么大善人？是伪善人。那'青天大老爷'，都是他花银两买的声名。"

"哦。本官对这样的传言也不信，本官不信这世间还有这样的完人。那今儿你就说说他如何阴险狡诈，本官喜欢听故事。"

"只要赵大人愿意听，在下就详详细细地说给赵大人听。"

"来人啊！给许大人上茶。"赵文华喊道。

"谢谢！谢谢赵大人！"许勉仁激动得声音都有些颤抖。

于是乎，许勉仁一边喝着茶，一边给赵文华讲起了他和聂豹的恩怨。他说去年俺答掠杀平阳时，是他和聂豹一起组织民众奋勇杀敌，赶走俺答兵的，可结果只有聂豹得到封赏。

"赵大人，您老说句公道话，赶走俺答兵，是他聂豹一个人的功劳吗？他一个人能赶走那么多的俺答兵吗？凭什么只有他受到封赏？虽然他是知府，在下只是个同知，可就算在下功劳比不上他，这功劳簿上，也应该有在下啊！"许勉仁越说越气，整张脸都涨红了，那歪向右边的鼻子，红通通的，"这种卑鄙阴险的小人，一定是他从中作梗，把在下的功劳抢了去。"

许勉仁酒后骂聂豹，确实是出于这个原因。不过，聂豹没有独吞那些封赏，而是将它换成粮食，用施粥的方式，救助了那些逃到平阳的逃难者。许勉仁不是不知道，可他还要污蔑聂豹独吞了封赏。

赵文华听得很认真，点点头说道："原来是这样啊！这么看来，这聂豹确实是个彻头彻尾的伪善人，大奸之人！"

"这聂豹不仅伪善，更是个小人！"许勉仁说着话，又向前凑近了一步。

赵文华侧身上上下下地打量起许勉仁来。许勉仁不知所以，只得不停地咽口水，以此来掩饰他的慌乱。赵文华仍旧不说话，继续盯着他。许勉仁额头冒出密密麻麻的汗珠来，接着，那歪鼻子上也有了汗珠。就在他双腿发软，准备给赵文华跪下时，赵文华说："你愿意做卫指挥佥事吗？"

"什么？"许勉仁当然听清楚了，但他不敢相信。

"你来京城做卫指挥佥事吧。不是说聂豹抢你功劳吗？你的职位在他之上，他还抢得了吗？"

赵文华说的时候，唇角带着一抹讥笑，这让许勉仁在高兴和激动之余，多了一份担心，怕赵文华是在拿他寻开心。

"在下……在下……"许勉仁半天没说出话来。

"不愿意？"赵文华收起了那抹笑。

许勉仁刚刚发软的腿，顿时有劲了，他小心翼翼地问道："赵大人说……真的？"

"本官怎会骗你？"赵文华的脸沉了下来。

赵文华的脸这一沉，倒让许勉仁心里踏实起来。他"扑通"一声跪在地上，接连给赵文华磕了几个响头，大声说道："在下……不……小人！小人多谢赵大人！赵大人就是小人的再生父母！"

"哈哈哈……"赵文华仰头大笑几声，又猛地收住笑，盯着许勉仁，"本官不做你的父母，本官只要你做件事。"

许勉仁想，果然天上掉不来馅饼，他小声问道："做事？什么事？只要不要小人的脑袋，赵大人让小人做什么都行。"

"脑袋？哈哈哈……"赵文华又大笑起来，"要你脑袋？你那脑袋一文不值。"

许勉仁不仅不生气，反而喜形于色，笑道："是！是！小人的脑袋一文不值，大人要小人做什么？"

赵文华严肃地道："对你来说，这件事很简单。本官只要你揭发聂豹的贪污之事。"

"贪污之事？"许勉仁为难了，想告聂豹贪污，太难了。

"怎么？不愿意？"赵文华的脸垮了下来，眼神里射出一道凶光。

"不是，怎么会不愿意呢？"许勉仁赶忙说，"只是……除了贪污，能不能揭发其他事？"

许勉仁觉得说聂豹犯任何罪都比说他贪污容易，聂豹是个对财物不感兴趣的人，别人见到金银会两眼放光，聂豹不会。揭发一个对财物没兴趣的人贪污，不是和说太监玩女人一样吗？没人相信。

赵文华斩钉截铁道："不行！只有这个罪才能撕下他虚伪的面具！"

……

"老爷！到平阳境内了！"随从的突然一喊，将沉浸在回忆中的许勉仁拉回到了现实。

许勉仁拨开布帘，看到写着"平阳"的界碑时，坐直了身子。

如今，他和聂豹一样，都是正四品，可自己是京城来的。面对如今的自己，聂豹会是什么表情，会用什么方式迎接自己？

许勉仁想象过无数个场景，但最后每一种都被他否定了。

"老爷！按这个速度，咱们不停歇的话，不到太阳落山就到了。"随从高兴地说。平阳有他的老相好，他迫不及待地想去见她。

许勉仁吩咐道："在前面的驿站停下，吃点东西，休息一晚，明儿一早继续赶路。"

"不走啦？快到了，老爷，只要马……"随从的话还没说完，便被许勉仁那凌厉的眼神逼回去了。

随从有些沮丧，将不满发泄在马车夫身上，怒声对车夫道："都是你，你要是再快点，现在都到平阳了。"

马车夫咧开嘴，露出满口的黑牙说："再快也到不了，除非像鸟一样飞！"

"飞！飞！我让你飞！我让你飞！"

随从双脚并用，用力踢马车夫，马车夫一边躲一边叫道："你要是再踢，马可又要受惊了，惊着了老爷……"

随从一听，急忙收回脚，但嘴里还在嘟嘟哝哝地骂着。马车夫完全不在乎随从的骂，在驿站留一宿，对他来说是好事。兴许晚上卫指挥佥事一高兴，赏他一杯酒喝喝。于是，一高兴，他扯扯缰绳，向另一条道的驿站奔去。

许勉仁刻意留宿，是想到此刻已经日暮，赶到平阳，大街上没什么人，他衣锦还乡的气派场面，给谁看？休息一晚，明早赶路，到平阳是中午，中午正是大街上人最多的时候。

一想到自己的出现会在平阳民众中引起轰动，他就兴奋。

"聂豹，聂大人！"许勉仁想到这里，在心里叫了一声后，哈哈大笑起来。你聂豹不是会抢功吗？抢了头功又怎样？皇上给了你赏赐又怎样？还不是落到难民嘴里了？你口袋里有分文吗？我许勉仁，虽被你抢了功，却也攀上了首辅的干儿子，自此，我的升迁之路就顺畅了。还有你聂豹，就算是王阳明的心学传人，又怎么样？王阳明能帮你升官吗？能帮你发财吗？不能！许勉仁觉得，赵文华让他告聂豹贪污，定是聂豹不小心得罪了严嵩。

聂豹无论如何都没想到，他曾经的属下许勉仁，此次衣锦还乡，除向众人炫耀外，更重要的目的是寻找他贪污的证据，然后弹劾他。

"他没有贪污受贿？不可能！官场上的人，怎么可能不贪污受贿？你之所以这么说，是因为他藏得太深，只要你花些心思去找，一定能找到，一定能！"赵文华肯定地说。

聂豹得罪严嵩什么了？什么都没得罪，他得罪的是司礼监掌印太监张佐。赵文华这么做，是受他干爹委派，而严嵩这么做，只是为了讨好张佐。

嘉靖四年（1525年），聂豹任监察御史，张佐掌管祭礼和吉礼，张佐因违招内监工被聂豹弹劾。这件事不算大，弹劾后，嘉靖帝也没惩治张佐，可张佐却恨起了聂豹，除了觉得聂豹不给他面子外，还觉得他破坏了自己在皇上面前的形象。

恨归恨，张佐也没想着去报复聂豹，直到聂豹又上疏弹劾了当时的兵部尚书金献民、侍郎郑岳，称他们接受了边将的贿赂。张佐再也无法忍了。张佐觉得，聂豹一定是在故意和他作对。他在心里暗忖，好个聂豹，是不是不想活了？竟然敢动咱家的人。

大明朝廷，为官者大多都有自己的圈子，同一个圈子的人，存在着或深或浅的利益关系。兵部尚书金献民和侍郎郑岳就是张佐这一圈子的。因而，动金献民和郑岳，就是动他张佐，何况这二位的受贿所得，也有他张佐一份。如果这二位被抓起来了，再一用刑，会不会供出自己？张佐很害怕，可又不敢给金、郑二人开脱。聂豹在弹劾金、郑二人时，手里铁证如山。在聂豹有确凿证据的情况下，如果张佐还执意保他们，也就不打自招，承认自己和他们是一伙的了。让张佐庆幸的是，这二人并未供出他来。张佐松了口气，利用自己在宫里的关系，四下打点，保住了二人的性命，但却没保住他们的职位。金献民和郑岳被削职为民。

张佐从那时起就下定决心，让聂豹付出代价。

如今，张佐是二十四监的太监之首，按理说，收拾聂豹不在话下，但张佐为人处世非常谨慎，聂豹曾上疏弹劾过他，如果自己出面收拾聂豹，怕会被人说他公报私仇。因而他只能寄希望于找到犯罪证据，名正言顺地治了聂豹的罪。无奈聂豹为官清廉，漏洞罕有。

滴水不漏？不可能！张佐不甘心。

在严嵩还未当上内阁首辅因而拼命巴结张佐的时候，张佐便向严嵩透露了这点心思。都说聂豹清廉，他偏要让皇上看看，聂豹是不是真的清廉，是不是真的从不贪污受贿。其实，张佐在想着报仇之余，还想给金献民和郑岳翻案。虽然被削职为民，但金献民和郑岳还是希望张佐能帮他们重回仕途。

严嵩听出了张佐的意思，想亲自下手，又怕被聂豹盯上，便将这任务交给了赵文华。

严嵩叮嘱赵文华道："这件事一定要做得漂亮，不能让聂豹抓住一点把柄。特别不能让人知道是为父和张公公指示的。"

"放心吧干爹，儿子做事您放心！这事儿子一定做得完美无缺，找不出一点破绽。"

之后，赵文华开始寻找合适人选，偶然间遇到了大骂聂豹的许勉仁，在得知许勉仁是聂豹的手下时，欣喜若狂。

就他了！

用卫指挥佥事这职位，赵文华收买了许勉仁。

天黑了，许勉仁在驿站享用完美食和美酒后，搂着美娇娘亲热起来。而那时，平阳的聂豹正和几位属下商量让富人捐粮捐银的事情。

几天前，聂豹号召富人捐粮捐钱。为了这事，他忙得焦头烂额，吃饭睡觉都顾不上，哪里会记得许勉仁衣锦还乡的日子？

聂豹来平阳府上任后，接二连三遇到棘手之事：府银库存虚空，历年积累的欠银多达一百九十余万两。怎么办？各方面的开支需要银两，亏空的府银要补上。然而，不等他解决府银亏空问题，俺答又入侵山西。

大敌当前，聂豹组织平阳的青壮年，在对他们进行了简单的培训后，组成一支自卫队。等那俺答兵来了，聂豹亲自上阵，冲到最前面，鼓舞民众，奋勇阻击。知府大人都能将生死置之度外，抵御外敌入侵，普通老百姓又怎能只顾自己逃命？于是，大家同仇敌忾，拼死保卫家园。入侵以来，一直犹如入无人之境的俺答兵，哪里见过这么凶猛的反击，顿时溃不成军，狼狈而逃。平阳也就成了俺答入侵山西以来，受损最小的地方。

赶跑了俺答兵，没等聂豹松口气，逃难者又一个接着一个地拥入平阳。阻止他们进入吧，聂豹不忍心。何况，俺答喜欢打回马枪，在平阳吃了亏，他们能就此罢休？一时之间，府银空虚、逃难者进入平阳、外敌入侵就成了摆在聂豹面前，最亟待解决的问题。为此，他一面鼓励民众各尽其能，应时局之艰，一面召集平阳各地抚按，共同商议筹款事宜。

许勉仁不知道这些，第二日一早便身穿虎豹补子的官服，头戴方翅，脚蹬官靴，精神抖擞地从驿站出发了。

"老爷这一身太威风了！"随从奉承道，说的时候还挺直胸脯，似乎自己也威风起来了，"请老爷上……"

"今儿骑马！不坐马车了。"许勉仁说话时，并不看随从，而是低头看着官服，并不时用手指掸那块象征着官位大小的补子，"就骑那匹枣红马，牵过来！"

许勉仁今天要让平阳人看他官服上的补子，坐在马车里别人怎么看得清楚？随从不知道这些，他纳闷道："老爷怎么不坐马车要骑马？坐马车更舒服！"

"让你干什么就干什么，哪里来的这么多废话？"许勉仁不耐烦了，怒吼道。

"小的该死，惹老爷生气，小的这就去！"随从见许勉仁发火了，飞快地跑去牵马。

许勉仁瞪着随从的背影，嘴里骂了句："蠢驴！"

对于这随从，许勉仁是越来越不满意了，虽然这随从还算忠心，办事也麻利，可就是太笨了，太没眼色了，这让他很是苦恼。他希望他的随从是个主人还未张口，只需一个眼神，甚至一个眼神都没有，就能知道主人想说什么、想干什么，并二话不说地去执行的随从。显然，这随从不是。

许勉仁在心里说，等找到合适的，本老爷就换了你这笨蛋！

枣红马牵来了，许勉仁坐了上去。随从轻轻拍了下马肚子，马随即飞奔起来，护送队紧紧地跟在后面。他们所到之处，卷起阵阵灰尘。

终于到平阳了。

可让许勉仁失望的是，眼前没有他想象中的热闹场面，更没有什么轰动效应。他们已经到平阳最繁华的街道了，可整条街道上，只有寥寥数人，就连那几个人，见灰尘满天飞，也捂着鼻子跑到了一边。

"平阳发生什么事了？莫不是俺答又入侵了？"许勉仁惊诧不已，可他环顾四周，看到的景象也不像是有外敌入侵的样子，"人呢？这人都到哪里去了？"

"是啊，太奇怪了！"随从说。

"还不快去打听一下！"许勉仁瞪眼道。

"小的这就去！"随从这次变聪明了，没再多问什么，倏地一下就钻进了一家小酒馆。

这家小酒馆以前许勉仁经常来。

一会儿，酒馆老板跑了出来，手上还沾着水，一边跑一边大声喊道："许老爷？可是许老爷回来了？"

"嗯！"许勉仁骑在枣红马上，用鼻子回答了，随即挺直身子，俯视着酒馆老板，"今儿大街上怎么这么冷清？"

"许老爷刚回来不知道。"酒馆老板将头仰得高高的，看着高头大马上的许勉仁，"知府老爷这几日正忙着让平阳的富人捐银子捐粮呢。这不，大家都跑去帮忙的帮忙，看热闹的看热闹了，街上就冷清了。"

许勉仁又用鼻子哼了一声。

酒馆老板看出许勉仁是生气了，再一看许勉仁那扎眼的新官服，顿时明白了。他一边环顾四周，一边大声说："恭喜许老爷！贺喜许老爷！许老爷这是高升了吧？"

可惜，即便他喊得再大声，也没人来围观。

许勉仁黑着脸，歪着鼻子说："本官问你！知府老爷要富人捐银两捐粮食干什么？莫不是要救那些逃难者？"

"是，也不全是。富人捐粮是为了救济逃难者。可捐银两，听说府银虚空需要补上。"酒馆老板说。

"府银虚空？"许勉仁一阵高兴，觉得这下有文章可做了。可那笑意在脸上还没停留两秒，又消失了。他想起来了，聂豹来平阳任职时，府银就是亏空的，查账时他参与了，没把柄可抓。

懊恼感让许勉仁心情烦躁起来。

"走！去府衙！"许勉仁说了一句，双腿一夹马肚子，枣红马在仰脖长啸一声后，飞奔起来。

"许大人！许大人，您老这就走了？不喝上一杯？"

酒馆老板的声音，很快就被卷在了尘土中。

"呸！神气什么？什么玩意儿？"

酒馆老板收回笑脸，狠狠吐了口唾沫在地上，边骂边回酒馆了。他才不愿意许勉仁进去喝一杯呢，喝也是白喝，许勉仁从不给他银两。

随着马蹄的嗒嗒声，许勉仁一众来到了府衙门口。可眼前的一切，差点没把许勉仁气得从马上跌落下来。

大街上没人也就算了，连府衙门口也没人，冷冷清清的，更别说有人迎接他了。

"知府大人难道不知道老爷回来？"随从先是嘟哝了一句，又说，"不对呀，前天和昨天都有信件送给知府，说老爷您要回来的。"

真是哪壶不开提哪壶，随从这句不合时宜的话，再次将许勉仁内心的怒火点燃了，他挥手一鞭，抽到了随从的胳膊上。

"还不快扶本官下马！"许勉仁大叫一声。

随从虽然痛得龇牙咧嘴，眼泪溢满眼眶，但还是跑了过去。他躬着腰，让许勉仁踩着他的背下了马。站在府衙门口，徐勉仁看着"平阳知府"四个大字，眼露凶光。

"聂豹，你等着！"许勉仁没有把这句狠话放在心里，而是喊了出来。

许勉仁那凶狠的表情，让随从忘记了身上的痛，他惊恐地盯着主人，大气都不敢出。

府衙门口发生的一切，聂豹并不知道。这时候，他正和刑房的刑书在议事。

巧妇难为无米之炊。根据平阳三十七州县汇报上来的情况，预计富人捐银有二万余两。这点银两简直是杯水车薪，需要银两的地方还有很多。

昨天晚上，聂豹想了一夜，总算想出了个法子，便和刑房的刑书商量。

"允许罪行较轻者拿银两赎身？还是知府大人有办法。这样既教训了罪犯，还可以收些银两，减轻牢房的负担，这牢房都快关不下啦！"刑书高兴道。

这倒不假，牢里关的人越多，各项开支就越大。如果能让一些罪行较轻犯人的家人拿银两给他们赎身，可就一举三得了。

"既然可行，那就先统计一下，看有多少人适用'银两赎身'。"聂豹说。

刑书点了点头，把手里的簿子翻了翻，沉思片刻说："估摸着有上百人。不过，这上百人赎身的话，赎金数目又怎么算？是否要一样？"

"不！不能一样！"聂豹说着话，拿过刑书手里的簿子，翻到一页，指着一个人说，"赎金多少，根据他们所犯的罪来定夺。就像这个叫苏仁的，此人本性不坏，只因娶了个悍妇，悍妇又时常不让他进屋，这才趁天黑摸到邻居家。虽然有强奸民女的嫌疑，但念他是初犯，也已知罪，还得到了邻居原谅，就通知他家人，拿五千文来赎身吧。还有偷邻居鸡的，一千文……"

聂豹刚刚说到这里，刑房的典吏急匆匆地跑进来，嘴里嚷嚷着："不好了，不好了！"

"发生什么事了？什么不好了不好了，没看到知府大人……"刑书训斥典吏的话还没说完，便被聂豹打断了。

"让他说吧，什么事？"

"知府大人、刑书大人，许……许大人来了！"典吏由于跑得太急，气喘吁吁的。

"什么许大人来了？说清楚点！"刑书说。

"许大人，就是原来的同知大人，他回来了……还……"

典吏这话刚一出口，聂豹便一拍额头道："哎呀呀！怎么把这事忘了？你是说许勉仁吧，许大人从京城回来了？"

"是！回来了！知府大人！许大人还带了很多人。"典吏说到这里，看了一眼刑书，"许大人好像很生气……"

"知道了！你去吧，你去和许大人说，就说本官马上就到，让他稍事休息，喝杯茶！"

典吏答应一声，小跑着去了。聂豹又在他身后叮嘱他说："用好茶，好生伺候着。"

"是！"典吏答应着，一溜烟没影了。

刑书想到许勉仁以前架子就大，如今刚刚升官，想必脾气又增长了几分，有些担心。

"知府大人，许大人会不会气我们没有迎接他？"

"很有可能呀！他心里一定不舒服。"聂豹苦笑一声。接着他又说："这许大人呀，什么都好，就是讲排场，爱面子。他升官回来一看，府衙门口没人迎接，能不生气吗？"

"不过，许大人好歹是从平阳走出去的，了解平阳现状，应该能理解，知府大人最近忙得没日没夜，把他回来的事忘了。"刑书说。

聂豹笑笑，摇了摇头。"也怪本官疏忽。不管何时，该有的礼数不能少，我们虽忙着，也应安排人去接才是。"

刑书点了点头，又说："那收罪犯赎金之事，还是过几天再议吧！许大人回来了，趁着陪许大人，您也好好休息休息，您累了半个多月了。"

"不！不能再拖了。你在这里等着，本官先去见见许大人，中午让蒋同知陪他吃饭，咱们接着议事。你现在把可以保赎的勾出来，把保赎金大概数目计算好，早定下来，早点执行。"

"是！在下就在此等候知府大人。"刑书说。

聂豹点了点头，在刑书胳膊上拍了拍，快步走了出去。

许勉仁在等待聂豹的过程中，脸黑得像结了痂。他一杯茶都快喝完了，聂豹还没出现。

原来，聂豹在来见许勉仁的路上，又遇到了一个喊冤的，因而耽搁了时间。

府衙里的许勉仁，再也等不了了，他一拍桌子，大声道："这聂豹是怎么回事？"

"许大人消消气，再等等，再等等！知府大人很快就来了，很快就来了……"典吏一边赔着笑脸，一边给许勉仁的杯子里添水，嘴里还不停说着，"知府大人说了他马上就来，一定是路上遇到了什么……"

"遇到什么？难道不管路上遇到什么人、什么事，都比见本官重要？"

"不是不是！许大人误会了，许大人可是从京城来的，在平阳，又有谁比许大人重要呢？"典吏忙不迭地解释。

许勉仁瞪了典吏一眼，不再说什么，而是冷着脸坐在那里。他觉得，聂豹是故意的，要么嫉妒自己高升，要么瞧不起自己，故意给自己难堪。相比较而言，他更希望是聂豹是出于嫉妒，如果聂豹瞧不起他而怠慢他，他就无法接受了。

"许大人，吃点点心吧！"

典吏令人送来了点心，讨好地放到许勉仁面前。许勉仁一挥手，点心掉在了地上。

"快去叫你们……"

许勉仁的话还没说完，只听外面传来聂豹的声音。

"许兄！许兄！对不起啊！千万不要生气！有失远迎，还望许兄别怪罪，别怪罪！"

典吏长舒一口气。

聂豹的话音刚落，人就已经迈了进来，冲许勉仁行拱手礼。

"聂大人总算出现了，本官以为您躲着不想见本官呢。"许勉仁阴阳怪气地道。

聂豹笑着说："许大人这是怎么说的？许大人如今调去京城还能想着平阳，甚至于回到平阳，我聂豹高兴还来不及，怎么会躲呢？我是真的很忙，这几天忙得晕头转向，忘了出门迎接，还望许大人谅解啊！"

许勉仁哼了一声，睃了一眼聂豹。

"本官到了府衙，看到四处空荡荡、静悄悄的，还以为聂大人出什么事了呢。"许勉仁那原本消瘦的脸上，表情不停变幻，眼神更是在聂豹的身上来回扫，"本官还在想，莫不是俺答兵又来了，把聂大人给绑起来或者谋害了呢。"

聂豹爽朗地大笑道："哈哈哈……多谢许兄关心，俺答短时间内不敢再来。这几日为筹银两之事忙得不可开交！"

此时的聂豹，虽然觉得许勉仁来者不善，但还是很真诚地对他。可许勉仁呢，一直试图从聂豹的言行举止上，看出对自己的嫉妒和讨好来，可他失望了。更让他郁闷和想不通的是，聂豹对他还像以前一样，没有任何变化。

"许兄此次回来是……"

聂豹这句话刚刚问出口，许勉仁便打断了他。许勉仁想，自己不能太被动，不能让话语权都掌握在聂豹手里。他必须让聂豹意识到，他不再是平阳的同知，聂豹的手下，他从京城来，是指挥使佥事。

于是，许勉仁挺起胸膛，跷起了二郎腿，在用轻蔑的眼神睥一眼聂豹后，端起一杯茶，缓缓放到嘴边吹了吹，却没喝，而是说："来府衙听典史说聂大人很忙，本官还不相信，可刚刚听聂大人这么一说，本官才知道，聂大人真有这么忙。对了，你刚才说什么？筹银两？聂大人要从哪里筹银两啊？筹了银两又都要用在什么地方？朝廷知道吗？"

聂豹正要回答，许勉仁又说："本官还在路上的时候就听说，聂大人让平阳的富人捐银两。本官就一直在寻思，聂大人要这么多银两干什么？何事需要筹集这么多银两啊？"

聂豹明白了，许勉仁此次来平阳，并非只是炫耀自己升职，还想找自己的茬。他深吸一口气，笑道："许大人刚回平阳，就知道这些事了？那我聂豹先替平阳百姓谢谢许大人了，许大人能如此关心平阳，关心平阳百姓，是我聂豹和平阳百姓的福分！"

既然来者不善，那自己也就没必要把许勉仁当成兄弟了。

许勉仁为聂豹改口不叫自己"许兄"怔了一下。他偷瞄了一眼聂豹，想知道他哪句话是真，哪句话是假，哪句话是对他的讥讽和嘲弄。可许勉仁没听出来，他的心里又是一阵懊恼：自己和聂豹打交道也有三年之久，来平阳前，自己就是他的副手，怎么老弄不明白他想什么呢？难道这聂豹真像赵文华所说，隐藏得太深？

许勉仁再次端起杯子，轻啜一口，以此平复纷乱的心情。随后他开口道："平阳是大明江山，本官身为朝廷命官，怎么可能不关心？何况本官在平阳也待过。"说着说着，许勉仁放下手里的杯子，侧过身扫一眼聂豹，装腔作势起来，"再说了，本官此次来平阳，原本只是想和旧日同僚们叙叙旧，谁想到，一进平阳就听到百姓们怨声载道，说逃难者大量涌入平阳，增加了百姓负担，还说你假借府银虚空，让平阳富人捐银……"许勉仁说到这里的时候，故意停了一下，然后猛地瞪大眼睛，看着聂豹，厉声道："聂大人，百姓所言可是实情？"

这就有点像在审问了。

聂豹的眉头皱了起来，低下头沉思片刻，然后抬眼望向许勉仁。他正要说话时，听到身边的典吏开口了："许大人！您可不能冤枉知府大人，不能听他们胡说啊。知府大人这么做，都是为了平阳的老百姓啊！知府大人……"

"冤枉？好大的胆子！一个小小的典吏，竟然如此不懂规矩，你没看到本官正和你们知府大人谈事情吗？什么时候轮得到你说话？聂大人，你这些属下也太没规矩了吧。身为典吏，在本官和你谈事的时候，随意插话，这还了得？是不是应该让他们滚蛋？"

"许大人，小吏……"

典吏还要争辩，聂豹打断他的话："你先下去吧！"

聂豹对典吏说完，转头又看着许勉仁说："多谢许大人提醒。他这样是在下失职，没管教好，在下检讨，以后绝对不会出现这种情况了。"聂豹一直以来的笑脸消失了，他的神情严肃起来，此时，他对许勉仁说话，客气里多了更多的疏远。

"哼！"许勉仁可不在乎聂豹对他的疏远，用歪鼻子回应了一下。许勉仁觉得，聂豹能自称"在下"，是在认输。

"对了，许大人问在下为何要让平阳的富人捐银两，在下现在就汇报给许大人。"聂豹在自称"在下"时，就把过去和许勉仁的交情全放下了，一切公事公办，"许大人在平阳待过，想必知道俺答经常光顾这里，他们烧杀抢掠无恶不作。我们不能一直被动受欺负，任他入侵，这就需要加固像郭家沟、冷泉、灵石这样的隘口。加固这些隘口，没有银两怎么行？府银虚空，您是知道的。"

聂豹叹了口气，接着又说："巩固隘口不能不做，没办法，只能向富人募捐了。幸好，平阳不少富人愿意捐银两，愿意为保卫自己的家园尽一份力！"

许勉仁一边听，一边在心里盘算，希望能从聂豹的话里，听出破绽来。猫怎么可能不偷腥？双脚在淤泥里走，脚上能不沾泥吗？就像赵文华说的，聂豹真有那么干净，真的一点不贪污受贿？但聂豹的话，让他不知如何往下接。正在这时，他的随从匆匆走了进来，在他耳边说了几句什么，许勉仁那阴沉的脸，瞬间放晴了。他没想到，这么快就找到了攻击聂豹的武器，甚至，这恐怕就是赵文华想让他找的证据。一时之间，许勉仁有些兴奋得不能自已。他起身，走到聂豹面前。

"聂大人，就像你说的，让平阳三十七个州县的富人捐银两是为了巩固边防,防止俺答入侵。好吧！本官姑且相信你的话，只是……听说你要释放罪犯，只要他们愿意交纳足够的赎金，是这样吗？"

许勉仁的脸上，露出了诡异的笑。许勉仁问的时候，很是得意，不住地摇头晃脑。交赎金就可释放犯人，这事可是违反律法的，何况，赎金的去向也不好说。

这些是随从刚刚给许勉仁耳语的。

先前许勉仁气冲冲地冲进府衙，责问留守典吏，为什么堂堂知府衙门，知府、同知、能判统统不在。典吏告诉他，知府大人和刑书大人在商量事情，而同知和能判，一个去了募捐现场，另一个去了解需要加固的隘口了。总之，大家都在忙。

"忙？是，他们都很忙，忙得让府衙空无一人吗？"许勉仁大声说，那时候，他还在为无人迎接他而动怒，"快去，把聂大人叫来。"

"聂大人在刑房，在下这就去。"典吏被他气冲冲的样子吓坏了，忙说。

"在刑房？干什么？"

许勉仁随口一句，得到的回复是："知府大人和刑书大人商议交赎金的事。"

"交赎金？"许勉仁对"金"字太敏感了，"谁交赎金？交什么赎金？"

典吏没有觉得这事需要保密，但看到许勉仁那不怀好意的眼神，留了个心眼。

"许大人，小的刚刚说'交赎金'了吗？"典吏说，"小的说二位大人在商议事，具体商议什么，小的也不清楚。"

典吏的闪烁其词，让许勉仁觉得，他肯定没听错，正要质问，他眼珠一转，计上心来。

"那你去禀报知府大人，就说本官到了！"许勉仁说。

典吏答应一声，去了。许勉仁当即吩咐随从去打听聂豹和刑书在商议什么。

"问清楚，交什么赎金，快去快回！"许勉仁对随从说。

许勉仁曾是平阳府同知，随从在府里的熟人也不少，七拐八拐就打听到交赎金，释放犯人的事。

许勉仁盯着聂豹，心想，总算让本官抓住你的小辫子了。

聂豹说得很坦然："是的！许大人！我们是在商议交赎金释放一些罪犯的事。为什么这么做？刚刚在下也说了，富人所捐银两，远远不够府中这些开支。何况除了加固隘口需要银两外，我们要招募一些乡勇组建防卫队，这样我们就能在俺答入侵时，不那么被动了。您也知道，之前百姓就是反抗，也是拿着锄头和木棒，这不仅赶不走蛮人，还会激怒他们。可有了防卫队就不一样了，人们有武器在手，又经过了训练，俺答入侵时就会有所顾忌。只有让敌人不敢入侵，平阳的百姓才能生活安定。可招募乡勇，把他们训练成一支让敌人胆战心惊的队伍，需要给乡勇配备衣甲器械，这些都需要银两。"

聂豹神情越发严肃，少顷又说："不过，允许交赎金释放的这些罪犯，都是罪行较轻的人，他们需要惩戒，却不适合严惩。那些罪行较重的，即便交再多的赎金，我们也是不会释放的。"

许勉仁本以为自己抛出的这个问题对聂豹来说，是致命的，聂豹不会据实以对，但他没想到聂豹丝毫不惊慌，很是坦然，这让他的兴奋感大打折扣。同时，若按聂豹说的，他的贪污嫌疑似乎又减少了。许勉仁很不甘心。

"你说的嘛……"许勉仁停了一下，摸了摸他的歪鼻子，"聂大人，你的这种做法，听起来有些道理，也能解决当前的问题，可这么做就违背了大明律例。还有，你这么做，完全就是在给有钱人减罪啊。你想想，你这么一来，那些罪行轻的，穷得交不出赎金的，岂不就只能坐牢了？这公平吗？你这……简直就是在拿大明律法开玩笑！"

许勉仁是边想边说的，说到最后，觉得上升到破坏大明律法，还是有文章可做的。你说只有罪行较轻的交赎金才能释放，那什么是罪行较轻，什么是罪行较重，标准还不是你们定吗？他有些后悔和聂豹说这些了，自己这一说，不就打草惊蛇了吗？

"许大人担心得对！我们在确定交赎金可释放的罪犯时，一定严格把关。"

聂豹不想再和许勉仁纠缠这些了。很明显，许勉仁此次是专门找事儿的，既然这样，不管自己说什么，他都会提出质疑，那自己还解释什么？不用浪费时间了，很多迫在眉睫的事等着处理呢。

"许大人，这样吧！您刚刚到，一路上辛苦了，先去休息一下！中午让蒋同知为您接风，在下还有很重要的事要忙，恕不奉陪！"

聂豹说完，朝许勉仁拱了拱手后，又冲一个典吏喊了句"好好伺候许大人"，然后扬长而去，只留下目瞪口呆的许勉仁和其随从。

"老爷！"随从没想到聂豹这么不给自家老爷面子，叫了一声。

许勉仁气得脸色发青。

"许……许大人……知府大人是……"典吏也没想到会是这样，结结巴巴道。

好你个聂豹！都这时候了，还不把我指挥使金事放在眼里，那就等着后悔吧！气愤不已的许勉仁在心里说完这句后，冲随从说了句："我们走！"

"许大人！许大人！"

任由典吏在背后怎么叫，许勉仁都不回头，他径直去了平阳最好的客栈。虽然不一会儿，蒋同知便热情款待了他，可许勉仁还是在当晚写了封聂豹贪污的奏疏，称其借加固隘关、招募乡勇之机，让富人捐钱、罪犯交赎金来敛财，贪婪至极。

由于太生气，许勉仁连夜写好奏疏，第二日就令邮驿将奏疏送去了京城。

又过了一日，见在平阳没什么意思，许勉仁一气之下回了京城。而他那奏疏，也早于他到了赵文华手里。

"这么快就找到证据了？"赵文华把许勉仁写的奏疏看完，嘟哝了一句，"这聂豹……"

赵文华的手指头在桌子上有节奏地敲着，他有些拿不准这样的指控会不会让张佐满意。

"许勉仁有没有说他什么时候到？"赵文华问随从汪诚。

"按他说的时间，应该明儿下午能到！"汪诚说。

赵文华决定把奏疏放着，等许勉仁来了，了解清楚再说。

许勉仁到京城后，径直去了赵文华的府邸。

"你这很快嘛！"赵文华说。

"马不停蹄，途中也没休息，急赶着来。"许勉仁赔着笑说道。

赵文华斜瞟他一眼，没说话。其实他的意思是，让你搜集聂豹的贪污证据，你去平阳一天就搜集到了？他心下怀疑，便开口问道："这证据……好像不够扎实。"

许勉仁急了，在平阳受到的冷遇，让他对聂豹恨之入骨，恨不得马上抓聂豹入狱才解气，他恨道："这……这证据还不扎实？赵大人，这已经能说明聂豹有多贪婪了。您老想想，他向全平阳的富人要银两，要那么多银两干什么？还不是为了让自己多捞点？在下离开平阳时，听说富人捐银三四千两了。他说这些银两是要用来招募乡勇防御俺答的，能当真吗？不能当真，是借口！都是借口！他就是想借这些事，筹更多的银两往自己口袋里装。"

许勉仁打听到的所筹资金是二千二百两，他故意翻了倍。此次，他除了向赵文华邀功，借赵文华之手除掉聂豹，为自己复仇外，还想借赵文华的关系攀上内阁首辅严嵩。因此，他必须尽量把此事说得严重。事情越严重，他的功劳就越大，他的功劳越大，见到严嵩的机会也就越大。

许勉仁的话起了作用，赵文华敲击桌面的声音更急促了。

"还有，聂豹为了贪得更多银两，竟然打起了关在牢里的罪犯的主意，这么做可是违背朝廷律例的啊！罪犯怎么能说放就放呢？如果交了赎金就能放人的话，那……那大明……"

许勉仁越说越激动，说到最后，结巴起来。赵文华见他满脸通红、唾沫星子乱溅，有些厌恶，手一挥，制止了他。

"你能确定聂豹所说的巩固隘口、招募乡勇是假的，只为揽财？"如果这些事是假的，那聂豹贪污也就能落实了。

许勉仁怔了一下，依他对聂豹的了解，巩固隘口、招募乡勇肯定是真的，可他不能这么说，他只能继续污蔑聂豹道："这……赵大人，在下……在下完全能确定，聂豹根本不会把募集来的银两用到加固隘口上，什么招募乡勇，那都是假的，还有从罪犯那里收到的赎金，都……"

赵文华不等许勉仁说完便说："你不用再说了，这事还是让干爹决定吧，干爹要是觉得你的证据有力，有必要呈给皇上……届时再说！"

许勉仁要的不就是这句话吗？

许勉仁一边从怀里掏出一个锦盒，递到赵文华面前，一边开口说："那……真是太好了！这是小的孝敬赵大人的，不知赵大人是否喜欢？"

许勉仁躬着背，侧着头，挤着笑看着赵文华。此时，他双手端端正正地举着的锦盒，就是走向内阁首辅严嵩的桥梁。

"这……是什么东西？"赵文华虽然这么问，但眼神亮了一下。他接过锦盒，慢慢打开，顿时，笑意溢满双眼。

锦盒里躺着两只翡翠镯子。

赵文华拿起一只，高高举起，对着从窗口透进来的阳光看了看，点点头，再拿出另一只，对着阳光又看了看，脸上的笑容更深了。将两只镯子重新装回锦盒后，他看着许勉仁。

"水色还不错！"

"大人如果喜欢，小的以后再遇到什么好货色，统统拿来孝敬大人！"许勉仁讨好地笑着，原本有些干瘪皱巴的脸，皱得更厉害了，歪着的鼻子，不停耸动着。

"说吧！什么要求，是不是想见我干爹？"赵文华在将锦盒盖上后说。

许勉仁躬起背，他此刻好似变成了虾米，他的身体不住地朝赵文华方向倾。

"嘿嘿……大人真是好眼力，小的一点小心思都瞒不过大人。"

"哼！这还用得着眼力？你讨好老子为什么？不就是老子的干爹吗？"赵文华说着，上上下下把他一番打量，"还有，你这算小心思吗？你这心思可大了去了。"

"嘿嘿……看大人说的，还望大人帮小的引荐引荐！"许勉仁打哈哈道。

赵文华在锦盒上敲了两下。

"下次吧！这次怎么见？空着手见？"

"嘿嘿……大人！您老说，小的如果拿上这个，算不算空着手？"许勉仁像变魔术似的，从怀里掏出另一只锦盒来。

这只锦盒比他送给赵文华的那只要大很多。

赵文华轻蔑地看着许勉仁。

"你送给老子的破烂玩意，给老子还行，送给干爹？哼！"赵文华像轰苍蝇一样挥手，"走吧走吧！想见干爹的人排队能排到城门外，你还是慢慢等吧！"

许勉仁似乎早就料到会这样，一点都不沮丧，仍然面带微笑。

"小的还是先打开让大人看看吧！"

不等赵文华再说什么，许勉仁忙将锦盒打开，顿时一道刺眼的光从锦盒里射了出来。赵文华的整张脸被罩在金光中，他像是被金光推了一下，身体后仰，眯起眼睛。又盯着锦盒里的发光体看了看后，赵文华慢慢将眼睛瞪圆，头朝锦盒靠。

他忍不住咽了口唾沫，"这……你……你竟然还有这种宝贝？"赵文华也算见过世面，看过的宝贝不少，但看到这宝贝时，还是激动得声音发颤。

"大人真是好眼力啊！这宝贝可不简单，大人能识得它是难得的宝贝，是大人见多识广，一般人可不行！"许勉仁小声奉承着，像是怕惊扰到锦盒里的宝贝。

"这……这就是……传说中的夜明珠吧？"赵文华喃喃着，伸手向锦盒里探了探，又收了回去，像是怕刺了手，"这可是皇宫之物，你怎么会有？从哪里来的？该不会是偷的吧？"

许勉仁听了，不仅没生气，还得意地笑了。

"嘿嘿……大人这就是说笑了，这样的宝贝，小的就是想偷，又要去哪里偷呢？这样的宝贝，哪里是平常人家能有的？"

赵文华重新打量起许勉仁来：干枯的身材，枯瘦的面容，歪了的鼻子……怎么看都不像家里有祖传宝贝的。

"你不会说这是你家祖传的宝贝吧？"赵文华说话的时候，露出了讥讽的笑。

许勉仁倒不介意，他神秘一笑，在赵文华面前卖起了关子："大人的话说对了一半，可以说是，也可以说不是！"

"哦？"赵文华的眼珠一动不动地盯着锦盒里的夜明珠，"说说看，到底怎么回事？这宝贝怎么来的？"

"大人，别看小的样貌不行，家也落魄，以前，小的家族中可是出过皇妃的！"许勉仁说到这里，停了一下，想以此引起赵文华的兴趣。

"什么？皇妃？哪个皇妃？"赵文华问。

"大隋，隋炀帝的妃子！"许勉仁说到这里，又停了下来。

赵文华的目光已经在夜明珠里拔不出来了，可他嘴里却在不停催促道："快讲！快讲！到底怎么回事？难道你出身帝王家？"

"大人既然感兴趣，那小的就慢慢和大人讲。"

于是，许勉仁绘声绘色地讲了起来。他说，当年李唐父子灭了隋朝后，释放了一批妃子，在被释放的妃子里，有个就怀揣皇上送给她的夜明珠，改嫁到了自己祖上。

"就这么着，这颗夜明珠就在我们家传了下来，一代传一代，传到了小的这里。"许勉仁最后说。

"原来是这样呀，怪不得呢！"赵文华微微抬头，瞟了一眼许勉仁后羡慕地问，"几颗？就这么一颗？"

"大人又说笑了，这样的宝贝，能有一颗就了不得了，还能有第二颗？"

"唉！也是呀！这种宝贝是稀世珍宝，多了也就不稀罕了。对了，那你家那个隋炀帝的妃子，除了这颗夜明珠外，就没有其他宝贝？"

许勉仁刚要说没有，眼珠一转改口说道："自然还有，小的送给大人的两只翡翠镯子，也是她从宫里带走的，也是小的家传宝贝。"

赵文华大笑道："怪不得！怪不得！老子平素看的宝贝还少吗？一看那两只翡翠镯子就不一般，原来是皇家之物。"

许勉仁窃喜，心想，都说赵文华聪明，没想到这么好糊弄，连编出来的故事都信。夜明珠和翡翠镯子，都非皇家之物。那所谓的隋炀帝的妃子，也都是许勉仁编出来的，但有一点他没说谎：翡翠镯子确实是许勉仁的祖传之物，而且还真传到了他这一代，并戴在了许夫人的手上。

许勉仁在见赵文华前，一直在想送什么礼物，他知道，礼物不能太寒酸，想到最后，动起了夫人手腕上镯子的主意。他向夫人讨要腕上那对翡翠镯子，夫人坚决不给，还哭着骂他，以为他要把镯子送给老相好。许勉仁先是诅咒发誓，最后又威胁夫人要休了她，夫人这才不情不愿地把镯子交给他。而那颗夜明珠呢，是他父亲当年抄一个王爷家时，偷偷藏起来的。这颗夜明珠的价值许勉仁没有夸大。当然，这么值钱的宝贝，许勉仁看得比自己的命都珍贵，因而，除了他以外，家里没人知道这稀世珍宝的存在。许勉仁不说给任何人听，心里自有打算，他打算用这颗夜明珠给自己换一个好前程。他在等待，等待一个机会，将这颗夜明珠献给能给他带来大富大贵的人。

认识赵文华后，许勉仁知道，夜明珠的主人出现了——大明的内阁首辅严嵩。有了这颗夜明珠，他知道，他一定能见到严嵩。

"赵大人！"许勉仁说，"用这颗夜明珠开路，小的能见到大人的干爹吗？"

赵文华瞟了他一眼，心情复杂。

"你早拿出来，不就早见着了？"赵文华没好气地说。

虽然对这颗夜明珠垂涎三尺，但赵文华和许勉仁一样，知道这种珍贵之物，不属于自己。话又说回来，讨好了严嵩，会有更多机会得到宝贝的，虽然宝贝是许勉仁送给严嵩的，可自己是牵线人。这颗夜明珠，肯定也能让独眼满意。

独眼便是严世蕃。严世蕃对赵文华存有成见，赵文华一直想化解，却没有机会。

果然，在见到夜明珠的那刻，不管是严嵩还是严世蕃，全都眼睛发直。而许勉仁，则如愿进了严府，攀上了严嵩和严世蕃这棵高枝。

严嵩看了那篇许勉仁写的弹劾聂豹的奏疏，觉得有呈给皇上的价值，但需要等待时机。不等严嵩把诬告聂豹的奏疏呈上去，就再次发生俺答入侵的事。俺答再次入侵山西，目标直指平阳，皆因平阳让他们吃尽苦头。

俺答是从郭家沟的隘口侵入的，而郭家沟正在聂豹的加固范围之内，虽然加固工程还未完工，但起码没让俺答如入无人之境。在浪费了一些时间进入平阳后，俺答等来的就是平阳的乡勇义军。俺答入侵时，五千多名乡勇义军已经招募好，刚开始集训。

聂豹亲自做战前动员说："俺答兵比我们预期的来得早，不过，上次我们拿着棍棒都能将他们赶走，此次武器在手，更不能让他们占到便宜。这次如果不把他们打怕了，他们还会来，因此，我们必须全力以赴！"

"打俺答！打俺答！"五千多名壮汉的吼声，响彻天空。

此次阻击俺答，聂豹没有亲自出马，带领义军迎战的是李芳。最终，在李芳的带领下，五千义军所向披靡。俺答兵哪里会想到，平阳竟然有这么一支手持器械、身穿铠甲的勇士，顿时傻了眼。

"杀！"李芳冲在了最前面，大声喊。

"杀！"五千多名勇士一边向俺答兵冲，一边大声喊。

这种阵仗和气势，吓得俺答兵还未开打就输了。他们丢盔弃甲，不战而退。

"兄弟们，杀俺答者有赏！活捉俺答者，重重有赏！"李芳又是一声大喊。

重赏之下必有勇夫。更何况，俺答无休止的入侵，早已让这些热血汉子愤怒不已。如今敌人就在眼前，且个个如丧家之犬，他们怎么能放过？在杀红了眼的义军的围追堵截下，俺答兵死伤无数。

"俺答入侵平阳，遭到平阳义军的英勇抵抗；俺答兵死一百一十人，被俘四十人。"

当这样的捷报传到京城，传到内阁时，严嵩吓出了一身冷汗，庆幸自己没有把许勉仁弹劾聂豹贪污的奏疏呈上去。捷报用事实告诉严嵩，许勉仁所谓的聂豹贪污，完全是诬告。严嵩回府后立即让赵文华和许勉仁来见他。

"你那奏疏若真呈上去了，知道后果吗？"严嵩耷拉着脸，问许勉仁。

"这……这……这怎么会？"许勉仁又惊又怕，"他……他怎么真召了义军，怎么……"

"当初怎么和你说的？让你收集好确凿罪证，可你呢？糊弄我们是吗？"赵文华既气又害怕，气许勉仁骗了他，害怕干爹严嵩责怪他。

"小的……小的……"许勉仁比赵文华还怕，怕聂豹因此次立了功，升了职，并再次成为他的上司。

"废物！"一直坐着不说话的严世蕃，骂了一句。

赵文华不知严世蕃那是骂自己还是许勉仁，只得低下头不说话。

许勉仁急忙说："都是小的……都是小的的错，小的……小的辜负了几位大人的信任。"

"欲速则不达！说过多少遍了？"严嵩看看赵文华，又看看许勉仁。

"是！干爹教训得是！"赵文华垂头丧气地回道。他想起之前对严嵩的发誓保证，就越发觉得难堪和气恼，于是更加不敢看严氏父子。

"从此事上来看，这聂豹不简单，不可小觑，我们不可轻举妄动。"严嵩又说。

"是！干爹说得是！这次都是这许……"

赵文华的话还没说完，严世蕃打断说："这奏疏倒也不是说完全没用。"

"还有用？"最兴奋的莫过于许勉仁了。

赵文华和严嵩全都看向严世蕃。

"有用！"严世蕃说，"这东西现在呈上去不合适，可再过段时间呈上去，指不定就有用了，甚至可能效果更好。"

"东楼兄是说……"赵文华没听明白。

"这奏疏上说的事是事实，咱们就能说他贪污是实情。那捷报能说明的，只是他抗击俺答有功，并没说募捐所得、收罪犯赎金所得都用在抗击俺答上了。况且，等过些时间，我们再翻出这些事来，谁能保证，他把每笔账都记得清清楚楚、一丝无误？"

"东楼兄说得是！我们怎么没想到呢？"赵文华先是一愣，接着明白了，大拍严世蕃马屁，"怪不得大家都说东楼兄是大明最聪明的人。"

严嵩斥责赵文华："不可乱说！大明最聪明的是皇上！"

"是！干爹说得是！皇上是大明最聪明的人，东楼兄是大明第二聪明人。"

许勉仁刚刚还是沮丧的样子，这下整个人振奋了起来。他心里暗忖，扳倒聂豹还有机会，只不过是时间问题罢了。但他还有疑虑，于是把他心头最害怕的事问了出来："那……皇上会不会升聂豹的职？"

赵文华白了许勉仁一眼说："那还用说？"

"那……会不会……"

许勉仁的话，其他人已经不想听了，他们转移了话题。许勉仁也便没再说下去。

嘉靖二十二年（1543 年），聂豹因抵御俺答入侵有功，升迁陕西按察副使，兵备潼关。

第五章　祖传《清明上河图》，无端惹来杀身祸

　　自嘉靖二十一年（1542 年）夏言离开内阁后，严嵩由刚开始的小心翼翼，到后来的如鱼得水，最终他让整个内阁都变成了他一个人的内阁。那个被他挤到次辅位置上的翟銮，完全被视若无物，就像当初夏言执掌内阁时的他一样。

　　当初你不是瞧不起我吗？那现在就尝尝被人瞧不起的滋味。严嵩是个记仇的人，他不会忘记翟銮在短暂的首辅生涯里对他的轻视。当然，即便翟銮当初没对他轻视，他也不可能给翟銮好脸色。

　　在严嵩的世界里，只存在两种人，一种是和他站在同一阵营里的人，另一种就是敌人。翟銮的脾气性格和办事能力，都让严嵩知道，他是不可能成为他严嵩阵营里的人的，翟銮这样的人也不是他想要的，更不是他需要提防的。这样的人对严嵩来说，存在就是多余。因而，严嵩在翟銮面前的言行举止，都像是在对翟銮说：你既不是我的朋友，也不是我的敌人，你就是一个废人，一个完全被忽略的人。

　　翟銮不在乎别人忽略他、无视他，甚至把他当成废人。在官场摸爬滚打这么多年，他知道自己的脾气性格，也知道自己做不了首辅。他没有野心，只求以内阁大学士身份全身而退。严嵩取代他坐上首

辅位，翟銮并不难过，反而松了一口气。不过，他也意识到，严嵩的野心勃勃、阴险狡诈，是他必须提防的。他提防严嵩的办法就是躲避。为求自保，他情愿严嵩对他视若无物。

在内阁，翟銮装聋作哑，不求无功，但求无过，什么事都任由严嵩一个人做主。

可这样的日子也没过多久，严嵩就不让他过了。严嵩想让翟銮滚出内阁，他怕翟銮成为夏言藏在他身边的眼线。

"这几日西苑值宿，你不用再去了。"严嵩对翟銮说。

翟銮恭敬地道："那就辛苦严阁老了！只是皇上那里……"

翟銮巴不得不去西苑值宿。别人以被皇上召见为荣，他却怕见皇上。可轮到自己值宿而不去，皇上会怎么想呢？

"本官会和皇上说的。"严嵩说。

"那卑职谢谢严阁老了！"翟銮说。

翟銮本以为严嵩只是想单独见皇上，可他不知道，不让他去西苑值宿，只是严嵩弄走他的第一步。一段时间后，严嵩实施了他的第二步。

在一次值宿被皇上召见时，严嵩说："皇上，臣请求内阁再进两个人。"

"哦？"嘉靖帝先是有些惊讶，随即面露不悦，"怎么？严阁老是觉得内阁事情太多，向朕发牢骚吗？"

严嵩跪下，连磕三个头说："臣不敢！并不是阁事务太多，而是翟阁老年纪大了，很多事都没兴趣参与，什么事都由臣一个人做主……臣觉得，国家大事，臣一人做主，很可能被人说成是独断专行。"

严嵩这句话说得很巧妙，既是向皇上邀功，说内阁里的所有事务都是他一个人在做；又是向皇上告状，说翟銮在内阁什么事都不做；还是向皇上提前透露，内阁所有事务都由他来做，他是不得已的，而这种不得已，也可能招致别人弹劾他。

嘉靖帝看着严嵩，好半天后才说："朕虽在殿内，可你们殿外发生的事，朕并非不知道。你自进入内阁，经常为了公务不眠不休地参与值宿，而那翟銮却倚老卖老，在内阁什么事都不管。这些，朕都知道，你辛苦了！不过，朕相信你，谁还敢说你独断专行？内阁不需要那么多人，有你就够了！"

嘉靖帝的这句话，让严嵩和旁边的张佐惊喜不已。

原来，朝臣中有人议论，说内阁首辅严嵩独断专行，严嵩怕皇上也有这想法，便以今天这番话来试探。听了嘉靖帝的这些话，他放心了。

"谢皇上！臣不辛苦！若说天下谁最辛苦，唯有皇上，皇上乃天下人的父母，日日夜夜为天下臣民操心，为天下安危担心。身为臣子，看到皇上每日这么辛苦，总想着能尽一份臣子之力。"严嵩声音发颤，他说完后，老泪纵横。这眼泪是真的，不是挤出来的。严嵩流泪，除了是被嘉靖帝的话感动外，还因为这段时间，他真是辛苦，也真是不眠不休。

嘉靖帝有个习惯，他喜欢晚上召见重臣，值宿也就成了见到皇上最便捷的通道。

以前，夏言在内阁时，最怕值宿，能不去就不去，实在要值宿，他也是牢骚满腹，很不情愿。可严嵩不一样，他最喜欢的就是值宿，值宿比白天在内阁做事还让他高兴，因而，他经常在值宿名单上写上他的名字，向皇上毛遂自荐。

值宿虽多了见到皇上的机会，但未必能天天见到皇上。为了让皇上知道他废寝忘食忙公务，他经常一连几天都不回家，白天在内阁，晚上去西苑值宿。

他知道，皇上的耳目多，分布在宫内的各个地方。这些耳目对官员特别是重要官员的一言一行，全都看在眼里，然后向皇上汇报。如果这些耳目把他不眠不休勤勉工作的事情告诉皇上，皇上就会意识到，他这个首辅很尽职，比那个夏言强多了。

只有让自己在皇上眼里一切都强于夏言，夏言才不会有复职机会。

总之，严嵩所做的一切，都只为让皇上满意，让皇上宠信他，依赖他，从而忘记夏言。嘉靖帝对他的肯定，让他觉得这段时间的所有辛苦都是值得的，他的目的达到了。

就在严嵩激动得心潮澎湃之时，更让他惊喜的事发生了。嘉靖帝趁着高兴，饶有兴致地亲笔书写了一幅字——"忠勤敏达"赐给他，同时还授予他太子少傅（从一品）以示表彰。

"谢皇上恩典！臣严嵩……谢皇上！皇上万岁！万岁！万万岁！"严嵩的声音很大，差不多是吼出来的，那头也磕得也很响，再抬起头时，额头上已经有个很大的乌青块了。

回去后，严嵩将皇上亲笔所写，并赐予他的"忠勤敏达"精心装裱一番，挂了起来。严嵩以为自己高枕无忧了，可没高兴几天，一件在严嵩看来是搬起石头砸自己脚的事发生了。

不知是严嵩那句"独断专行"提醒了嘉靖帝，还是嘉靖帝为了减轻严嵩负担，竟然下诏吏部尚书许赞、礼部尚书张壁进入内阁。严嵩悔得肠子都青了，虽然这二位尚书只是阁员，威胁不到他，可由于这二人不是他的人，还是让他觉得很碍眼。

严嵩对严世蕃说："想不到！真是想不到！前几日，为父在皇上面前，假意请求内阁再进二人，皇上还和为父说，有为父一个人就够了，还说他只信任为父。这才过了几天，他就让两个人进来了。天子说话，怎能不一言九鼎呢？"

"爹，皇帝老儿做出尔反尔的事还少吗？就您会信以为真。皇帝老儿做什么事不是凭一时之气？一生气就贬你，一高兴又升你。所以呀，爹，您也别太把皇帝老儿的话放在心上了，听听就行，别当真。"严世蕃对此一点儿都不吃惊。

严嵩点点头，叹道："唉！还是东楼说得对啊！为父应该想到的，当时要是推荐两个我们的人进去就好了。"

"是呀！一个好机会错过了。爹要是早点和我商量，也不至于如此被动。"严世蕃翻着独眼说。

"没想到啊！怎么会想到呢？那天皇上还赐了为父一幅亲笔书写的字……唉！"严嵩叹口气，想想又说，"儿啊，你说这许赞、张壁怎么样，能否为我所……"

严嵩的话还没说完，严世蕃就知道了父亲的意思，打断道："不用！这二位滑得跟泥鳅一样，为您所用？还是算了吧！"

"那倒也是！想当初，为父戴香叶冠，这二位也跟那夏言……"严嵩没再说下去，如今想起来，自己整日在宫里戴香叶冠，真是种耻辱。

"这二位也不用多加提防。他们个个都是明哲保身之人，很好打发。只要他们能和那翟銮一样，在内阁甘愿当个摆设，就让他们待着吧，对我们反而是种掩护。"

"嗯！也是！"严嵩频频点头。

"找机会提醒他们一下，让他们知道如何做人，很有必要！"严世蕃说。

严嵩听从了儿子的建议，有了主意。几日后，他邀二位尚书到他家里吃饭。

接到严嵩的邀请后，许赞和张壁私下讨论了一番。

"严阁老这是什么意思？"许赞为人更谨慎一些，想得也多。

张壁径自高兴地道："肯定是想拉拢我们。对了，许大人，如果严阁老想让我们……算了，不说了，不说了，你肯定不愿意。"

许赞知道张壁是想问，要不要做严派。当下，他看了张壁一眼，没说话。他心想：你以为严嵩的狗很好当？张壁却觉得，识时务者为俊杰，若严嵩真有心拉拢他，他也能半推半就地答应。两人各怀心事，去了严府。

"二位尚书大人进内阁，本官很高兴，在家为你们准备了欢迎宴。"严嵩露出了他惯有的亲切笑容。

张壁一听，很是感动。他或许是觉得严嵩以前也是礼部尚书，说话也就随意很多。"卑职多谢严阁老！严阁老以前也是从礼部上去的，卑职觉得和严阁老亲近不少。如今内阁人手少、事情多，卑职愿意为严阁老肝脑涂地。"

"张大人说出了卑职的心声，卑职多谢严阁老的盛情款待！"许赞跟着打哈哈说。他说话时，还不停瞟着严嵩，试图从严嵩的表情里看出点什么。

严嵩留给许赞的印象并不好，在他眼里，严嵩是笑面虎，看起来慈眉善目，实际上花花肠子不少。没入内阁时，他一直刻意和严嵩保持一定距离，这下进入内阁了，他实在不想和严嵩走得太近。对许赞来说，比起严嵩，他更愿意和夏言打交道。夏言生性虽孤傲，为人处世也不讲情面，但一切都在面上，夏言不会背后使坏。

"有些人啊，当面是人，背后是鬼！"许赞记得夏言曾对严嵩这么评价过。

夏言对严嵩这么了解，最后都被赶出了内阁，可想而知，严嵩是多么心狠手辣了。何况当初严嵩每日戴着皇上赐的那顶香叶冠在宫里四处走时，许赞也曾像夏言一样嘲讽过他，严嵩会忘记这些事吗？当然不会！

君子在野，小人在位。看着笑面虎严嵩，再一想革职在家的夏言，许赞后背阵阵发凉。宁得罪君子不得罪小人！自己一定要记住这点。许赞想到这里的时候，严嵩已经向他们举起了酒杯。

严嵩指指许赞和张壁说："二位还是把手边的酒都喝了吧！二位喝完，本官还有话要说。"

许赞和张壁对望一眼，许赞在心里打起了鼓。

见二位尚书把杯中的酒喝了，严嵩笑着叫了声好，令人把酒给他们续上，这才微笑着说："皇上爱臣如子，心疼本官，将二位尚书大人临时抽调进内阁，本官实在感激不尽。二位在吏部和礼部也很忙，还要为本官的内阁之事操心，本官甚为不安啊！"

许赞从严嵩招牌似的微笑和复杂的眼神中揣摩出了话中的意思。可张壁没有，还以为严嵩是在说客气话，连连说："严阁老这话说得见外了。严阁老在礼部待过，应该很清楚，礼部的事情，并不是别人想象的那么多。"

严嵩发出了奇怪的笑声，可脸上的招牌笑容不见了。他在心里骂张壁听不懂他的言外之意。既然听不出，只有直说了。"呵呵……呵呵呵……二位的心意，本官心领了。至于内阁的事嘛，有翟阁老和本官就够了。你们二位刚进内阁，对内阁的事务也不熟悉，先熟悉熟悉再说，不用急，啊！真有什么事需要和二位商议，本官定会和二位商议的。"

严嵩说完，双颊微微抖动，先看看许赞，又看看张壁，然后笑笑，点点头。

张壁的酒喝得实在有点多，所以他还是没听明白，边打酒嗝边说："严、严阁老，以后、以后我们……我们就是……有事就言语一声，我张壁保证……保证……"

严嵩脸上的虚假笑容也消失了，眼神冷了起来。

许赞一看急了，拍拍张壁，大声说："张大人啊，你喝多了。酒量不行就少喝点嘛。在严阁老这里也喝多，太失礼了！"

张壁被许赞这夸张的举动惊了一下，他望向许赞。

许赞朝他使了个眼色，然后转头微笑着对严嵩说："严阁老别介意。张大人酒量不行还爱喝，喝多了，话都说不清楚。严阁老说得对，我们刚进内阁，什么事都不懂，说是阁员，实际也就凑个人数。之前我们还在犯愁，进内阁要是做不出什么，岂不是辜负了皇上和严阁老的信任。今儿一听严阁老这么说，我们太高兴了，太感动了，严阁老能如此为我们考虑，是我等的福气，我许某感激不尽，在此也替喝醉了的张大人多谢严阁老了。"许赞一边说，一边站了起来，恭敬地施礼。

张壁虽然酒喝多了正发懵，但他毕竟在官场上待了这么久，听了许赞的话，再一看严嵩的表情，反应过来了：严嵩是在告诫他们，不让他们插手内阁的事啊。张壁顿时吓醒了一半，急忙道："醉了！

真是醉了，失礼啊！失礼！严阁老这酒真是好，喝得不知不觉都忘了我这酒量，不小心就喝多了，望严阁老莫见怪！就像许大人说的，还是严阁老为我们着想……这礼部看着事情不多，其实，杂事多着呢，烦琐得很。以后内阁的事，卑职和许大人若有做得不对的地方，还望严阁老多担待、包涵！"

严嵩那沉下的脸，慢慢泛出笑意。严嵩知道这两人听明白了，举起杯子，冲他们说："好说！好说！来，为二位大人进内阁干杯！"

许赞和张壁急忙端起杯子回敬，大声道："多谢严阁老的盛情款待！"

这场鸿门宴的时间不长，但许赞和张壁却如坐针毡。酒桌上，三个人虽然一直都在没话找话，强装笑脸，但心思都早已不在桌子上了。

就这样，夏言离开后，从人员上来看，内阁有首辅严嵩，次辅翟銮，阁员许赞、张壁；可内阁里真正主事挥笔票拟的却只有严嵩一个人。不管是次辅翟銮，还是许赞、张壁，全都心照不宣地做透明人，有奏疏需票拟，全都码在严嵩的首辅桌上，他们连票拟的笔都不多看一眼，生怕多看一眼就会被严嵩误会。严嵩在很多重要事情都会自作主张，想让他们知道的，也只是提一下，不想让他们知道的，干脆提都不提。内阁，成了严嵩一个人的内阁。

一晃两年过去了，内阁首辅依然是严嵩，内阁依然是他一个人把控。

严嵩曾经因担心夏言复职而惴惴不安的心，随着时间的推移以及皇上和朝臣对他的习惯，而渐渐安定了下来。

看来夏言真被皇上弃用了。不仅严嵩这么想，就是翟銮等人也这么想。内阁首辅的位子，严嵩是坐牢了，再无人能够撼动。

一个人的欲望，是不可能有满足的时候的。

曾经，严嵩觉得能进内阁就满足了；进入内阁，又觉得当上首辅就满足了；可当他当上首辅，身份和地位在一人之下万人之上时，严嵩又不满足了。

难道他还想当皇帝？

当然不是，严嵩就是再有野心，也知道皇位他坐不上去。但拥有皇上的权力，严嵩觉得并非不可能，就像他儿子严世蕃说的，大明是皇上的，也是他严家的。严嵩很想纠正他儿子的说法：大明名义上是朱家的，实际上是严家的。

我严嵩才是拥有大明绝对权力的人！严嵩心里首次冒出这个念头时，自己都吓了一跳，可慢慢地，他不仅不觉得这想法可怕，甚至还觉得事实本应该如此。

为了大明百姓，为了保住大明江山，自己必须担当此任。大明天下，怎么能让一个整日坐在万寿宫那烟雾缭绕的房间里沉迷于修道炼丹的人来执掌？既然他喜欢修道炼丹，那就专心修道炼丹吧！大明政事有我严氏父子！

"皇帝老儿只配做个傀儡皇帝，当他是摆设就好了！"严世蕃说起"皇帝老儿"时，不无讥讽之意。

这不是严氏父子在说梦话。朝臣都慢慢意识到了，真正执掌大明的人，不在万寿宫，而在严府。

为了处理政事方便，很多时候严嵩都会将各地来的奏疏直接拿回家审阅、票拟。刚开始，经过内阁的各地奏疏，严嵩还会在票拟后全部呈给皇上，可慢慢地，他只将那些他想让皇上看到的呈上去，不想让皇上看到的，则直接压了下来，往他严府的书房抽屉里一扔。

严嵩能如此大胆，还因批红的司礼监掌印太监是张佐。他自己无法做出决定，又不想让嘉靖帝知道的事情，他直接和张佐商量。严嵩和张佐之间的联系，越来越紧密，两个人默契到彼此之间不需要言语，只需个眼神就可以了。

权力大了，欲望再一大，胆子也就更大了。

严嵩不再怕有人拜访，更不怕引起朝臣的不满。从此严府门庭若市，访客多到能踏破门槛。想进严府者，没有一个人空手而来，即便如此，他们也未必能如愿进严府。想见严嵩，必过两关——门房、严世蕃。

拜访者到了严府门口后，先报名号，等门房去通报。门房通报也是有条件的，要么此人名号响，要么买通门房的银两足，满足条件者，会得到门房一句懒洋洋的"等着吧"。拜访者只得焦急地坐在休息室，引颈期待，运气好的话，门房会回来带他去见严世蕃。

第一关就算过了。

第二关比第一关严格很多，严世蕃除了会看拜访者出手是否阔绰，带的宝贝是否珍贵，还会评估来人的各种关系及能耐，然后判定此人是否有资格见父亲。符合条件者，严世蕃会令人端上一杯茶，茶的档次，显示着拜访者受严氏父子的重视程度。

这样才能见着"真佛"严嵩。

两年里，来严府的拜访者不计其数，但真正能见到严嵩的并没多少，能得到严嵩"关切"的就更少了。当然，不管见没见着严嵩，给门房和严世蕃的礼物，是拿不回去的。到底收了多少东西，严嵩并不清楚。他屡次想问，但都没有张开嘴，直到有次他去书房，在书房看到两个大箱子时，惊呆了。"这……"他猜测，这两大箱子里一定都是宝贝。

严世蕃不说话，打开一只箱子。满满当当一大箱子琳琅满目的金银珠宝展现在他的面前。

"东楼！东楼！这……这都是……都是他们送的？"严嵩惊得连退两步，差点撞在桌子上。

看着父亲那因受惊吓而失血的脸，严世蕃哈哈大笑起来，说："爹啊，您还首辅呢，这就把您吓成这样了？这算什么，儿子敢说，就是那些当了两年知府的人，家里的财物也不止这些，何况是您老呢？"

"这些人……真能送啊！"严嵩结巴着，慢慢靠近箱子。他伸手在箱子里抓了一把，看看，放下；又抓起一把，看看，再放下，开口感叹："东楼你说，他们哪来这么多东西啊？"

严嵩的嘴唇哆嗦着，拿金银珠宝的手也颤抖着。

"出手这么阔绰的，能是正当得来的吗？朝廷的俸禄有多少，您老不知道？"严世蕃眨巴眨巴独眼，拿起一大锭金子，在手里掂掂，"爹，你还别说，这玩意还真好，黄灿灿，亮晃晃，真是惹人爱。"

严嵩放下抓在手里的金银珠宝，走到儿子面前，仰头看着儿子。

"东楼啊！我们走到这一步不容易，千万……千万不能因为这些东西……因小失大啊！"

严嵩心里有些害怕，他没见过这么多珍宝，他明白这些人送他是要干什么。这么多珍宝，万一被皇上知道，他这内阁首辅还能做吗？珍宝再好，能比得上他内阁首辅这个位置好？

严世蕃不以为然地道："老爹,您真是……想多了。这种事谁会说？天知地知,你知我知,送的人不会说,他们不敢说,收的人也就是我们,会说吗？您会说还是我会说？送的人、收的人都不说,有谁会知道？"

严嵩摇摇头说："不！没有不透风的墙。何况，这些人能送这么多的东西，能是白送吗？不是白送，一定有求于我们，一旦我们……"

严世蕃最烦父亲这前怕狼后怕虎的样子了，他不耐烦地挥了挥手打断父亲的话。

"别说了！听得烦死了。我是谁？是严世蕃，是天下第一聪明人。我收他们的东西，难道就没想过他们想换取什么？我当然知道！我不仅知道他们想换取什么，也知道他们能不能换到，只有我们能做到的，我才收。如果做不到，送多少东西都不会收。而且，很多来人并非有事所托，只是想攀我们严家这棵高枝罢了，谁不知道背靠大树好乘凉？"

严嵩没再说什么，叹了口气。

"早知道就不给你看了。"严世蕃小声嘀咕说。

"莫大意！莫大意！"

严嵩说完，坐在椅子上，看着那一大箱金银珠宝，又看着另一只未打开的箱子。

"那里面也一样？"

"一样！要不要打开给您老看看，再晃一晃您的眼？"

严嵩摇摇头，轻叹一声。

"这些人呀，也真是，只知道送这明晃晃的东西，晃眼，没情趣。"

严世蕃知道父亲想要什么，冲父亲笑道："爹，您打开书柜，看那柜子里有什么！"

"什么？该不会那里也装着这些东西吧？"

"自己去看吧！"严世蕃眯起了他的独眼，将头仰得高高的。

见儿子一脸神秘，严嵩便带着疑惑起身朝那柜子走去。柜子打开，严嵩顿时有哭的冲动。

一柜子画卷，摞得高高的。

"这……这都是从哪来的？都是……是真的？"严嵩高兴得有些语无伦次。

因为太过激动，严嵩的脸涨得通红，也不知道他问"真的"是指他现在是不是在做梦，还是问这些画是不是真品。不怪严嵩会激动到失态，古画收藏对他而言，是稍逊于权力的东西。每个人都有嗜好，嘉靖帝的嗜好是修道炼丹；严世蕃的嗜好是女人和金银珠宝；而严嵩呢，最大的嗜好就是收藏，而在收藏里，他最痴迷的又是书画。因此，对他来说，看到一幅他梦寐以求的书画，胜过于看到那两大箱金银珠宝。

"送的人说是真的，是祖传宝物什么的。儿子知道爹喜欢这些，也就收下了，至于是不是真的，儿子看不出，您老慢慢辨别吧！当然，如果真有人拿假东西糊弄老子，老子定会让他活不过第二天！儿子相信，没人敢送假货。"严世蕃那只独眼里，射出一道凶光来。

有面前这一摞画，严嵩也不介意儿子口口声声自称"老子"了。

"好！好！太好了！"严嵩抚摸着那一摞画卷，犹如抚摸心爱的女人。这么大一摞，他真不知先打开哪幅画好。

"余下的你就慢慢看吧！爹先看这一幅。"严世蕃说着话，两大步就跨到了柜子前，从中熟练地抽出一幅画，放在桌子上展开。

这是一幅十尺长卷画，画面上的人物不少，最引人注意的是那个骑着瑞兽、神态威严、打扮华丽的人。骑瑞兽的男人身后是侍女、随臣和武将，旁边还有一个小心翼翼抱着婴儿的男人。抱婴儿的男人后面，又有一个服饰华丽的女人。服饰华丽的女人后面，是一众毕恭毕敬的迎拜之人。

严嵩看着画卷，先是将眼睛瞪圆，然后双手颤抖，双眼含泪，呜呜咽咽起来。"东楼，东楼！这……这不是吴道子的《释迦降生图》吗？是……是不是？东楼，你说，是不是？这是真的吗？送这画的人，有没有说这是吴道子的《释迦降生图》？"

严嵩不停地问儿子，可根本不需要儿子作答。他不需要任何人作答，他不会看错，怎么可能看错？这是他一直以来，心心念念的一幅画。

这幅画，严嵩并非第一次见。只是第一次见时，他还只是一个在南京挂闲职的人，因而，当时的他只能羡慕地看上几眼，连摸都不能摸。甚至当时是怎么看到那幅画的，在哪儿看到的，他都忘了。他只记得他眼巴巴地盯着那幅画，盯着画面上的每个人物，以及他们的服饰、颜色……那幅画就牢牢地刻在了他的脑海里，挥之不去。严嵩从没忘过这幅画，他做梦都想拥有它。

如今，这幅他曾多看几眼都不能，摸一下都不敢的画，竟然就在面前，他怎么能不激动？现在，他想看多久就能看多久，想摸多久就摸多久。这幅画，是他的了。

收藏古画最怕碰到赝品。虽然儿子说没人敢送他赝品，他还是要仔细看看。

他从抽屉里拿出一块镜片，弯着腰，对着那幅画卷，仔仔细细地看了起来，嘴里不停呢喃着："骑着瑞兽的是天王，抱着婴儿的是净饭王，净饭王怀里的婴儿则是释迦，服饰华丽的是王后。画中，天王威严、瑞兽灵动、王后慈祥、净饭王小心翼翼……个个惟妙惟肖啊！”

不可能是赝品，这幅画里，连那大臣和侍女的神态都那么逼真，怎么可能是赝品？

“这、这……东楼啊！东楼！还是你最知为父的心啊！这……是真迹，是真迹，吴道子《释迦降生图》的真迹。真迹啊！”严嵩说着说着，抓住儿子的胳膊，哽咽起来，眼角泪光闪烁。

“不会假！他们不敢送假的！是真的！”严世蕃还是第一次看到父亲如此激动，心里有着说不出的感觉。

严嵩拿出手帕，先擦擦手，再擦擦眼角的泪，最后用手轻轻在那画卷上抚摸，来来回回好几遍。

“这……是谁……”严嵩将眼光从画卷上收了回来，看着儿子，“是谁送来的？怎么如此了解为父？”

“是那个胡宗宪！你干儿子引荐来的！”

“文华？哦！是文华引荐来的？好！好！这个干儿子为父没有白认啊！”严嵩笑起来了。

“他只是给您弄了一幅画，你就高兴成这样，我为您老弄那么多东西，都没见过您这样。”严世蕃的脸垮了下来。

严世蕃虽然长得五大三粗，但心眼儿极小，每次父亲夸别人，特别是夸干儿子赵文华时，他就会生气。但严嵩太高兴了，没注意到儿子脸色的变化，更没在意儿子说的话。他又问：“儿啊，你是说，这画是个叫胡宗宪的送来的？”

严世蕃没好气地说：“是！怎么啦？”

严嵩小声念叨着：“胡宗宪……是那个字汝贞的益都县令？”

“是又怎么样？”他不明白，父亲对这叫胡宗宪的怎么这么感兴趣？莫非也想认作干儿子？

“嗯！这个人，为父还是有点印象的。当年他虽然只是个小小的县令，但政绩突出。此人以后必定大有作为！大有作为啊！”

严世蕃冷眼看着父亲。

"东楼啊，他如今在哪里任职？和文华怎么认识的？"严嵩又问。

严世蕃瞪一眼父亲，冷笑一声道："丁忧在家！爹，您也真是的，他就送了您一幅《释迦降生图》，他就大有作为了？"

"儿啊！儿啊！为父说他大有作为，可不是冲着这幅画，为父是想，此人……"

严世蕃不想听了，阴阳怪气地抢话道："您老不用说了，我来说吧！此人曾劝降了穷凶极恶的盗贼，还让那些盗贼做了他的义军。他还曾灭蝗虫，令全县度过了旱灾，对不对？"严世蕃用那只独眼看着父亲。这些事迹，严世蕃知道，但很不屑。不是他对胡宗宪有看法，是他不把任何人看在眼里，特别是赵文华领来的人。赵文华在严世蕃的眼里就是废物，废物推荐的人，能有多大本事？胡宗宪拿着赵文华的信来见他，他不耐烦地正要说"送客"，胡宗宪却双手捧着画卷开口道："这是在下送给严阁老的，请严大人代为转交！"

严世蕃不懂画，对画也不感兴趣。

"在下听说严阁老喜欢收藏，因而带来这幅画。在下觉得，严阁老见了一定喜欢。"胡宗宪又说。

"什么画？"严世蕃随口问。

"吴道子的《释迦降生图》。"胡宗宪说。

"那就留下吧！"严世蕃说。这幅画的名字，他不止一次听父亲说起过。如果不是父亲喜欢这幅画到如此程度，他肯定提都不提此人。

严嵩不是没听出儿子的阴阳怪气，但他很高兴，高兴儿子能这么清楚胡宗宪的事。

"东楼啊！你是怎么知道这些事的？"

"你不会把您说给我听的，也忘了吧？"严世蕃说。

严嵩更高兴了，他慢慢收起《释迦降生图》，小心翼翼地放回柜子，转头看着儿子说："你能把为父说的话记这么牢，为父很欣慰啊！"

"我可不是刻意要记住这些烂事的。在儿子眼里，他做的这些事算什么呀，用不着我刻意去记，只是您说的次数多了，耳朵都听出茧子了，想不记住都不行。不过，这胡宗宪能通过赵文华来攀附您，可见也是个聪明人。不知道他送您这幅画是不是受人点拨。如果不是，倒也孺子可教，将来……"

严嵩打断了儿子的话，说："东楼说得是，此人可用，为父觉得可用，而且可重用。此人真有些能力，做小县令都能做得让朝廷刮目相看，这样的人，不简单。"

"爹这话我就听不明白了。他真这么大的本事，对朝廷是好事，对我们未必是好事。用什么用？还重用？这样的人，为人处世不知变通，重用他很可能引狼入室，搬起石头砸自己的脚。"严世蕃的这番话倒并非出于嫉妒，而是真有这样的担心。

严嵩没说话，只是看了看他。对儿子的话，他既认可也不认可。

"如今，大明已经掌握在我们严家手里，我们不必冒险用这些不知底细的人。我们用的人，首先得忠诚，不是对皇上忠诚，是对我们父子忠诚。"

严嵩看着儿子，看了好长时间，摇摇头说："东楼啊东楼，你呀！为父担心就担心你这一点，你是成也聪明，败也聪明！"

严世蕃一向自负好胜，脾气火爆，怎能听得说他一个"败"字？他顿时火冒三丈。

"我说错了吗？胡宗宪就算有本事，他只对皇上忠诚，大喊什么为了天下百姓。这样的人，对咱们是好是坏，您老不会不清楚吧？何况，这样的人为了巴结您攀上我们严家，不惜和您干儿子为伍，还送您名画，您不觉得可怕吗？谁知道他有什么打算。这种人，玩心眼可就厉害了，一旦让他遂了心愿，他会怎么对我们？定会不念旧情背叛我们，这样的人，能用吗？"

严世蕃由于激动，粗短的脖子涨成了紫红色。他独眼圆睁，大声嚷嚷着，唾沫星子乱溅。

　　严嵩一脸的痛心疾首，摇着头说："东楼啊东楼！你这么想是不对的。你一定要记住，大明是皇上的大明，你我、朝廷重臣、大明百姓，全都是皇上的子民。胡宗宪忠于皇上不好吗？为父能坐上内阁首辅这个位置，是皇上对为父的信任……"

　　"爹！"严世蕃动了怒，一挥手，将书桌上的玉石砚台扫到桌下。砚台摔裂在地上，发出很大的声音。"爹，我是你的儿子，你唯一的儿子！这是在我们自己家，在一个第三人听不到的房间说话，你为什么也要装得这么冠冕堂皇？"严世蕃连敬称"您"都不用了，直接用"你"。严世蕃最烦父亲这样，把在内阁说的话搬到家里来再说一遍，而且是说给他听。

　　玉石砚台掉在地上发出的巨响，把严嵩吓了一跳。儿子虽然脾气暴躁，但当着他的面摔东西还是第一次。他惊惧地看了儿子一会儿，不说话，躬着背走到摔碎的砚台前，慢慢蹲下，一片又一片地将碎片捡起。

　　父亲的样子，让刚刚还愤怒不已的严世蕃消了气。

　　"好了，不要再捡了，碎就碎了吧，明天我再给您弄一个更好的。"严世蕃说着话，伸手将父亲拉了起来。

　　严嵩叹口气，将拾起的砚台碎片放在了桌子上，抬头看着严世蕃。

　　"儿啊！"他叫了一声。

　　这一声叫得严世蕃心一软。

　　"说吧，听着呢！"严世蕃的声音柔和了很多。

　　这是在外面有着"阎罗王""小霸王"之称的严世蕃的优点，纵然再生气，甚至和父亲翻脸，他也知道，父亲不会害他。因而在父亲面前，他也有心软的时候。

　　严嵩又叫了一声："儿啊！为父知道，那些话你不爱听，你觉得是陈词滥调，是给外人听的。可为父为何还一遍又一遍地说给你听，只是为了提醒你，也提醒自己，不管何时何地都要打起精神，小心谨慎。伴君如伴虎，为父如今虽然掌握着大明权力，周围也都是奉承者，可还是不能大意。平时说话稍不注意，很可能就被别人抓了把柄。皇上……皇上不像我们看到的，事事不管。他虽整天在殿里修道炼丹，可外面的事，他都知道！他耳目多啊，到处都是。"

严嵩像是说累了，扶着桌子走到椅子前坐下。

"为父时刻提醒自己，不管是在家还是在宫里，都要当成在皇上面前。养成习惯，才不至于祸从口出。"

严世蕃把头仰得高高的，不看父亲。

"越在高处，越要小心。知道那句话吗？站得越高，摔得越狠！"严嵩语重心长，他最担心儿子因得意而忘形。他时常觉得，儿子若出事，必定是因张狂，而那张狂不仅会害了儿子，甚至还会害了严家。

严世蕃不认同父亲的话，想反驳又怕惹来更多的说教，只好顺着严嵩的意思说："知道了！"

严嵩满意地点点头。"知道就好，一定要记住，千万不要大意！对了，你一定想不通为父为何欣赏胡宗宪吧？为父是想，若想稳固我们在朝廷的地位，稳固在皇上心里的地位，就一定要拉拢一些真正有本事的。记住，那些只会送礼的庸众，才最有可能坏我们的事。我们需要一些既让我们满意，也让皇上满意，更让百姓满意的人。只有这样的人，才会……"

严世蕃一直都在硬着头皮听，见父亲还没完没了，烦躁了起来，他开始焦躁地东张西望。他不想再在这阴沉沉的书房听父亲老生常谈，他想去青楼，喝花酒，搂娇娘，过随心所欲的生活。

严世蕃打断了严嵩的话，说："知道了，知道了。那胡宗宪有胆识、有能力，也识时务，我们需要这样的人，我知道了！"

"东楼……"

"好了好了！我还有点事要出去一趟，我走了！"

严世蕃不再给父亲开口的机会，说完话，人已经到了门口。

"东楼，为父……"严嵩说到这里时，严世蕃已经拉开门出去了，只留严嵩一个人在书房发呆。

"儿啊！儿啊！何时才能真正明白为父的心呢？为你，为父操碎了心啊。"严嵩喃喃了两句后，慢慢起身，走到打开的箱子前，看了会儿金银珠宝，盖上。他又走到那只没有打开的箱子前，打开盖子。

和那只箱子一样，还是满满当当的。

"都是送来的啊，他们的宝贝还真多啊，送人都送这个。如今国库亏空，想必钱财都到他们家里去了……"严嵩自言自语着，抓起一大把，"这东西好是好，可也有坏事的时候。若皇上知道，老夫当了两年首辅就得了这么多宝贝，老夫的项上人头，还保得住吗？"

严嵩说着话，放下手里的宝贝，不住地摇头叹气。最后，他将箱子盖上，整个房间因缺少了炫目的光，暗了下来。

严嵩环顾四周，看到那装着古画的柜子时，满脸的皱褶慢慢舒展开了。

他点起两盏煤油灯，一盏放桌上，另一盏提着。

"还是这些好啊，比那些明晃晃的东西好。"严嵩一边自言自语，一边走到柜子前，打开柜子，一遍又一遍地抚摸着那摞画卷。最后，他将提着的油灯放在桌上，掏出手帕擦擦手，再次小心翼翼地拿出那幅《释迦降生图》，在书桌上展开，一寸又一寸地反复看，之后才喃喃道："老夫有了这幅《释迦降生图》，如果再有一幅张择端的《清明上河图》就圆满了。"

张择端的《清明上河图》和吴道子的《释迦降生图》一样，也是严嵩做梦都想得到的古画。甚至可以说，对《清明上河图》的渴望，远远超过《释迦降生图》，因为《释迦降生图》他还见过，而那《清明上河图》他却只是听说过。

如果没有得到这幅吴道子的《释迦降生图》，严嵩对《清明上河图》的渴望还没有那么急切。可自有了这幅《释迦降生图》，严嵩便有了得不到《清明上河图》将是人生唯一遗憾的想法。

一对宝贝，少了一个。遗憾啊！遗憾！严嵩竟然为了《清明上河图》，茶饭不思起来。

严世蕃叫来赵文华，先是将他臭骂一顿，最后说："都是让那胡宗宪的画害的。怎么办吧你说？"

赵文华急得抓耳挠腮。"怎么办？东楼兄，你说怎么办？"

"能怎么办？还能把那画收回去？再找另一幅吧！"严世蕃说。

"那幅《清明上河图》，到底存不存在？"赵文华一脸为难，他也没听说过那幅画的下落。

"如果知道在哪儿，还用得着让你去找？"严世蕃用独眼斜睨赵文华。

"好！那我派人四处打听一下，先打听有没有这幅画。"赵文华只得应付道。

"有肯定有，没有的话，我爹会想出病来？不过，这事知道的人越少越好！只探清在谁手里就行。"

赵文华答应了。他办事效率很高，三个月后就探得张择端的那幅《清明上河图》真迹在蓟门。

赵文华向严嵩父子禀告："拥有这幅画的人叫王振斋。"

"蓟门？这么近！《清明上河图》原来离老夫这么近啊！"严嵩再次激动得眼泪汪汪。

"干爹，这事就交给儿子吧！"赵文华自告奋勇。他知道这幅《清明上河图》对严嵩意味着什么，当然不愿错过讨好严嵩的机会。

严世蕃瞥了他一眼，摇了摇头，说："你？这事你要是能出面，我也能出面，不行！"

赵文华心里说，打听这幅画在谁的手里时，你怎么不说我不行？但他嘴里问的却是："东楼兄为何这么说？"

"脑子里装屎了？你一出面，世人不就知道这幅画是爹想要吗？"

赵文华的脸霎时红透了。"是！我……东楼兄说得是，我没想到这点！"

识时务，是赵文华在被严世蕃嫌弃的情况下，还能当严嵩干儿子的主要原因。

严嵩看看儿子，又看看干儿子，说："东楼说得对啊！文华，东楼想得比你远，这事你们都不能去。这大明，谁都知道老夫喜欢古画。"

严嵩能这么说，让赵文华稍感安慰。

"干爹，那……"赵文华刚说几个字，又被严世蕃打断了。

严世蕃说："我看还是让蓟门总督王忏去吧，这人办事牢靠，嘴也紧。虽然是我们的人，但在别人眼里，他和我们走得并不近，适合干这事。"

严嵩想了想，点点头，出于谨慎，又问了一句："可靠吗？"

"放心吧！这人可靠得很，人也聪明，知道怎么做对自己有利。"严世蕃说。

赵文华不易觉察地撇了撇嘴，他的小动作已经够隐蔽了，但还是被严世蕃看在了眼里。

严世蕃冷笑一声道："不相信他是我们的人？如今爹做了首辅，多少人盯着我们严家，你以为我不会做一些防备？我们的人外面有的是。而这些人，明面上和我们严家没什么往来，暗地里，就是在为我们严家做事，是严派。"

赵文华一听这话，不得不佩服严世蕃了。

"东楼哥哥想得真周到！"这话发自肺腑。虽然他也讨厌严世蕃，可这严世蕃做事，有时就让他不得不服。

这时候严嵩却皱起了眉头。严世蕃那句"在为我们严家做事，是严派"让他很不高兴。儿子怎么能说出"严派"这种话来呢？如果被别人听了去，传到皇上那里怎么办？嘉靖帝最忌讳朝臣拉帮结派。

"东楼啊，为父给你说……"严嵩刚想提醒儿子几句，猛地意识到在赵文华面前训斥儿子，会伤到儿子的自尊，便转而说，"那……就按你说的来吧，别太张扬！"

"晚上我就给他写信。"对于明着不和严府往来的严派官员，严世蕃很少和他们见面，有事了，要么派人和他们联系，要么直接去信吩咐。严世蕃和王忬，向来是书信往来。严世蕃的这个做法，让严嵩忍不住再次夸起儿子来。他对严世蕃说："做得好！东楼！你能这么想，为父就放心了。现在盯着为父的人太多，个个都想抓为父的把柄，这事你想得周全！不露一点把柄给人，好！好！"

"东楼兄，佩服！佩服！"赵文华打心眼里佩服，心想，严世蕃看着粗鲁，心倒挺细。

"对了，东楼，这幅《清明上河图》呢，你就给那王忬说，说我们买，用银两买。那王振斋说要多少银两，咱们就给多少银两。"严嵩突然严肃起来。

严嵩话音刚落，儿子和干儿子全都看向他。

"这种稀世珍品，多少银两都值。"严嵩又加了一句。

赵文华想，如果买，何必担心我们出面呢？严世蕃就不一样了，他盯着父亲看了好一会儿，瓮声瓮气地应了句："知道了！"

严世蕃知道什么？他知道父亲所谓的买画之说，完全就是个笑话。

怎么可能用银两买？这种画，真买的话，银两不会少。事情传出去，别人怎么说？银两从何而来？不又给人抓到把柄了吗？他相信，父亲不会不明白这点，如果赵文华不在，严世蕃会把话直接说给严嵩听。可赵文华在，他就不得不提防了。赵文华虽是严派，还是父亲的干儿子，但毕竟姓赵不姓严，能不让他知道的，尽量不让他知道。他知道的事越多，对他们的威胁越大。

"我出去了，还有事！"严世蕃不想说话时就想离开。

"东楼兄，我……"

赵文华还有话要和严世蕃说，不料严世蕃像没听到似的，走得飞快，看都没看他一眼。赵文华失望地看着严世蕃的背影，叹了口气。严世蕃瞧不起他，讨厌他，可他还是竭力讨好严世蕃。原因除了严世蕃是严嵩唯一的儿子外，还因严嵩老了，替代严嵩掌管大明的很可能会是严世蕃，他不能不早做打算。想讨好一个人就要投其所好。此次，赵文华特意为严世蕃物色了江南美女，可惜，严世蕃不给他机会。

严嵩见赵文华盯着严世蕃的背影发呆，走了过去，拍拍他的肩膀，安慰道："东楼的脾气性格就这样，别放心上。"

赵文华从发怔中回过神来，亲热地搀扶着严嵩说："不会不会！干爹，虽然儿子是叫您干爹，可在儿子的心里，您就是亲爹，东楼哥哥就是亲哥哥。"

"好！好！那就好！那就好啊！为父也不希望你们兄弟之间有什么隔阂。你们是为父的左右手，这世上，为父最信任的，也就只有你们俩了。"严嵩说完，停了一下，脸上浮现出温和的笑容，"对了，文华，你和胡汝贞来往可亲密？"

赵文华一看严嵩的表情，便知道他想听什么，急忙说："亲！干爹，儿子和胡汝贞走得非常频繁，他多次在儿子面前说他仰慕干爹，还说有机会想见见……"

"有时间你就带他来家里吧！为父也想见见他！"严嵩说。

赵文华愣了一下，他只是随便说说，没想到严嵩主动提出要见胡宗宪，看来，严嵩是看中胡宗宪了。自己的人被严嵩看上，自己脸上怎么说都有光，于是赵文华连连说道："汝贞真有福气。别人再登门都未必能见着干爹，他倒好，一下子就能见着了。干爹何曾主动说过要见谁。"

严嵩笑笑，并不解释，只用手拍了拍赵文华的手背。赵文华心想，这胡宗宪自己可得抓牢了，干爹好像很看重此人。

王忬接到严世蕃的信后，没敢马虎，对王振斋做了一番了解后，立马乘轿子去了王振斋的府里。总督大人亲临王员外家，王员外家所有人都惊喜不已，但王振斋此时却有种隐隐的不安。就在他想问总督大人来府里所为何事时，王忬说："听说你有张择端的《清明上河图》？"

王忬一点都不拐弯抹角，直奔主题。

王振斋愣在了那里。这是王忬的高明之处，突然造访，直达主题，让人来不及动脑子。王忬来之前便打听到，王振斋对收藏的痴迷甚于严嵩，对那些收藏品看得比命都贵，所以他决定搞突然袭击。

王振斋还在想王忏这话是什么意思，难道是想看看这幅画？他开口问道："总督大人是如何知道本人有这幅画的？"

王忏笑了，承认有就好办了，王忏最怕王振斋说没有。如果说没有，他能怎么办，搜他家不成？这下他放心了，于是轻松地端起了茶杯，得意地道："至于怎么知道的嘛，王员外不用打听。"说着他啜饮了一口茶水，赞叹，"好茶！好茶啊！"

王振斋此时意识到坏事了！看来总督大人来者不善，怎么办？他的脑袋里轰隆作响。这幅《清明上河图》是他在所有收藏的字画里最钟爱的一幅。

"王员外可否愿意舍爱，将这幅画让与本官呢？"王忏微倾身子，盯着王振斋的眼睛。

王振斋的脸色渐渐变得苍白，他不假思索地摇了摇头。虽然脸色苍白，眼神凝重，但王振斋坚定有力地拒绝道："不能！总督大人要什么都行，可这幅画……不行！坚决不行！"

王振斋拒绝得如此直接坚定，出乎王忏的意外。他知道王振斋是古画痴，也知道王振斋将画看得比命重，但没想到王振斋会拒绝得如此不假思索，没有余地。

"你刚刚说什么？你说不行？"王忏重复了一句，他的脸色也变了，变得铁青。

经历了刚刚的头晕目眩，王振斋冷静下来。拒绝是肯定要的，而且自己已经拒绝，也就没有什么顾虑了。他清了清嗓子，说："大人有所不知，这幅画对大人而言只是一幅画，可对小民来说……它比命都贵重啊！何况，这幅画是小民祖传之物，祖宗留下的东西，怎么能在小民这一辈弄丢呢？"

王振斋这么不留情面，已经让王忏很生气了，王忏再一想，这幅画是严世蕃交给他的任务，心里更急了。在信里，严世蕃已经说了，必须拿到画，不管采用什么手段。接到严世蕃的信后，王忏想到了两种情况：一种是让王振斋做个人情，送给他；如若不然，自己就出点血，拿银两去买。总之，这画他是拿定了！他怒气冲冲地说："开个数吧，本官买你这幅画。"

王振斋依然摇头，他说："对不住了，总督大人！小民已经说了，它比小民的命还珍贵，小民的命银两买不去，这幅画，更无银两能买。"

"什么？你……你……你再说一遍！再说一遍，本官没听清楚。"王忏气得浑身发抖。

"这幅画，多少银两都不卖！命在，画就在！"王振斋大声说，像是在赌气。

反了！反了！王忏气得话都说不出来。接连张了几次嘴后，他一甩袖子，起身朝外面走去。他走出两步，又退回来，拿起桌子上的茶杯，狠狠掼在地上，然后瞪了一眼王振斋，扬长而去。

王忏还没出门，王振斋的儿子王亭环从里间跑了出来，他听到了父亲和总督大人的对话。

"爹！你怎么这样？"王亭环说着话，跑着追王忏去了，一边追，嘴里还大叫着"王大人"。

王忏不知是没听到还是不想理会，径自走得飞快。

"唉！"王振斋叹了口气，看着儿子追出去的背影发呆。

王振斋的夫人刚刚和儿子一起在隔壁偷听，此时也跑了出来，冲王振斋跺脚道："老爷啊！不就是一幅画吗？总督大人说他喜欢，你就送给他嘛。多少人想巴结总督大人都没门路，你倒好，一句话就把总督大人得罪了。"

"什么得罪？那幅画是老夫的，老夫不愿送人，有错吗？"

"老爷啊！你怎么想不通呢？送给总督大人，指不定他还能给你个官做做。"

"做官！做官！想做官想疯了吧？"王振斋冲夫人大声吼道，"你说得轻巧，'不就是一幅画吗'，这是一幅画的事吗？这是祖传之物，你知道吗？祖传之物怎么能随便送人？"

王夫人不紧不慢地答道："是随便送人吗？老爷，那是总督大人，不是一般人。再说了，总督大人不说了吗，用银两买，你藏那些干啥用？不也就是为了银……"

"银两，银两，什么都是银两。我说了，这幅画是我的命！"王振斋起身，冲到夫人面前，大声说，"总督大人逼我倒也罢了，你也逼我。告诉你，命在，画就在。你要想把这幅画送人，那就先把我的命拿去吧！我……"

由于激动，王振斋一阵昏眩。夫人急忙上前扶住他，一边泣道："老爷别生气，这……"

王夫人的话还没说完，儿子王亭环便从外面跑了进来，靠到王振斋的耳边耳语起来。王振斋的脸色由白到青，由青到紫，他晃了两下，连退两步，随即一屁股坐在椅子上。

"我就怕会这样！我怕，一直怕，一直怕他会盯上我的这幅《清明上河图》，没想到真被盯上了……"王振斋喃喃着，目光变得呆滞起来。

王夫人被王振斋的表情吓到了，拽着他的胳膊问："你这是怎么啦，老爷？被谁盯上了，我们家被谁盯上了？你说话呀，我们家被谁盯上了？"

"不是的，娘！"王亭环把王夫人拉到一边，"你别瞎嚷嚷好不好？"

王振斋抬起头，朝下人们挥了挥手道："你们都下去吧！"

房间里只剩下王振斋、夫人及儿子了。

王夫人看看王振斋，又看看儿子，问："到底怎么回事？你们刚刚说的是……"

"总督大人悄悄和我说了，看上这幅画的不是他，他对这幅画不感兴趣，对画感兴趣的是内阁首辅，是内阁首辅想买咱家这幅画。"王亭环说的时候，掩饰不住兴奋。

王夫人惊得大叫一声，欣喜地道："啊？首辅大人？这……这不是好事吗？这是天大的好事啊。他爹，咱们王家祖坟冒青烟了！"

这事大部分人听了都会觉得是好事，如今谁不想和内阁首辅扯上关系？一幅画就能和内阁首辅扯上关系，不是求之不得的事吗？

一听母亲这话，王亭环更高兴了。

"刚刚听到的时候，我也吓了一跳。确认是真的后，我就想，这是我们家的机会。虽然我们王家在本地算个富户，可没官家人。但把这幅画献给内阁首辅后，我们子孙后代中，说不定还会出几个官呢！到了那时候，也会有人给我们家送画的。"

王亭环的最后一句话，是说给父亲听的。他心里想的是银两。

一直以来，王亭环最羡慕的就是官家。可父亲不让他参加科考，让他跟着学做生意。他不想像父亲一样，风里来雨里去，做生意赚钱，赚了钱再捐出去换个员外的身份。有什么用？以前没机会倒也罢了，如今机会来了，内阁首辅看中了他家的画了！用幅画换个官做做，自此做官家人，多好啊！王亭环越想越兴奋，一心想说服父亲，他知道父亲对那幅画的感情。

和夫人、儿子的兴奋不同，王振斋此刻犹如遭到晴天霹雳。他知道严嵩喜欢收藏古董，特别是字画，这和他的嗜好一样。因此王振斋从不把字画拿出来示人。可藏着藏着，他有《清明上河图》的事，还是被严嵩知道了，严嵩还让蓟门总督王忏上门来索要。

"不！不能！不能！"王振斋傻了般喃喃着。

"爹！"王亭环叫了一声，推了下父亲，"我和娘说的话，您老听到了吗？"

王振斋看着儿子道："你们都想把这幅画送人？"

"不是我们要送人，是……是内阁首辅想要，您说我们能不给吗？"王亭环嘟起了嘴，一脸的委屈。

王夫人接着说："老爷！环儿说得对，不送行吗？那可是内阁首辅呀。"

王振斋一脸绝望，看着夫人和儿子，说："这是祖传宝贝，别人看上了就要给吗？你们真是……真是……不孝啊！"

王振斋说着说着，流下泪来。

王亭环气着回道："爹！你是老糊涂了吧？又不是我们主动要送，内阁首辅看上了，你敢不给吗？既然不能不给，那我们就做个顺水人情，送给他，说不定我们王家自此就能发达了！如果不给……您也知道会是什么后果吧！"

王夫人见王振斋流泪，有些心疼，可一听儿子的话，觉得事实确实如此。

"老爷，环儿说得对！一幅画就能为环儿谋个好差事，能让王家光宗耀祖，有什么不好？这是拜多少菩萨都求不来的好事啊！这不是不孝，是大孝啊！何况，若不给，那首辅大人一生气，我们还有个好吗？"

王振斋叹了口气，光宗耀祖他不稀罕，但儿子和夫人有一句话是对的，不交出这幅画，会有什么后果，他不敢想。王振斋虽不在官场，但对于严嵩这个人，他还是从挚友何维柏那里听到了一些评价——"谄媚皇上""收受官员贿赂""和宦官勾结"等。

"王兄，你一定要警惕这严家父子！"半年前，何维柏在去福建任巡按前，途经王振斋家，特意叮嘱他。

"何兄放心，我不为官，家里也无为官之人，定然不会和他们扯上关系的。"王振斋不以为然地道，"你也知道，为官者里，除了何兄你之外，我王振斋还认识谁？对官场上那些人，我向来敬而远之。"

何维柏听了他的话，先是点了点头，接着又说："还是小心些好。据说这严嵩酷爱收藏，特别是字画，别让他盯上了。"

"嗯！这倒也是的。"王振斋应道。

谁知道何维柏一语成谶！这还不到半年，自己最爱的画就被严嵩盯上了，这可怎么办？王振斋暗自琢磨：写封信给何维柏商量一下？又一想，路途遥远，这信送去，等何维柏看到，再给他回信，一来一去，一个月都不够。远水解不了近渴。何况何维柏刚去福建任职不久，为这事打扰他不好。看来，自己要想个既能保住画，又不得罪严嵩的万全之策。

王亭环见父亲还在那里发怔，急了。

"爹！快把锁着画的柜子钥匙给我吧，我都答应总督大人了，说今明两天一定给他送去！"

"你……"王振斋狠狠瞪着儿子，怒骂道，"你这个兔崽子，就那么迫不及待想攀总督大人这高枝？"

"总归是要给的，为什么不快点？再说了，总督大人都吩咐了，到时候，让我拿着这幅画去见首辅大人。"王亭环说到这里时，双眼发光，"是去严府见。"

京城里，除了皇家外，最有权势的是谁？就是严家啊！别说能不能做官了，就是能进严府，见着首辅大人，和首辅大人说上句话，都是大家求之不得的事啊。

王振斋没有说话，看着儿子。

看来，不给是不行了。王振斋正要取腰上挂着的钥匙，突然看到桌子上的古瓶，计上心来。那是一只仿的唐代花瓶，虽是赝品，可很多人都把它当成真品。王振斋笑了。

"环儿，那就三日后再拿去给总督大人吧！"

"你答应了？"儿子先是高兴，接着又惊疑地问道，"为什么要三日后？既然答应了，不就越快越好吗？免得让总督大人和内阁首辅不高兴。"

"环儿，这可是祖传之物，就要给别人了，爹能好受啊？既然留不下，那就让爹再多看两晚吧！"王振斋说。

王夫人见王振斋好不容易答应了，便不停向儿子使眼色，说："你爹是舍不得，他要看两天，就让他多看两天吧！"王夫人怕儿子惹怒王振斋，王振斋又反悔。

"那……好吧！"虽然有些不情愿，但王亭环只能应了父亲。

王夫人又说："环儿，你要不要去给总督大人说一声？这样他也就放心了。"为了让总督大人和首辅大人放心只是一方面的考虑，另一方面，王夫人想直接断了王振斋反悔的念头。王亭环听出了母亲的意思，急忙点头说："我这就去，就说父亲同意了，三日后给画！"

王亭环急匆匆扭头就要跑，突然又想到一桩事，便转头向父亲问道："对了，您是说咱们不要银两，把画直接送给首辅大人，是不是？"

王振斋叹着气说："唉！这幅画是无价之宝，再多的银两都买不去。既然首辅大人看中了，那还要什么银两？"

"是！孩儿记着了！"王亭环高兴地跑了出去。他此刻是向他梦想中的仕途狂奔。

王振斋望着儿子的背影，不住地摇摇头，叹了口气。他内心中的担心丝毫不能消弭，他担心着儿子，担心着家人。

之后的两天里，王振斋将自己关在书房里，而书房，谁都不让进，就连饭食，都只让家人送到书房门口。没人知道，第二天的晚上，王振斋偷偷溜出家，去了一趟舅舅陆治家。而后他又偷偷溜回书房，继续将自己关在里面。第三天一早，满眼血丝、一脸憔悴的王振斋郑重地将《清明上河图》交给了儿子。"拿去给总督大人吧！"王振斋看着激动的儿子，声音微颤，"这幅画能给你带来什么，是福是祸，为父不知道。咱们……听天由命吧！"

"它一定能让我们家官运亨通的！"儿子兴奋地道。

王振斋却只是闭了眼睛，没再说话。

在被王亭环送去总督王忏家后的第二天晚上，《清明上河图》到了严嵩的手里。严嵩独自待在书房，将那幅画摊在书桌上，一遍遍地摩挲着，嘴里忍不住发出呜咽声。

他太激动了。

日思夜想的两幅画都是他的了，全在他的书房里。整整一个月，严嵩都处在极度兴奋中，每日从宫里回来，首先想的就是进书房，然后将吴道子的《释迦降生图》、张择端的《清明上河图》小心翼翼地拿出，轮换着在书桌展开，再在三盏油灯的光亮下，俯身仔仔细细一寸寸地看着。这幅画看完，卷起，再看第二幅。第二幅看完，卷起，重又看第一幅……因这两幅画，严嵩连值宿都没那么积极了。不管谁拥有宝贝，都喜欢和人分享。对于收藏爱好者来说，拥有宝贝却只能独自观赏，是件非常痛苦的事。于是，严嵩叫来儿子严世蕃、干儿子赵文华、夫人欧阳氏，以及几个孙子，轮流陪他看画。可这些人里，除了赵文华对收藏稍稍懂一些，其他人根本不感兴趣。

"老爷，你还是让懂的人来看吧，我一老太婆，看着有什么用？"欧阳氏说。在她看来，看这些画还不如看衣服的绣花有意思。

"爹，放了我们吧，我最烦看这些东西了，也看不出个好坏来，让你干儿子陪你看！"严世蕃直接说。

赵文华也看烦了，但不敢说出口，只得硬着头皮对严嵩说："只要干爹愿意，儿子一定陪着，看多久都行。"

严世蕃一听这话，又不愿意了，讥讽道："看多久都行？别装了。再说了，你懂什么？"

赵文华刚要辩解，严嵩一抬手，打断他们的争吵，"不要说了！如此好的宝贝，让你们这些外行看，真是糟蹋了。"

"可不是吗？老爷。"欧阳氏说。

"如此好的宝贝，只能待在这暗沉沉的书房，可惜！可惜啊！"

"是啊！爹，收藏是为了什么，不就是为了显摆给懂行的人看吗？"严世蕃瞟了一眼母亲欧阳氏，又瞟了一眼赵文华，"给我们这些不懂的人看，没什么意思。"

严嵩不说话了。他哪里不想给大家炫耀炫耀他的这些宝贝，可他担心太张扬惹出事端来。两幅绝世古画都在他手里，谁不嫉妒？若这两幅画被仇人做了攻击自己的把柄，可就乐极生悲了。

"干爹，东楼兄说得是！这么好的宝贝，没人知道在干爹这里，太可惜了！"赵文华忙着奉承严世蕃。

"理是这个理……可是展示出去易招人嫉恨啊！"严嵩说。

"嫉恨的，您老就是没这两幅画他们都嫉恨。何况，您只请几个懂行的来看看不就行了？不会出事的。"严世蕃说。

严嵩没说话，可有些动心。

"对了，爹，您不是认识很多收藏字画的吗？办个小小品鉴会吧，邀他们来品鉴品鉴就行了，不请同僚。"严世蕃又说。

"东楼兄这个主意好啊！"赵文华夸张地拍着手，"也只有东楼兄想得出如此绝妙主意，既避免了别有用心之人生事，又能让干爹和懂行的切磋一番。"

严嵩一想，点了点头。

"好！那就这样吧！"

此次，严嵩并未将他的全部收藏展示出来，只是展示了部分古字画。当然，少不了他最爱的那两幅。邀请谁来呢？严嵩为此颇费了一番脑筋。最终被他邀请的，都是经过他的精挑细选，在大明收藏界有一定名望和影响，且不会对他地位构成威胁的人。为了拟这份名单，严嵩前前后后准备了近一个月，最后发出去了二十张请柬。

严世蕃不解地问道："为什么不全拿出来？拿出的还不到三分之一。"

"不能全拿出来。别忘了，你爹虽然是首辅，可也买不起这么多古字画。"严嵩说这话时，在"买"字上加重了语气。

严世蕃虽然觉得父亲过于谨慎，但也没有多说什么。只要父亲高兴，随他怎么做，对这些事，严世蕃并不热心，也没兴趣。

虽然严嵩只拿出了不到三分之一的藏品，可那些被邀请来的人，无不惊叹和羡慕。当场的焦点必然是吴道子的《释迦降生图》和张择端的《清明上河图》。只要站在那两幅画面前的，没几个人挪得动脚步。听着他们啧啧称奇，看着他们眼里藏不住的羡慕，严嵩很是满足。

大家看完画不免要讨论讨论，严嵩带着几位名望最高的古字画收藏家去喝茶。那时，《清明上河图》前只剩一位刘姓装裱师，突然，他发出了微小的惊叫声："啊！这……怎么……"

刘姓装裱师惊叫着东张西望。他发出的惊叫声不大，但被不远处的严世蕃听到了。严世蕃当下便敏锐地觉得，这惊叫声不寻常，便令人将这位装裱师叫到他面前。

"刚刚看《清明上河图》时，你叫什么？"严世蕃问。

"有……有吗？严……严大人听错了吧！"装裱师强装镇定，但眼神却在躲闪。

严世蕃虽是独眼，但他用那只独眼盯着人时，还是很有威慑力的。装裱师没敢和严世蕃对视，他很是紧张。

"你见过这幅画？"严世蕃又问。

装裱师先是点了点头，接着又摇了摇头。

"没有没有……小民……绝对没见过！这、这么珍贵的画，不是我们这种人能见到的，没……没见过！没见过！"装裱师更紧张了，结巴起来。

严世蕃瞪圆独眼，怒道："你到底发现什么了？实话实说！如果不说，你应该知道会有什么后果！"

那装裱师吓坏了。严世蕃的面相本就凶狠，当他瞪起独眼时，面相就变得就既凶狠又恐怖了。

"严大人……"装裱师咽了口唾沫，双腿发抖、结结巴巴地道，"小民错了，是……是这……这幅画，小民……小民好像是在哪里见、见过。"

如果这话不是说给严世蕃，是说给其他人，哪怕是说给严嵩听，装裱师都不会被追究，毕竟他作为京城最有名的装裱师，看过这幅画也不奇怪。可严世蕃不是一般人，他意识到这里面有问题，于是继续追问。

"在什么地方见过？怎么看到的？"严世蕃问完，稍停又说，"说实话，倘若有半句假话，你的家人就再也看不到你了。不，你和你的家人就只能去地狱相见了。"

严世蕃腾的一下站起身来，肥胖粗壮的身体像座塔，矗立在装裱师面前。

装裱师整个身体都抖动起来，后悔自己刚才发出惊叫。如果不来这里，又怎么会发生这种事？

装裱师不敢再隐瞒，他擦了擦额头的汗水。他知道，如果不说，被严世蕃知道真相，他和他家人都将性命难保。他深吸一口气，闭了一下眼睛说："小民不敢有半句假话！小民不敢隐瞒严大人，这幅画是在王员外那里看到的。"

严世蕃长舒一口气。不料，刘姓装裱师又加了一句："这幅画是小民装裱的。"

严世蕃刚刚舒展的眉头，又皱了起来。这就有问题了，若是真迹，这幅画为何会是刘姓装裱师装裱的？

"什么时候？"严世蕃又问。

"三年前。"刘姓装裱师说。

问题就更大了。"怎么回事？"严世蕃冷着脸，瞪着眼说。

"这是赝品！"刘姓装裱师说完，像是卸下了千斤重担，长松一口气。

"什么？"严世蕃怒吼一声，一把抓住刘姓装裱师的领口，将他提了起来，"你说什么？再说一遍！"

"严大人，这、这幅画是假的。小民不敢说谎，当初小民给王员外装裱这幅《清明上河图》时，就是照着那幅……那幅真品，选用一模一样的材质装裱的。"刘姓装裱师怕严世蕃不信，又说，"小民记得，装裱赝品时，小民还因不小心把一个地方弄了道口子。王员外说没事，只是赝品。"

严世蕃呼吸急促，鼻子、嘴巴里发出了奇怪的呼哧声。刘姓装裱师吓得魂都快没了，怔在那里。

他知道，他闯祸了。

……

那幅令自己牵肠挂肚的《清明上河图》竟然是赝品，严嵩的羞恼可想而知。他再也不管自己张扬不张扬了，更不怕别人说他以权压人了。怒不可遏的他，以"欺相"之罪，令人缉拿了王振斋。这是严嵩当上首辅以来，第一次越过嘉靖帝，私自令人缉拿"罪犯"，并私自审理，他甚至还对王振斋动用了私刑。

"你胆子也太大了吧？竟然用一幅赝品欺骗首辅大人！"私审王振斋的是赵文华和严世蕃。

王振斋在被抓时，已经知道结局了，他已将自己的生死置之度外，只是担心妻儿。

"这都是我一人所为，不关其他人的事。"王振斋说。

赵文华冷笑道："哦？是真的吗，真的只是你一人所为？行！你说一人所为就一人所为，我们相信你。只要你把真迹交出来，我们就相信这件事和你家人无关。"

"没有真迹，只有这幅赝品。"王振斋说。

"哼！"严世蕃冷笑一声，"那你当时为什么不说只有赝品？莫非是你儿子'欺相'，明知假画却充真迹？"

王振斋大声说："不！不是的！环儿根本不知道这是赝品。"

"看来你是不会说实话了，老子的忍耐是有限度的！"严世蕃瞪大独眼，"刘姓装裱师你知道吗，那个替你装裱赝品的人？"

"没有真的，只有假的，随便你们怎么样，要杀要剐，随你们便！"王振斋说完，把头扭到了一边。他打定主意，不再说一句话。

赵文华和严世蕃互相交换了一下眼神。

"你是该杀该剐！"严世蕃走近王振斋，"不过，不仅你该杀该剐，和你一起'欺相'的，都要杀要剐！"

"我已经说过了，没有人'欺相'，此事和他人无关，是我一人所为，你们不要冤枉好人！"王振斋愤恨道。

"冤枉好人，和其他人无关？嗯，老子暂且相信这事和其他人无关，但这事，和你儿子一定有关！这幅画是谁送到总督大人那里的，又是谁和总督大人一起送到严府的，又是谁跪着把这幅画捧到首辅大人面前说是家传的？"严世蕃越说越大声，最后变成了怒吼，"首辅大人喜欢收藏古画，知道你家有，便令蓟门总督去你家买，结果你们父子拿了银两，合谋欺骗首辅大人，给了一幅假画！你说，你们是不是都该死？"

"什么？我们没有收任何人银两，我们……"王振斋这才意识到，自己把问题想简单了，他急了，"真的不关我儿子的事，我错了，求求你们，怎么处置我都行，放了他吧！他真的什么都不知道，是我把赝品给他，说是真的，是我骗了他。他一直以为那是幅真画，这才兴冲冲地献给首辅大人的，他……"

"那就是说，你有真的，只是藏了起来？真的在哪儿？说！"赵文华拿出一把刀，用刀尖顶在王振斋的下巴处，"知道你不怕死，不过，你儿子一定不想死，他还那么年轻……"

"不要动他！我说，我说！我全说……他真的什么都不知道。"王振斋说完，放声大哭起来。

王振斋知道，严氏父子拿到真画的那刻，也是他上路的时候，画没有了，他的命也就没有了。死对他来说，不算什么，可他想保住家人的性命。

真画在王振斋的舅舅陆治那里。

王振斋供出真画下落时，不等严世蕃和赵文华带人去要，陆治已经拿着张择端的真迹《清明上河图》来到严府请罪了，并揭发外甥王振斋……

王振斋死了。在《清明上河图》真迹到了严家后的当天晚上，他在狱中"畏罪自杀"了。

第二天，他的妻儿突然失踪，不知去向。

第六章　查秉彝耿直谏言，严嵩惊出一身汗

嘉靖二十四年（1545年），新年刚刚过完，礼科给事中查秉彝便在新年第一次上朝中上言道："近来风俗浸侈，都城为最，职官则舆马无制，贵戚则宅第服用无章，士庶则冠婚丧祭宴会之礼逾式，家蓄技巧之功，市列慢藏之贿，转相慕效，渐以成俗，又攘窃恣行，磔人取财，而不为忌。臣常因事而求其故，则始于世禄之家好作无益，崇尚虚靡，以荡民心，四方罢闲无籍之徒，聚党游食，变乱黑白，以愚黔首，此诚败伦圮教之端，薮奸诲淫之地也。"

查秉彝的上言让朝臣一片静默。

"查爱卿所言可是事实？"嘉靖帝阴沉着脸说。

整日沉浸在修道中的嘉靖帝，对政事虽不感兴趣，但对国库还是很关心的。朝臣的浪费和奢侈令国库亏空，不就是花他的银子摆谱，让他的金库亏空吗？朝中奢靡之风盛行，嘉靖帝有所耳闻，却没想到会像查秉彝说的那么严重。

"严大学士，还是你先说说吧！"嘉靖帝见朝臣个个低头不语，开始点名，"查爱卿所言可是事实？"

严嵩在查秉彝上言时，心里就已经"咯噔"一下，暗叫不好。

他没想到查秉彝会在朝堂之上说此事。如果上奏疏，到了他手里，他定会按下不提。朝臣的奢靡之风，在查秉彝上言之前，已经有几位地方官员上疏了，可奏疏都被他毫不留情地扣了下来，并没有呈给嘉靖帝。严嵩扣下奏疏，是因心虚。他知道，若将朝臣的奢靡浪费程度列个榜单，他严嵩肯定榜上有名，而他的儿子严世蕃更甚，一定名列前茅。这种事，皇上不知，或睁只眼闭只眼的话，不算什么事，可若皇上较起真来，他们这些人，被判死罪都有可能。

"大意了，有些大意了。"严嵩不安地在心里嘀咕着。

前两年，严嵩还是很注意节俭的。虽为朝臣之首，在吃穿用上也不敢太过分，生怕被人抓到把柄。可这两年，随着他在首辅位上如鱼游水，他的权力越来越大，也就放松了警惕，他对儿子严世蕃的管束也少了很多。

朝臣里，若论奢侈，严世蕃称第二，没人敢称第一。这几年，除了花天酒地外，严世蕃又增添了个爱好，那就是接二连三地办喜事。严世蕃喜欢上了"娶妾"。

也许验证了那句"缺什么，补什么"的话，长相丑陋的严世蕃极其喜欢美色，爱玩女人，且他玩女人的做法和别人不一样。别人玩女人，是去青楼逢场作戏，玩完就算。而严世蕃不是，对于女人，只要是他看上的，他都要娶回家。对他而言，他喜欢的女人，只能是他一个人的。严世蕃娶妾的喜好在严嵩任首辅后达到极致。三年里，他已经娶了五房妾了。年前，他刚刚才又娶了一个小妾。

对儿子的这个喜好，严嵩也很无奈。

"这东楼，怎么一点儿都不像我？"严嵩私底下就此事问过夫人欧阳氏。

欧阳氏一听，瞟一眼严嵩，叹口气，不说话，只拿出佛珠，不停拨弄。她也不知道为什么会这样。严世蕃是她和严嵩唯一的儿子，可他不管是长相身材还是性格嗜好，都和严嵩截然不同，特别是对待美色，他二人的态度简直有天壤之别。

严嵩不喜女色，不仅不去妓院青楼，而且房中妻妾只有欧阳氏一人。因只给严嵩生了一个儿子，欧阳氏觉得对不起严家，数次想说服严嵩娶妾，但都被严嵩拒绝了。

不过，有时候，严嵩也会自我安慰道："东楼这样也好，严家人丁兴旺！"严嵩只有严世蕃一个儿子，但严世蕃却有六个儿子，且六子分别由六个妻妾所生。从这点上来说，严世蕃妻妾多，也算在为严家开枝散叶。儿子多娶几房妾，严嵩不反对，但令他头痛的是，儿子每次娶妾，必定大张旗鼓，搞出很大动静。儿子娶妾刚开始还只是让全京城知道，随着他首辅位坐得越来越稳，严世蕃娶妾的派头也越来越大，声势大到全国都知道了。

不久前严世蕃刚娶这一房小妾时，送礼者多得堵塞了严府大门。

严嵩为此很是不安。他提醒过儿子，但儿子不以为然地说，普通老百姓谁家不办喜事，不送礼。

如今，查秉彝在儿子刚刚娶完小妾的时候上疏皇上，大反奢侈之风，是否有所专指？严嵩想到这里的时候，被嘉靖帝点名了。

"启禀皇上！查大人所言非虚！确实如此！"严嵩刚一说完便跪了下去，"臣有罪，身为内阁首辅却没有带好头，请皇上降罪！"这是严嵩的狡猾之处，不管心里怎么想的，总能说出让皇上爱听的话来。

严嵩这一跪，瞬间就将嘉靖帝内心正燃着的怒火浇熄了大半，也将他拿严嵩开刀的念头按了下来。嘉靖帝是想借此事，拿严嵩开刀，杀鸡儆猴的。严世蕃年前娶妾的动静太大，以至于嘉靖帝也有所耳闻。嘉靖帝不高兴了。一日，他问黄锦："黄伴，听说严大学士的儿子又娶妾了，送礼者多得排满一条街，可有此事？"

黄锦说："什么都瞒不过万岁爷，确实如此。"

"哼！"嘉靖帝冷笑一声，"朕是不是也要送份礼啊？"

黄锦知道皇上是在说气话，不需要回答，便低头站着，不发一言。

"内阁首辅之子娶妾，谁敢不送礼，谁又敢送少了礼？是不是这样？"

"奴才不知之事，不敢多言！"黄锦说。

"你算算，黄伴！"嘉靖帝自顾自地说，"他娶一房妾就收一次礼，娶了十几房妾，若继续娶下去，严府收的礼，是不是就装不下了？是不是要朕再赐他一处宅子，专门装这些礼？"

黄锦知道皇上生气了，躬身站着，大气都不敢出。

"这……算不算行贿？"嘉靖帝把脸一转，看着黄锦问。

黄锦不能再装聋作哑，应道："万岁爷圣明！说起官员娶妻、娶妾送礼，奴才倒想起了官员们的贺寿来，其实都一个理儿。想那祝寿，每年都有一次，每年都要送礼。若只是为祝寿送礼倒也罢了，怕只怕就像万岁爷说的，借送礼收取贿赂！"

"这倒也是怪了！朕和你这极少出门的人都知道的理儿，怎么就没人上疏？莫非这朝廷重臣，个个都在借着办寿宴、喜宴、丧宴来收礼？"

"万岁爷消消气，莫气坏了身子！"黄锦看嘉靖帝动了怒，劝他说，"无人上疏，或许是因还过着年，这时候就让大家喜庆喜庆，等这年过完了，说不定也就有上疏的了。即便那时候没有上疏的，万岁爷直接问那严阁老，看他还有什么话说。"

嘉靖帝觉得黄锦的话在理，点了点头。

还真让黄锦说着了，难得上次朝的嘉靖帝，一上朝就有礼科给事中查秉彝上疏，不仅说到了朝官的婚丧嫁娶讲究奢靡，还说到了朝官平时吃住行的奢靡。因而，嘉靖帝心里虽有气，却也略感欣慰，至少有朝臣提出了这个问题，上言此事。于是，他本想借这个上言，把严世蕃娶小妾震动整个京城，送礼者排出几条街的事说出来，然后当着众臣的面，训斥严嵩一番，以起到杀鸡儆猴的作用。不过他没想到严嵩倒主动请起罪来。

既然严嵩知错了，嘉靖帝的气也就消了很多，他的语气平和起来。"起来吧！"嘉靖帝冲严嵩说完，又冲众臣说，"既然众爱卿都觉得奢靡之气必须禁止，严阁老……"

听到皇上叫自己的名字，严嵩刚刚起身还没站直腿，又跪了下去。

"微臣在！"

"下朝后就票拟吧！禁止奢靡，引以为戒。"嘉靖帝说完，站了起来，"退朝！"

众臣跪下，齐喊："皇上万岁！万岁！万万岁！"

退朝后，严嵩再起身时，额头已渗出了密密的汗珠。嘉靖帝刚刚的言语，似乎有警告他的意味。莫非皇上知道了什么，又或者严府的事全在皇上的掌握中。想到这里，严嵩额头的汗珠就更密了。如果皇上已经盯上自己，张佐和崔文为何不提醒？难道皇上也知道了自己和张佐、崔文的关系？

严嵩顿时后背发凉。

大意了！真是太大意了！严嵩一想到家里那纷至沓来的送礼者，以及堆放在书房里的金银珠宝、古董字画，心里就有着说不出的慌乱。

退朝后，严嵩只在内阁转了一圈便回了家，将朝堂上发生的事告诉了儿子严世蕃。"东楼啊，以前为父怎么提醒你的？让你不要张扬，这大明天下，还是皇上的！"严嵩说到这里，用食指朝上指了指，"别看为父如今是内阁首辅，也别看我们严家在京城……只要皇上一句话，如今我们拥有的一切，都会消失不见！"

严世蕃第一次在严嵩说这种话时没有反驳。他沉思良久，点了点头说："想不到这皇帝老儿，看似整日修道炼丹，知道的事还真不少。"

"皇上这是在告诫为父啊！"严嵩直到现在，还有些心惊肉跳。

"不过也不用担心，皇上既然没把您怎么样，说明问题不严重，您只管票拟严禁奢靡就行了。"

"为父一直和你说，不管是做事还是说话，都不能太张扬，太张扬就会出事……"严嵩又重复这些他说了无数遍的话，严世蕃不耐烦地皱起了眉。

嘉靖二十四年（1545 年）闰正月二十六，嘉靖帝下诏：严禁奢靡。

自那日在朝堂上被嘉靖帝警告开始，严嵩收敛了一段日子，对儿子严世蕃也严加管束。但慢慢地，严世蕃见嘉靖帝对父亲依然信任有加，朝臣对父亲和他的恭敬和巴结一分未减，便觉风头已过，甚至觉得，之前是自己和父亲太敏感，皇上的那次警告，并非只是针对他们。

于是，一切又都照旧了。花天酒地、结交朝臣、接受送礼、娶小妾、玩女人……严世蕃忙得不亦乐乎。严嵩劝了几次，见儿子依然我行我素，也没出什么事，便不再管了。

这天，严嵩在花园里晒太阳，他的干儿子赵文华带着一个人走了过来，还没走近便大声喊道："干爹！顾可学来了！"

严嵩抬起头，看了看赵文华身后那亦步亦趋的瘦小老头。

瘦小老头急走两步，扑倒在严嵩脚边，一边磕头一边大声说："小民顾可学拜见严阁老！"

这老头虽身子瘦小干巴，但声音洪亮，中气很足。

"起来吧！"严嵩说时，不自觉地抬了抬下巴，垂眼看着伏在地上的顾可学。突然，他想起了接受臣子觐见的嘉靖帝。自己觐见皇上的时候，不也像顾可学一样，诚惶诚恐地伏在地上吗？皇上会怎么做？是不是也像刚刚的自己一样，微微抬起下巴，垂眼扫一扫伏在地上不敢抬头的自己？这种想法让严嵩的心微微一颤。

"小民多谢严阁老！"干巴瘦小的顾可学慢慢爬了起来。

顾可学只比严嵩小两岁，六十一岁。二十年前，顾可学在任浙江参议时，因贪污受贿被弹劾，革职在家。不过，虽然被革了职，可顾可学并不甘心，他一直在寻求重新出山的机会。

终于，他看到了严嵩父子的贪婪，他觉得有机可乘。

顾可学不像其他人，急不可耐地要见严嵩。他知道，自己各方面都一般，这种情况下，想让严嵩重视自己，根本不可能。因而，他采取"曲线救国"的办法，既然见严氏父子不易，那就先见赵文华吧。见赵文华不难，只要你够大方，银两就是敲门砖。顾可学花的银两，自己想起来都心疼，不过他总算是搭上了赵文华。他明白，光搭上还不算，还要像条忠实的狗，跟在赵文华的后面，为赵文华排忧解难。经过一段时间的努力，顾可学终于取得了赵文华的信任，成为其亲信。

见时机成熟，顾可学拿出了他的撒手锏，这撒手锏一拿出，他便未经过严世蕃，直接见到了严嵩。

这撒手锏是什么呢？是一个比金银珠宝、古玩字画还吸引严嵩的东西。这个东西不是给他的，而是给皇上的。

顾可学的野心不比严嵩小。他采用迂回方式，一步步向目标靠近。他的目标便是，嘉靖帝。

"听说你有延年益寿的秘方？"严嵩问这话时，还是有些不相信，因而上下打量着顾可学。

顾可学虽然身材瘦小、颧骨高耸、头发花白，但眼神犀利。让严嵩对顾可学另眼看待的是，顾可学见到严嵩时，不像其他人，眼神里有惶恐。

莫非真有本事？严嵩想。

"小民在严阁老面前，不敢说假话！"顾可学读懂了严嵩的心，不亢不卑，"如果严阁老不相信，小民愿意为严阁老……"

"不！不必了！"严嵩不等顾可学说完便摆了摆手。

不管顾可学"延寿"的秘方是真是假，严嵩都不想尝试。原因很简单：若那秘方是假的，他何必去尝试？若那秘方是真的，他又哪敢尝试？

做了三年多内阁首辅，严嵩早已领教了嘉靖帝的多疑和喜怒无常，若嘉靖帝一旦知道这"延寿"的秘方被他试过，谁知道有会生出什么祸端来？何况，此次向嘉靖帝推荐顾可学的，不是他，是崔文。

严嵩把这个讨好皇上的机会让给崔文，不是出于好心，而是出于谨慎。同时，他也想让顾可学成为他隐藏在嘉靖帝身边的眼线。

嘉靖帝身边，严嵩并非没人，那张佐和崔文就是。可经过"禁奢靡"事件后，严嵩疑心皇上已不再相信张佐和崔文，所以他想重新安插个人在嘉靖帝身边，可要安插谁呢？除了太监，又有谁能时常陪在皇上身边？就在他左思右想，为此事绞尽脑汁时，忽有一日，赵文华跑来和他说，自己身边有个人，有延年益寿的秘方。严嵩一听，喜不自禁，当即让赵文华带着顾可学来见他。

刚开始的时候，严嵩是想亲自向嘉靖帝推荐顾可学，可严世蕃却提出了不同意见：全然不知顾可学其人根底，如果他的秘方是假的，那他们父子岂不是会被连累？

严嵩一听，不无道理。

"最好让张公公推荐！"严世蕃说。

于是，严嵩和张佐说此事。张佐一听，连连摇头。"这种事，严阁老和咱家都不能做。"

"张公公为何这么说？"严嵩有些不解。

"暂不说他这秘方会不会起作用，即便起作用，他也能得了皇上宠信，可朝臣怎么看？再说了，他曾因贪污受贿被弹劾，是罪臣。罪臣进宫，还是由咱家或你这阁老来推荐，朝臣怎么想？不妥！不妥！"

严嵩一听，很是赞同，心想，可不是吗，自己怎么就没想到这点呢？顾可学可是罪臣呀。罪臣被推荐进宫，还是因延寿的秘方，朝臣肯定有话说。自己不能再树敌了。"还是张公公考虑得周全！那张公公觉得这顾可学由谁推荐好呢？"

"咱家要好好想想……"张佐沉吟片刻，突然说，"要不，让咱家干儿子去吧，他最擅长这个！"

严嵩一听，连连称好。张佐的干儿子是崔文，崔公公是嘉靖帝的暖殿太监。

张佐将此事交于崔文，崔文欣然接受。

"儿子这几日就瞅瞅机会和万岁爷说这事儿。"

没等几天，机会来了。那日，崔文为嘉靖帝捶腿捏脚，假装神秘地跟嘉靖帝说道，坊间有人盛传，有个叫顾可学的人，家里有延年益寿的秘方。一听这话，斜靠在御榻上没精打采的嘉靖帝顿时来了精神，坐直身子看着崔文。

"可是事实？"嘉靖帝问，"这顾可学真有延年益寿的秘方？"

"奴才只是听说，至于是真是假，奴才不知。"

"明儿你就去，去那顾可学家，问问是不是真有秘方。"

嘉靖帝巴不得马上得到顾可学的秘方，他每日修道炼丹为了什么，不就是延年益寿吗？如果真有这样的秘方，他长生不老的梦想也就实现了。

第二日，崔文离开宫里。当然，他并没有去顾可学河北的老家。他不用去，顾可学就在京城。十天后，崔文假装风尘仆仆地进宫面见嘉靖帝，说他从顾可学家回来了。

"坊间所说可是事实，顾可学家有秘方是真是假？"嘉靖帝急不可耐。

"恭喜万岁爷！贺喜万岁爷！"崔文装出一副欣喜若狂的样子，"是真的，真有秘方，奴才在顾可学家见着了。"

"哦？"嘉靖帝起身，走近崔文，高兴道，"真能延年益寿？"

"能不能延年益寿，奴才不敢乱说，可顾家，祖祖辈辈都长寿。而且，听说那秘方……"崔文说到这里，停了一下，低下头嗾嗾嗾地笑了起来。

"秘方怎样？"嘉靖帝催促道，"快说，快说！"

"万岁爷，听那顾可学说，他家那秘方呀，吃了那……那什么……能让人飘飘欲仙！"崔文说完，又嗾嗾嗾地笑了起来。

嘉靖帝知道崔文的"飘飘欲仙"是指什么，当下他更高兴了。身体是否强壮，首先体现在房事上，房事好了，精神也好，因而，"长寿药"管不管用，需要从房事上来判断。

嘉靖帝急急催问："秘方呢？快快拿来，让秉一真人为朕制丹。"

"皇上，据顾可学说，这秘方只有他们使用才起作用。"崔文说。

"那就快快召那顾可学进宫！"

"万岁爷……"崔文故意吞吞吐吐，不时地偷瞄嘉靖帝，"献他家祖传的秘方给皇上用，他肯定高兴，只是……只是此人曾被弹劾过，还被先帝革职……"

"哦？他曾被弹劾？所为何事？"嘉靖帝问。

"贪污受贿！"崔文说。

"既然只是革职，并没入狱或判刑，想必他犯下的事也不严重……"嘉靖帝眯着眼，沉思良久说，"他被革职多少年了？"

"整整二十年！"崔文说。

"二十年了，时间不短嘛。他原职是什么？"

"浙江参议。"

"那就先给他恢复原职！"

于是，被革职二十年的顾可学，因"家传秘方"又重新做回了浙江参议。当然，这职位只是个过渡。皇上服用顾可学的秘方后，发现自己与妃子们颠鸾倒凤时不知疲倦，感觉自己年轻了不少。

"这秘方果然管用。"嘉靖帝想。

半个月后，嘉靖帝以顾可学献"神药"有功为由，升他做了礼部尚书。原来的礼部尚书张壁因病在家休息，在得知尚书位被人顶替后，心灰意冷，长叹了一声："献神药就能入六部，大明将不久矣！"

六部尚书之一的礼部尚书之位，被一个曾因贪污受贿被革职、用"神药"瞒骗皇上的人占有，这样的大明，还有希望吗？对朝廷的失望让张壁病好后便向皇上提出了告老还乡的要求。

嘉靖帝并不挽留，当下他就同意了。张壁黯然回家。

顾可学的"秘方"到底是什么呢？其实只是童男童女的尿，加上一些壮阳的药材，这些都被制成了秋石，就被称为"神药"。制作这"神药"时，顾可学从不让外人看，他称"秘方"不能外传，不能泄露天机。

革职二十年的顾可学突然复职，且在短短半个月里官至礼部尚书，引起了朝臣的不满。在发现顾可学出入严府时，朝臣好像都明白了。

"看来，顾可学官至尚书，又是内阁首辅的功劳！"胆大的也只能这么私下议论，明面上却没人敢说什么。

任何时候都不缺不畏强权之人，何维柏在得知顾可学和严嵩勾搭后，决定上疏弹劾严嵩。

何维柏是嘉靖十年（1531 年）的举人，嘉靖十四年（1535 年）时考取进士，同年被授为翰林院庶吉士，之后又被升为监察御史。按理说，他的仕途应该比较顺畅，可由于不喜欢巴结上司，为人处世极讲原则，何维柏不仅没能在仕途之路上狂奔，反而在嘉靖十六年（1537 年），因上疏反对修筑沙河行宫，被嘉靖帝罢了官。那年，已经对修道做神仙痴迷到不顾一切的嘉靖帝，在外出巡游时，留宿在一个叫沙河的地方。当地官员为了讨好他，说圣驾到过沙河，且在沙河留过宿，沙河自此便有了圣上的踪迹。皇上是天子，天子的踪迹就是仙迹，必须建行宫纪念。

嘉靖帝龙颜大悦，冲"仙迹"二字，他也要建。

历朝历代的皇帝，途经留宿的地方多得很，难道每到一个地方都建了行宫？有人提出反对，嘉靖帝不高兴了，自己身为天子，建个行宫都有朝臣反对，朝臣们也太不把他放在眼里了。朝臣越反对他越要建！嘉靖帝把上疏劝谏的几名朝臣革了职。一时之间，人人自危，除了何维柏，谁都不敢再多说什么。何维柏不怕，他继续冒死上疏说，在民不聊生、国库欠缺的情况下，皇上修那么多派不上用场的行宫，是在增加百姓负担，会引起民怨的。嘉靖帝勃然大怒，将他拉出去杖打一百大棒，且革了他的职。

七年后的嘉靖二十三年（1544 年），受天灾人祸侵扰的福建百姓闹起了饥荒，大有造反之势。派什么人去福建安抚民众呢？嘉靖帝召内阁和六部商议，很多人都举荐何维柏。严嵩原想派他的人去福建的，可又怕安抚不了那里的百姓，便认可了众人的举荐。嘉靖帝也不喜欢何维柏，但面对福建的危险态势，只好答应，不仅让何维柏复职，且让他以御史身份巡按福建。

自七年前被革职的那一刻开始，何维柏就对朝廷失望了，他见把持朝政的还是严嵩，就更不想复职了。但当他听说福建百姓生活在水深火热中时，就答应了。

去福建后，为了解决百姓的饥荒问题，何维柏马不停蹄地奔赴各地了解情况，并将了解的情况及时上报朝廷，还提出了切实可行的"救荒十策"，同时督促官员开仓赈济。

然而，就在何维柏为了福建的民生奔波忙碌时，京城来的一个朋友告诉他，他的好朋友王振斋在狱中自杀了。

"自杀？他为什么要自杀？"何维柏震惊不已，"还有，为什么是在狱中自杀，他犯了什么罪？"

来福建任职前，何维柏曾特意去蓟门看望过王振斋，两个人还高高兴兴地赏画、品茗，聊得很是投机，怎么只几个月就出了这么大的事？何维柏和王振斋因字画结缘。何维柏也喜收藏，且对字画情有独钟，再加上两个人相似的人生态度，让他们成为知音。

"他怎么会入狱呢？"何维柏摇摇头，"他一向不与人争长短，更……"何维柏声音哽咽，说不出话来。他想到几个月前的相见竟成了他们的永别，心里就更难受了。

"听说罪名是'欺相'！"朋友说。

"什么？'欺相'？"何维柏大惊失色，"谁是相？大明有相吗？谁这么大胆，敢称'相'？"

"何兄，赌气的话就不要说了。大明是没'相'，可有内阁啊，谁不知道首辅就是宰相？唉！我知道你和王员外的感情，可人死都死了，也过去这么长时间了，你别较真了，好好做你的巡按吧。"

朋友有些后悔告诉何维柏这件事，怕他一时冲动，又做出什么被革职的事来。

"即便有'相',他一个员外,又怎会得罪'相'?他与严嵩八竿子都打不着啊!"何维柏说到这里的时候,突然停下来,瞪大眼睛,"我知道了,是因为字画吧?王兄和严嵩之间,只可能在这方面有交集。"

朋友不愿给何维柏多说什么,怕他知道的事情越多越危险,便敷衍地说道:"这我就不知道了。应该不是,可能是他儿子闯了什么祸,或者其他一些什么。总之一定有事,而且是大事……好了好了,什么都别想了,不要管这些事了。再说了,我好不容易来次福建,咱们总要好好喝一杯吧!"

何维柏叹了口气。朋友刻意转移话题,让他意识到,他的猜测没错!可即便因为字画,严嵩也犯不着把王振斋抓起来啊。

"如果接待我不方便,我可就走了。"朋友见他还在那里发呆,假装生气,起身要走。何维柏急忙拉住朋友。

"对不起对不起!"何维柏一边赔礼道歉,一边说,"既然来了,怎么能不吃饭?虽然福建闹饥荒,没有什么好酒好肉招待你,可一碟小菜、一杯浊酒还是有的。"

"有你这句话就够了。"朋友重新坐下,"你们这里的情况我知道,今儿我请客!"

朋友说着,掏出一锭银子拍在桌子上。何维柏看着朋友,疑惑道:"怎么回事?"

"听说你把你的俸银都拿出来贴补灾民了。我知道你已经很久没沾荤腥了,今天我请你。"

何维柏笑笑,拿起那锭银子,看了又看。"好东西啊,真是好东西,能救命!既然你放在我的桌子上,那就归我了。不过呢,你来这地方,就吃点老百姓自己种的吧!"何维柏说着,把那锭银子递给身边的随从罗顺,"这是赵大人捐给我们福建百姓的,拿去放好!"

罗顺答应一声,拿着银锭走了。朋友哭笑不得,眼圈却红了。

这天,何维柏和朋友喝着百姓酿的米酒,吃着花生米、炸小鱼聊天。聊着聊着，何维柏又聊到了王振斋的死。

"咱们能不说他吗？"朋友说。

"好！不说他，咱们不说他了，不过说说他家人总可以吧？不知他夫人和儿子怎么样了？真该去看看他们。"

"看什么看，这里离得开你吗？还是先忙这里的工作吧。"朋友说。朋友知道王振斋的夫人和儿子失踪的事，但没说，他怕说了何维柏又去多管闲事。正好他们的米酒喝完了，何维柏喊罗顺给他们倒酒，进来的是却是这位朋友的随从小六。

"罗顺呢？"何维柏问。

"多喝了几杯，趴桌子上睡着了。"

小六说着话，开始给他们倒酒，倒着倒着，突然对主人说："老爷，你没跟何大人说吗？王员外的夫人和儿子失踪了，找不到了。"

何维柏的朋友瞪了小六一眼，一边朝他使眼色，一边说："出去出去，你也喝多了吧。"

小六还在茫然呢，何维柏却听出不对了，放下酒杯，看着朋友。

"怎么回事，失踪？赵兄，这到底怎么回事？小六怎么说王夫人和她儿子失踪了？"

"没有没有，是小六喝多了，说胡话呢。咱们喝酒，喝酒！"朋友连连说。

何维柏看着朋友。朋友受不了他的眼神，只好说："唉！那我实话告诉你吧，就像小六说的，王夫人和她儿子失踪了。"

"什么时候的事？"何维柏先是愣了愣，随即平静地道。

"听说王员外自杀后的第二天失踪的，还说是怕受到牵连，跑了。"朋友说。

"不会的！这事没那么简单，不可能那么简单！"何维柏摇着头，"这里面一定有事，肯定有事。这……真是没王法了，没王法了。"

"何兄，失踪就是失踪，和王法有什么关系？整个大明，每天失踪的人还少吗？我倒觉得，他们害怕严家父子报复，悄悄逃跑的可能性很大。"朋友说。

何维柏想了想，点了点头。

"你这么说也有可能，或许他们意识到危险，逃掉了。不过，这事怎么说都太蹊跷。"何维柏想了想，看看朋友，"不行，我不能不管，我要知道发生什么事了。"

朋友知道劝不住，便说："那就交给我吧，到时了解清楚了，写信给你。"

何维柏先是答应，后又摇头。

"你不用管，你只帮我带封信就行了。"

何维柏不想让朋友参与，也怕他不如实相告。何维柏的信是写给吏部的刘令吏的。刘令吏接到何维柏的信后，把他知道的所有关于王振斋的情况都说了。他告诉何维柏，王振斋之所以被抓，是因为用一幅名画赝品骗了首辅严嵩很多银两。他还说，王振斋被抓后，不仅承认他欺骗了首辅大人，还承认他一直以来都在用赝品骗人。王振斋是趁狱卒不注意，将衣带挂在牢门上，上吊死的。

"王员外上吊自杀的第二天，狱吏去王府叫王夫人和她儿子收尸，结果才知他们跑了。"刘令吏的信中最后说。

何维柏看完信，疑虑更多了。他不相信王振斋会自杀，更不相信他用赝品骗人。问题太多了，如果不是走不开，他真想亲自去趟蓟门，把事情的前前后后了解个清清楚楚。

"请刘兄再帮打听一下，王振斋是用什么赝品骗了首辅大人。还有，烦请刘兄去趟王府，问问有没有人知道，王振斋死后，他的那些字画去了哪里。另再去趟王振斋的舅舅陆治家，看他是否知道王振斋妻儿的下落。"

刘令吏看了何维柏的第二封信，不禁苦笑。他喃喃自语道："何兄啊何兄，你的老毛病又犯了。"

刘令吏知道何维柏的脾气性格，知道敷衍不了他，不把事情弄得清清楚楚，他不会罢休。于是，刘令吏依照何维柏的吩咐去了趟王府和陆治家。

"陆治不知王振斋妻儿的下落，王府除了老管家外，其他人都散了。"刘令吏第二封信里的第一句话，就让何维柏鼻子一酸，他喃喃道："王兄，只几个月不见，怎么你就家破人亡了？"

"另，老管家说，王忏总督曾在王振斋被捕前去过王家，说要买王振斋的一幅古画。"刘令吏在信中说。

"古画？什么古画？"何维柏想，看来还要麻烦刘令吏细查一下，王忏买什么古画了。不过，看到信的最后一句，何维柏打消了让刘令吏再查的念头。刘令吏在信的最后说："何兄，之所以和你说这些，只是让你知道，我没辜负你的委托。不过，希望何兄看在自己的前途上，也看在我的前途上，或者说看在我们两家人的安危上，不要再追查此事了。不要说查不出什么，就是真查出什么了，又能怎样呢？只会增加更多的悲剧罢了。"

何维柏闭起了眼睛。他再睁开眼，眼泪已经像泉水一样流了下来。他知道，刘令吏的担心是对的，同时也意识到，王振斋的死不寻常。

"王兄，你死得冤啊！"何维柏喃喃道。

"冤死？谁死得冤？"随从罗顺正好经过，问道，"大人这是在说什么呢？"

罗顺跟随何维柏几十年了，何维柏也早已把他当成家人，有事并不避他。

"刘大人来信说，王员外在狱中自杀了。罗顺，你说他会自杀吗？"

"王员外死了，还是自杀？"罗顺一惊，手里的茶壶差点掉在地上，"为什么自杀？来福建前，老爷不是还带小人去过王府，王员外不还好好的吗？"

"你也觉得不可能吧！"何维柏用手抹掉脸上的泪水，"老夫也觉得这事不简单。王兄怎么会自杀？不管发生什么他都不会自杀，老夫了解他。老夫估摸着呀，他是被人谋害了！"

"谁会谋害他？再说了，谋害他，官府就不查吗？"罗顺给何维柏倒了一杯茶水，递给他，"小的还有点不明白，王员外真要是被冤枉了，为何不写信给老爷，让您搭救他？"

"可能来不及，也可能不想让老夫牵扯其间。"何维柏叹了口气，"王员外的罪名是'欺相'，也就是说，欺骗了内阁首辅严嵩。你说，他要真写信给老夫，让老夫救，老夫救得了吗？"

罗顺想了想，摇了摇头说："救不了，谁也救不了，除了皇上。不过老爷，王员外为什么欺骗首辅大人？他那么善良老实，又不惹是生非，连普通百姓都不欺骗，为什么欺骗首辅大人？肯定是搞错了，一定是搞错了。"

"是啊！老夫也不信！他们说王兄用赝品充真迹。"何维柏冷笑一声，"王兄怎么可能做这样的事？"

罗顺恍然大悟般说："小的知道了！老爷，一定是首辅大人冤枉王员外，说他用假画冒充真画欺骗他，然后把他抓了。王员外受不了别人的冤枉，上吊自杀了。对不对？一定是这样的，一定是的。"

何维柏点了点头，觉得罗顺的话有道理。

"你说的不是没有可能。以王兄的脾气性格，真被人冤枉了，且是在字画上被冤枉，自杀以表清白不是不可能，可他的夫人和儿子又是怎么失踪的呢？"何维柏摇了摇头，"这一点，老夫怎么想都想不明白！老夫觉得，他们一定凶多吉少。"

"什么？天哪！失踪了？老爷，怎么会这样？王员外他们一家三口都……家里没人了？"罗顺大声说，"老爷，他们肯定是藏起来了。你想想，王员外得罪了首辅大人还自杀了，他们不害怕？一害怕就跑了，一定藏在什么地方了，一定是这样的。"罗顺越想越觉得是这样。

"如果真像你说的，他的夫人和儿子只是藏了起来，老夫倒也放心，只是……怕那严嵩杀人灭口！"何维柏说完，一脸忧虑。

罗顺笑了。"老爷，您这是自己吓自己，您这个想法怎么可能是真的呢？首辅大人会因为一幅画去杀人灭口？堂堂一个内阁首辅，怎么可能杀人，还是为一幅画，您一定是想多了。"

"如果是别人，首辅大人看上了自己的一幅画，一定会高高兴兴地奉上，然后等着升官发财，可王兄不是，老夫知道他不会那么做。那些字画，是他的命，任谁也休想拿去。而严嵩，也是个痴迷字画的人，如果他看中了王兄的一幅画，肯定会想方设法得到。一个一定要，一个绝不给。这样的话，问题就来了……"何维柏叹了口气说，"一个在内阁能一手遮天的人，得不到自己想要的，会怎么做？冤枉他用假画冒充真画……欲加之罪，何患无辞！"

"老爷！不会的！不会这样的！"罗顺嘴里说着不会，心里却觉得何维柏的推测有道理，"老爷，那您想怎么做？要不我们找人帮找王夫人和王少爷吧？"

罗顺说完，见何维柏没说话，只在那里发呆，有些害怕了。

"老爷，您……您该不会想替王员外报仇吧？"罗顺结巴道，"您就是想报仇，也要有证据呀，要能证明首辅大人杀人灭口啊。要是找不……"

罗顺还没说完，何维柏就摇了摇头，"不！这事已经过去这么长时间了，即便留有证据也早没了。何况他们能这么做，不可能留下什么证据。"

"哦！"罗顺长舒一口气，何维柏好不容易复职，别又弄出事来。再说了，和内阁首辅作对，能有好下场吗？

"老夫要弹劾他！"突然，何维柏说。

罗顺一跳，惊道："弹劾谁？"

"严嵩。"

"老爷……别啊！老爷您说什么呢？老爷，您可别……千万别又……他可是内阁首辅，您刚刚还说他一手遮天，又没什么证据，您怎么弹劾？"

"这事是没证据，老夫也无法弹劾他，老夫要弹劾他其他事。"何维柏说。

"老爷，何苦呢？您要是为给王大人复仇，小的倒也想得通，可……"罗顺急得跺起脚来，"再说了，您老要是出事了，夫人、少爷和小姐怎么办？这一大家子人……"

"好了，你去做你的事吧，不该你管，你就不要管。"何维柏挥挥手说。

他已经决定了，一定要弹劾严嵩。虽然他知道，他的弹劾不可能将严嵩怎么样，但他要让严嵩知道，不能无法无天，要收敛一些，少干伤天害理的事。这大明朝廷，还是有人敢弹劾他的。

何维柏说干就干。他从之前知道的一些事情中，搜集了些证据来弹劾严嵩。罗顺见了，忧心忡忡。以前何维柏弹劾的人，官都没有严嵩大，何维柏都没好结果，更不要说这次了，得罪的可是大明最有权势的人，肯定会大难临头的。

别说罗顺害怕，就是何维柏心里也担心，他担心的倒不是自己的安危，而是皇上会不会看到。如果他的弹劾在送到内阁时，被严嵩压了下来，那他的弹劾还有意义吗？

何维柏豁出去了。即便被严嵩压了下来，最起码严嵩看到了。

嘉靖二十四年（1545年）六月，何维柏上疏弹劾内阁首辅严嵩的罪状有："邪媚邀宠""嫉贤害正""罔上怀奸"和"荐举、豢养顾可学"。

当那弹劾文书到达内阁时，首辅严嵩正和礼部尚书顾可学在首辅室聊天。

此时的严嵩，已经不再担心被人看到他和顾可学走得近了。顾可学是礼部尚书，和他这个首辅在内阁议事，很正常。

顾可学能从一个"被弹劾革职"的官员一跃成为礼部尚书，严嵩功不可没，顾可学记着这个恩。之前，严嵩一直和他保持距离，但他在礼部站稳脚跟了，他的"秘方"也对皇上产生"奇效"，自此，严嵩便不再担心了。皇上礼遇的人，他一个臣子，当然也要礼遇，这是忠君的表现。

当小吏将何维柏的上疏文送到严嵩面前时，严嵩并没太在意，随意扔在了一边。不过，当他看到是福建来的时，心里莫名一震，再一看是福建巡按何维柏的奏疏，便拿在手里，翻看起来。

"严阁老，这是……"

顾可学没问完，便见严嵩皱起了眉头。严嵩再看几行，瞪大了眼睛，从椅子上一蹦而起。一个六十三岁的老人，能从椅子上蹦起来，可见严嵩当时的震惊。只一会儿，严嵩就脸色煞白，冷汗汩汩地从额头往外冒。看完这奏疏后，他双手颤抖，双腿也抖动起来，几乎站立不稳。

奏疏掉落在了地上。

"阁老！"顾可学一把扶住严嵩，"阁老，您这是怎么了？"

严嵩一屁股坐在了椅子上。

"快！捡……捡起来。"严嵩说得有气无力，"不要让人看见。"

顾可学急忙拾起奏疏，刚刚扫了一眼便像严嵩一样，脸色煞白，双手颤抖。

"这……这是污蔑！纯粹污蔑！"顾可学尽量压低声音，却掩饰不住慌张。

严嵩像傻了般，怔坐在那里。他以为以自己如今的地位，没人敢明着弹劾自己了，可没想到还真有吃了豹子胆的人。这太让他吃惊了，这种吃惊，比看到何维柏弹劾他的那几条罪状时更甚。

顾可学看着严嵩，突然又疑惑道："这事有些不对劲啊。"

严嵩瞟了顾可学一眼，没说话，只看向前方。随后他问道："有什么不对劲？"

"这何维柏脑子没毛病吧？他难道不知道，奏疏会先到阁老这里吗？他不想想，奏疏一到阁老这里，阁老看了，不给他往上呈，他写这些又有什么用？废纸一张！"

严嵩叹口气，看着顾可学。

"你又怎么知道，他没有通过其他渠道呈给皇上？"严嵩说到这里，语气沉重，这才是他最担心的。

顾可学先是一愣，接着又摇了摇头，"不会吧，既然有其他方式呈给皇上，他又何必再来一份？这不提前暴露了吗？"

"哼！"严嵩冷笑一声，"此人一向天不怕地不怕，也许将这封奏疏送到内阁，就是他故意为之。"

"此话何意？请严阁老明示。"顾可学不解。

"如果这奏疏还有一份已经到了皇上那里，另一份却到了内阁，内阁却没有呈给皇上，皇上怎么想？"严嵩说。这才是严嵩最觉得为难的地方，接下来他要怎么做，呈上去还是不呈上去？

"此人会这么阴险？"顾可学刚刚好转的脸色，又变了，"这人胆子也太大了吧。"

"能在这种情况下弹劾本官，可见他是要孤注一掷对付本官了。"严嵩微微摇了摇头，他在后悔当初为何答应让何维柏复职，且让他去福建做巡按，这不是引狼入室吗？

"那……阁老，这事怎么办？在下觉得，不管怎样都不能呈给皇上。虽然有可能像您说的，有一份一模一样的已经到了皇上那里，可在下还是觉得，阁老不应该把这份呈上去。您想想，要是只有这一份呢？您呈上去了，皇上看了会……当然，在下也知道，皇上不会相信他的胡言乱语，但……但毕竟对阁老的声誉有影响。"

顾可学与其说在为严嵩担心，倒不如说是在为自己担心。何维柏弹劾严嵩的罪状中有一条就和他有关——"荐举、豢养顾可学"。如今，他已经和严嵩成了一条绳上的蚂蚱，严嵩倒霉，他也会倒霉。因此，他不能让严嵩倒霉，他要让严嵩在首辅位上好好待着，以保证他享有更多荣华富贵。

"容本官再想想，先放着，看看情况再说。"严嵩叹口气道，"自从进入内阁，总有人与本官作对。朝臣中，嫉恨本官的不少，想抓本官把柄的也很多，本官想到了……"

"阁老，难道除了这个不知死活的何维柏，还有其他人对您……"

顾可学还没说完，便被严嵩打断了。

"顾大人，你先回去吧，本官还有其他事情要处理！"

"那……在下就告辞了！"顾可学拱手作揖而退，走出几步，又退回来说，"严阁老，若有需要在下做的，在下义不容辞。"

严嵩没说话，只朝他挥了挥手。不过，顾可学走出内阁很远后，又被小吏叫住了。

"顾大人请留步！"小吏说，"阁老还有事要和顾大人说。"

顾可学急忙重回内阁。严嵩悄悄吩咐他，找机会从皇上那里探情况，看何维柏的奏疏是不是有一份已经呈给皇上了。顾可学应了一声便走了。

严嵩坐在内阁首辅室里，满脑子都在想，要不要把这份弹劾他的奏疏呈上去，如果呈上去，皇上会如何处置？不呈上去，皇上若知道他这里还有一份这样的奏疏却不呈上去，又会如何处置？严嵩想得头皮发麻，他无法决定，怎么做好像都有后患。

"还是问问东楼吧！"

严嵩将那份奏疏揣在怀里回了家。严世蕃一看奏疏，当即对何维柏破口大骂，什么难听骂什么。如果放在以前，严嵩一定会制止，但这天他没有，他也想骂何维柏，可碍于自己的身份没有骂出口。等到严世蕃骂累了，咕咚咕咚喝水时，严嵩才说："东楼啊，你说这奏疏要不要呈给皇上？"

"随便！"严世蕃把那奏疏朝上一抛，奏疏从空中飘飘悠悠地落在地上，"不想呈，就当垃圾扔掉好了。"

"这事不简单，为父怕这事皇上已经知道了，为父不呈上去……"

"那就呈上去好了！"严世蕃一脸的不耐烦。其实，他也拿不定主意。

"可会不会……"

严嵩还没说完，严世蕃便打断了他的话。

"其实，就是呈给皇上，也没事的。他弹劾您老的每一条，似乎很严重，却没有实际意义。"

"什么意思？"严嵩不明白。

"不是皇上关心的事。"严世蕃说。

"哦？"严嵩高兴起来，"为何这么说？"

严世蕃捡起奏疏。

"你看看，什么'嫉贤害正'，嫉哪个'贤'，害哪个'正'？没有所指。何况，皇上会为这惩治您吗？不值当的。还有什么'罔上怀奸'，这不是说皇上糊涂吗，皇上能爱听？还有什么举荐顾可学，顾可学在皇上那里正受宠着呢，他这么一说，您老可就立功了，说不定为此，皇上还赐东西给您老呢。特别是这条'邪媚邀宠'，哈哈……"

严世蕃一条条地分析着，一番分析下来，父子俩的眼神亮了。

"这……指不定是个机会呢！"严世蕃突然说，"弄好了，还能除掉何维柏。"

确实，何维柏弹劾他的每条罪状，除了"嫉贤害正"外，其他的都和皇上有关。

严嵩从刚开始的震惊、害怕、恐慌，一下子变得兴奋、激动……他恨不得马上将这份弹劾他的奏疏呈上去。这一夜，他辗转难眠。

第二日，严嵩一见嘉靖帝就跪下，声音哽咽，痛哭流涕。

"皇上！臣冤枉，请皇上为臣做主！"

嘉靖帝不说话，一脸嫌恶地看着严嵩。严嵩老这样哭哭啼啼，他厌倦了。

"说吧！"他冷冷道。

"臣自入内阁以来，一直兢兢业业，不料那福建巡抚何维柏却……"

严嵩将奏疏呈上，声音颤抖，哽咽到说不出话。这是严嵩的厉害之处，面对皇上，他的眼泪和悲伤总是很逼真，丝毫看不出假来。

嘉靖帝慢慢看起奏疏来。一切就像严嵩和严世蕃预料的那样，嘉靖帝的情绪从平静到愤怒，最后他勃然大怒，把奏疏往地上使劲一扔道："好大的胆子！"

"罪臣知罪！都是罪臣的错，皇上千万不要生气，千万别气坏了龙体！"严嵩假装惶恐，大声说。

"你……何罪之有？"嘉靖帝瞪着他。

"臣的事惹皇上生气，就是有罪。臣……"严嵩再次哽咽到说不出话来，"只是臣不知何大人为何要这么说臣，臣请皇上降罪！"

严嵩说到最后一句时，将头伏在了地上。此时，张佐俯身拾起奏疏，看了一眼。

"万岁爷，这何维柏一向自视甚高，认为整个大明就他最清廉，最为百姓着想，其他为官者全是奸臣，甚至连万岁爷他都不看在眼里，如今见皇上信任严阁老，便弹劾严阁老。此人能写出这些来，不足为奇。"张佐本想激起嘉靖帝更大的怒火，不料嘉靖帝脸上的表情却有所缓和。

"是不是这样？严阁老？"嘉靖帝看着严嵩，故意问。

"回禀皇上，据臣所知，何大人的个性正如张公公所言。"

"那朕问你们……"嘉靖帝看看严嵩，又看看张佐，"何维柏算不算一个好官？"

严嵩和张佐全都愣在那里，不知道该说什么。不是不知怎么评价何维柏，而是不知道皇上想听什么。

"怎么，都不说话了？"嘉靖帝用鼻子哼了一声。

严嵩急忙道："回禀皇上，臣以为，何大人去福建后为几十万百姓解决了饥荒问题，从这点来说，他是个好官。"

何维柏是个好官，嘉靖帝知道。可像何维柏这样的好官，为什么总让他不自在？从这点上说，嘉靖帝也很苦恼。之所以问严嵩，是为了试探他。如果严嵩把这样的好官说成坏官，那么，何维柏弹劾严嵩所言，真实性就很高了。

可没想到，严嵩说何维柏是好官。嘉靖帝突然又生气了。

"什么是好官？为百姓是好官，那忤逆朕，又算不算得上是好官呢？"

"皇上，何维柏身为臣子却屡屡犯忤逆之罪，从这点上来说，又不是个好官。"严嵩急忙又说。

嘉靖帝瞟一眼张佐。张佐不愧是在嘉靖帝身边待得久了，知道皇上此刻很矛盾，便说："万岁爷，这何大人确实犯了忤逆天子之罪，按理说该杀，可他为百姓之心，却又不足以让他死。"

嘉靖帝不易觉察地扯了扯嘴角。张佐知道，自己说到嘉靖帝的心里去了。然而，严嵩不知道，他瞟了一眼张佐，不知他为何要替何维柏说话。

严嵩这次是想置何维柏于死地的。他觉得，此次若放过了何维柏，何维柏还会向他下手，这对他极其不利。昨晚，辗转难眠的他，猛地想起蓟门总督王忏曾说，王振斋在朝中的密友是何维柏。这让他隐隐觉得，何维柏此次弹劾他，很可能与王振斋的死有关。这么一想，何维柏弹劾自己的"害正"很有可能指的是他害死王振斋。而"嫉贤"呢？很可能说的是自己构陷夏言。

虽然目前还看不出何维柏和夏言之间有多深的交情，但如果何维柏和夏言实际上有来往呢？

王振斋的妻儿已经死了，事情做得神不知鬼不觉。他担心的是，何维柏和夏言联手。严嵩觉得，夏言如果用手段，肯定不会逊于他。他不能让何维柏和夏言联手！即便这还只是他的推测。一切不利于自己的人和事，他都必须予以扼杀。

"皇上对臣子宽容，对百姓怜爱，这是臣之幸，是大明百姓之幸！"严嵩连磕几个头后说，"臣以为，何大人之所以弹劾罪臣，一定是因为臣曾戴皇上所赐圣物，何大人看着不顺眼，才说臣在向皇上邀宠。何大人一向和夏言走得近……"赐香叶冠被夏言当着朝臣的面拒戴的事，再次浮上嘉靖帝的心头，嘉靖帝那刚刚放晴的脸，瞬间又灰了起来……

几日后，锦衣卫悄悄去了福建，在巡按府将何维柏抓了起来，罪名是忤逆皇上。

锦衣卫是皇帝的侍卫机构，在大明由来已久，他们由皇帝亲自委派，并直接向皇帝汇报。锦衣卫的首领叫指挥使，指挥使大多由皇帝的亲信武将来担任。锦衣卫曾是大明最大的特务机构，不过，由于后来东厂的出现，锦衣卫的作用也逐渐被削弱了。东厂又叫东缉事厂，主要作用是监控官员，防止官员谋反。可以说东厂是大明的特权监察机构、特务机构和秘密警察机构，和锦衣卫一样，东厂也只听命于皇帝。

因而，福建巡按府衙突然出现一群身穿斗鱼服、麒麟服，手持绣春刀，身挂锦衣卫腰牌的人时，巡按府的大小官员全都惊呆了。他们紧张地看着这些人，没人敢上前说一句话，更不要说阻拦了。伏案看案卷的何维柏抬起头来，看到锦衣卫的那刻，他先是一愣，随后明白过来。不管锦衣卫在何时何地出现，他们的目的肯定都是抓人。

"来抓我的？"何维柏站了起来，问站在最前面，身材最魁梧的那人。那个人比其他人腰间多挂了一个腰牌，腰牌上写着"锦衣卫指挥使陆炳"，他像座塔似地矗立在那里。

"跟我们走吧！"指挥使陆炳说，面无表情。

"稍等我一会儿可以吗，让我换身衣服？"何维柏说。

陆炳双眼直视前方，不再说一句话。不说话便意味着不同意。

能坐到锦衣卫指挥使的位置上，身份必定不一般。确实，陆炳的身份就不一般，他的父亲陆松曾是一名宫廷仪仗官，后来做了藩王的贴身随从。那藩王就是现在的嘉靖帝。嘉靖八年（1529年），陆炳考中武举，被授予锦衣卫副千户。父亲陆松死后，他又承袭指挥金事。但真正让陆炳成为皇上的武将亲信锦衣卫统领的关键原因有二。第一，陆炳的母亲曾是嘉靖帝的奶妈，也就是说，陆炳是和皇上吃同一个女人的奶水长大的，且和司礼监御用公公黄锦一样，陆炳是嘉靖帝儿时的玩伴。第二，陆炳曾救过嘉靖帝的命。

嘉靖十八年（1539年），陆炳是执掌南镇抚司事务的指挥使，陪皇上南游经过卫辉时，行宫起了火。嘉靖帝的行踪向来神秘，再加上他疑心重，每晚住处更是虚虚实实，连身边人都不一定清楚。就在身边大臣和太监像无头苍蝇，不知去哪儿救皇上时，陆炳出现了。他冲进火海，只一会儿工夫，就背着皇上，出现在了目瞪口呆的众人面前。

自此，陆炳被升为锦衣卫指挥使，执掌锦衣卫事务。陆炳的这些非常经历、特殊身份，让他不管在谁面前都高高在上。

"唉！总不能让我穿着这身官服，被你们押解回京吧！"何维柏说的时候还笑了一下，"放心吧！我跑不了的，就一会儿。"

"跑？哼！"陆炳冷笑一声，把何维柏上上下下打量一番，"有我们在，谁都跑不掉。快点！"

"多谢陆指挥使！"何维柏礼貌地冲陆炳说完，快步走向里屋。

从锦衣卫突然出现，到何维柏进入内室，罗顺都像傻了似地站在那里。突然，他冲到陆炳面前。

"你们凭什么抓我家大人？我家大人犯什么法了？"

陆炳没有回答，头抬得高高的，目不斜视。一个随从，他大可不必理会。

"忤逆皇上！"有个叫沈链的锦衣卫，冷冷地说了句。

罗顺一听，惊得连退两步。其他小吏在短暂的惊恐后，全都悄悄溜了出去。巡按衙门大厅，除了锦衣卫就只剩下罗顺了。

"什么？我家大人什么时候忤逆皇上了？我们大人一直都没离开福建，一直忠于皇上，忠于朝廷……我们大人……"罗顺说到这里，醒悟过来，"对了，一定是他弹劾首辅大人，首辅大人派你们来抓我们大人的吧？是那首辅大人做了违背大明律法的事，你们却要来抓我们家大人。我们家大人……"

"闭嘴！"陆炳吼了一声，声音低沉。

罗顺看着他铁塔似的身形，急忙闭了嘴。

"我们由皇上亲自委派，任何人都没权力指派我们。"沈链又说了一句。

陆炳瞪了沈链一眼。

忤逆皇上是多重的罪，是死罪啊！罗顺吓得脸色发白。如今，皇上都让锦衣卫来抓了，想必真是出大事了。得罪严嵩已经很难活命，更不要说得罪皇上了。看来，老爷这次是必死无疑了。

罗顺号啕大哭起来，声音很大，完全无视旁边威风凛凛的锦衣卫。而不管罗顺哭得多大声，身穿飞鱼服的锦衣卫们全都一语不发，昂头挺立，视他为无物。哭了一会儿，罗顺见没人搭理他，转而跑向内室，冲正在换衣服的何维柏说："老爷！这可怎么办好？他们说您忤逆了皇上。忤逆皇上可是死罪啊！"

何维柏长叹一声，道："唉！老夫低估严嵩了。以前，老夫一直以为皇上受到了严嵩的蒙骗，背着皇上作恶，如今看来，皇上是在纵容严嵩作恶啊！"何维柏失望至极。

"大人……小声点，小声点，小心被锦衣卫听到。"罗顺急得直摆手，只差去捂住何维柏的嘴了。

"好了，我和他们走了后，你也即刻启程回广州吧，把事情告诉夫人和明儿、珠儿。"何维柏此时倒淡定起来。这种淡定，缘于他对朝廷的失望，对皇上的失望。他没想到，他只是弹劾了一个首辅，却被皇上以"忤逆皇上"抓了起来。这是不是可以说，严嵩如今的权力和皇上一样？此次，他做好了掉脑袋的准备。

"大人，早知如此就不该复出，在家里安享晚年多好！"罗顺又抹起了眼泪，"再穷也比砍头好。"

"是啊！老夫也没想到啊，以为……算了！事已至此，听天由命吧！"何维柏说着话，衣服已经换好。

"大人，要不小的再去找找……"

罗顺的话还没说完，何维柏便冲他摆手说："千万不要再找别人，不要找任何人，找谁都不管用，不仅他们帮不到我，而且会受我连累！记住，不要找人说情。"

"那……难道就……"

罗顺的话还没说完，便听到锦衣卫指挥使陆炳大声吼道："快点出来，再晚就来不及赶路了！"

"这就出来！"何维柏大声答应道。说着，他拍拍罗顺的肩膀嘱咐道："老夫和他们走了后，你也收拾东西赶快离开这里，不要有任何耽误，回去好好照看着夫人、小姐和少爷，不要让他们为我担心。"

此时的何维柏倒庆幸没有让家人和他一起来福建。本来年底要将他们接来的，现在看来，不接是对的。

老爷这不是在留遗言吗？罗顺哀叫了一声"大人"后又哇哇哇地大哭起来。

何维柏看他一眼，不再说什么，快步从内屋回到厅里。

"走吧！"何维柏冲陆炳说，甚至还朝那些不苟言笑的锦衣卫们笑了一下，大踏步走在前面。虽然抓捕和押送过的"犯人"不少，但锦衣卫第一次遇到像何维柏这样淡定从容的"罪犯"，忍不住朝他多看了几眼。何维柏此时已脱去了官服，穿着一件粗布衣服，头发梳得纹丝不乱，花白的胡子整齐地飘在胸前。他们在何维柏的脸上看不出丝毫的悲伤和恐惧。

何维柏走在前面，锦衣卫走在后面，一直到巡抚府门口。

一出门，锦衣卫和何维柏都被眼前的场景惊呆了：门外密密麻麻地站满了男女老少。

"何大人是青天大老爷，你们为什么要抓他？"

"这么好的官你们都要抓，还有没有天理？"

"快放了我们何大人，我们需要这样的好官！"

……

男女老少都在大声说，声音响彻天空。锦衣卫见的场面多了，却没见过这种场面。他们一起看向陆炳，陆炳皱着眉，冲何维柏说：

"怎么回事？"

"他们都是本地的老百姓，可能听说了……来给我送行吧！"何维柏淡淡说完，冲面前的男女老少，"大家都快回去吧！快回去！"

"不！我们不走。"

"对！我们不让他们带您走！"

"何大人，是您救了我们，如果不是您，我们都饿死了，您不能走啊！"

……

人群中传出了抽泣声，何维柏的眼角红了。

"快走开！再不走就是阻碍朝廷办案！"陆炳大声说。

陆炳的话音刚落，腰间的绣春刀已经抽了出来。而身后的锦衣卫们也在陆炳抽刀的同时，抽出了绣春刀。

"回去吧！都快回去！你们要是不走，我的罪就更大了！"何维柏大声说。他想用这句话让百姓离开，不然真怕他们因阻碍锦衣卫办案而受到伤害。

众百姓一听这话，全都你看看我，我看看你，住了嘴，让出一条路来。他们来这里是为了救何大人，如果他们的举动不仅救不了何大人，还害了何大人就不好了。

何维柏冲百姓笑笑，拱拱手，最后对锦衣卫说："我们走吧！"

锦衣卫押着何维柏，在百姓的注视下，慢慢朝前走。他们已经走出人群让开的道，背后又传来百姓们整齐叫喊的声音："何大人！"

何维柏和锦衣卫不由自主地回头，他们看到几百名百姓全都齐刷刷地跪在地上。

何维柏再也忍不住，眼泪流了下来。他没再说话，快速转过头，大踏步朝前走去……

已经看不到锦衣卫和何维柏的背影了，百姓们这才慢慢起身，叽叽喳喳地议论开来。

"何大人被他们押回京城，不会判死刑吧？"

"我们要为何大人申冤！"

"何大人是冤枉的！"

喊声越来越响，可他们都是普普通通的老百姓，又怎么给何大人申冤呢？

"你们还是回去吧！没有人救得了我家老爷了！"罗顺不知何时走了出来，手里提着大包袱。

"你为什么这么说？"老百姓们不答应了，"何大人是好官，一定是朝廷搞错了。"

"你们知道带走我家老爷的是什么人吗？是锦衣卫，是皇上下令抓走我家老爷的。"

"什么？皇上？皇上为什么要抓何大人？"

"何大人一心为民，为什么皇上要抓他？"

人群里顿时炸开了锅，大家大声地议论了起来。

"这可怎么办？早知道就不让他们带走何大人了！"

"就是！拼了命也要留下何大人。"

"你们的心意，我替我家老爷领了，你们还是回去吧。没有人能救得了他，谁都救不了。他们说我家老爷忤逆皇上，忤逆皇上的罪，谁能救得了？"罗顺说着说着，又呜呜地哭了起来。很快，越来越多的人跟着呜咽了起来。

"大家不要哭了。"有个人说，"何大人福大命大，不会有事的。"

"都被皇上派的人抓了，还没事？"罗顺说。

"何大人一定是冤枉的，有个人会为何大人申冤的！"那人说。

"王秀才，你说谁能救何大人？"百姓和罗顺全都停止了哭泣，向王秀才围了过去。

"以前在我们福建做过巡按的聂大人！他一定愿为何大人申冤。"

百姓们一听，脸上露出欣喜来。

"对！对！聂大人一定愿意救何大人，他和何大人一样，都是好官！"

罗顺一听，也高兴起来。百姓们所说的聂大人，罗顺常听何维柏提起。此人就是嘉靖二十二年（1543年）因抵御俺答入侵有功，被升为陕西按察副使，兵备潼关的聂豹。

王秀才的父亲和聂豹是旧相识，他曾在聂豹微服私访时给聂豹提供过信息，两个人私交不错。

说起来，聂豹和福建的缘分很深，他曾两次在福建任职。嘉靖四年（1525年），聂豹任福建道监察御史时，深入百姓生活明察暗访，仅仅三个月，便不畏强权上疏弹劾司礼监太监张佐、侍郎郑岳、兵部尚书金献民等人，成为大明朝廷官员都害怕的监视御史。嘉靖六年（1527年），聂豹在任福建巡按时，再次微服私访，惩处贪腐，让贪官污吏闻风丧胆。百姓无不称快，皆称他为青天大老爷。

既然能救老爷，罗顺便打消了赶回广州的念头，决定和王秀才一起去陕西求聂豹。

王秀才和罗顺离开福建去陕西时，百姓们凑银两的凑银两，备干粮的备干粮，将他们送出好远。二人一路上是马不停蹄、不眠不休，终于在半个月后抵达陕西，见到聂豹。

聂豹一听事情缘由，大骂一声："又是那严嵩老贼在使坏！"

当天晚上，聂豹就写奏疏给何维柏求情。在奏疏里，他不仅写了何维柏在巡按福建时为百姓倾心付出，还将何维柏被锦衣卫带走时，百姓长跪不起泣送何维柏的场景描述了一番。最后说道，这样一位一心为民的好官，根本不可能做忤逆天子的事。

也算何维柏命大，聂豹的奏疏到达内阁时，严嵩正好因身体不适在家休息，那奏疏就这么被裹挟着送到了嘉靖帝手里。而更巧的是，当时服侍嘉靖帝的不是张佐，是黄锦。

嘉靖帝看完聂豹的奏疏，沉默良久，将奏疏递给黄锦。黄锦看后，轻叹一口气。

"黄伴，你说这何维柏该不该死？"嘉靖帝问。

"万岁爷，奴才认为，这何维柏不该死！"黄锦说。

"他忤逆朕也不该死吗？"嘉靖帝嘴里虽然这么说，但表情平静。

"福建百姓能如此拥戴何大人，可见何大人在那里威望很高。何大人是朝廷命官，万岁爷的臣子，万岁爷若能放过违逆您的何大人，是万岁爷的仁德慈爱。但若真治了何大人死罪，只怕会引起福建百姓暴乱。俗话说，人心如水，民动如烟。老百姓需要有人安抚，而这何大人最合适。万岁爷……"

嘉靖帝一抬手，没再让黄锦说下去。又将那奏疏看了一遍后，他对黄锦说："让陆炳来见朕！"

黄锦答应了一声便出去了。一会儿的工夫，锦衣卫指挥使陆炳走了进来。

"锦衣卫指挥使陆炳叩见皇上！"陆炳跪拜道。

"起来说吧！"嘉靖帝说。

陆炳起身。

"何维柏招了吗？"嘉靖帝问。

"回禀皇上，何维柏一直在喊冤，死都不招。"陆炳说。

"听说你们押解他来京城时，几百名百姓跪地长泣为他送行，有这回事吗？"嘉靖帝又问。

"回禀皇上，有这回事！"

嘉靖帝双眼一瞪，看着陆炳，问道："既然有这回事，为何回来不向朕禀报？"

"皇上恕罪！末将曾想向皇上禀报来着，只是皇上没等末将说完就让末将出去了。"陆炳说。或许是仗着和嘉靖帝一起长大，陆炳不像其他官员那么怕嘉靖帝。嘉靖帝听完陆炳的话，一时之间愣在那里。

黄锦一听，怕陆炳的话惹怒了皇上，急忙说："陆指挥使，一定是你当时没说清楚。"

"皇上恕罪！"陆炳只好又说，"都怪末将没说清楚！"

"好了！好了！知道了！你下去吧！"嘉靖帝冲陆炳挥挥手说。

　　陆炳出去了，嘉靖帝沉默好一会儿后问黄锦："黄伴啊，你说何维柏弹劾严嵩'嫉贤害正'，是什么意思？"

　　黄锦说："万岁爷，奴才虽然不知这严阁老是不是'嫉贤害正'，更不知嫉哪个'贤'，害哪个'正'，可奴才却听到了很多关于严阁老的不好传言。"

　　"哦？"嘉靖帝看着黄锦，"都说了什么？"

　　"奴才听说，严阁老如今权力大到能一手遮天。"黄锦看了一眼嘉靖帝，又说，"他儿子严世蕃欺男霸女……"

　　"还说他贪污受贿，对吗？"嘉靖帝冷冷地道。

　　"万岁爷什么都知道！"黄锦说。

　　"以为朕不出门、不上朝就什么事都不知道了？哼！"嘉靖帝冷笑了一声，"这严氏父子啊，胆子是越来越大了，大到快不把朕放在眼里了。"

　　黄锦低着头，只是听着，不说话。

　　几日后，嘉靖帝用一道圣旨将何维柏释放，但却革了他的职。

第七章　帝王把玩平衡术，夏言复职首辅位

　　权力是个好东西，权力大了，威严和尊崇似乎也就随之而来了。严嵩在从嘉靖二十一年（1542年）当上内阁首辅到嘉靖二十四年（1545年）的三年多时间里，他看到、听到、感受到的讨好巴结无数。这也归功于在这三年多的时间里，嘉靖帝因忙于修道炼丹、吃顾可学的"家传秘方"，无暇顾及朝政。

　　"这件事就由内阁处理吧！"嘉靖帝最常说的就是这句话。于是，本应由皇上决定的事，便由严嵩来决定了。地方官员的奏疏，要不要呈给皇上，要不要解决，怎么解决，全都看严嵩的。权力大到一定的时候，人会忘记自己的身份，忘记自己只是个臣子。很多时候，严嵩都觉得，大明皇帝不存在，整个大明都在他的掌控中。

　　看似如此，可其实，嘉靖帝在将很多事情都交给严嵩处理时，也安插了很多耳目。

　　没有帝王愿意让别人夺取自己的政权，即便对政事不感兴趣的嘉靖帝也是如此。因而，当意识到政权已被严嵩完全掌握时，他有了警觉。

　　嘉靖二十四年（1547年）年底的某天，修道了几个小时的嘉靖

帝突然睁开眼，看着静静站立一旁的黄锦。

"黄伴，那个夏言现在怎么样了？"

对于嘉靖帝这突如其来的问话，黄锦一时半会儿还没反应过来。夏言是谁？他眨巴眨巴眼睛，想了想，终于想起来了。夏言是曾经的内阁首辅，已被革职三年多。

"万岁爷说的可是那个被革职的夏阁老？"黄锦明知故问，"如果万岁爷说的是他，奴才可听说了，他整日在府里看书、喝茶，悠闲得很。"

"悠闲？"嘉靖帝笑了一下，笑得很怪异。

嘉靖帝动动眉毛，黄锦都知道是什么意思，可他此时却茫然了。

"没有政事在身，是很悠闲。"嘉靖帝又说了一句。

黄锦还是不明所以，也就不说话了，看嘉靖帝接下来会说什么。但嘉靖帝却闭上眼睛不再说话了，好似刚刚的开口，只是喘了一口气。就在黄锦以为，嘉靖帝只是偶尔一提夏言时，他又睁开了眼。

"你给朕说说，严嵩最怕谁？"黄锦笑了。

"当然是万岁爷您了！"

"除了朕，他还怕谁？"嘉靖帝斜眼看了看黄锦，好似不满意黄锦的回答。

"除了万岁爷……"黄锦突然想起刚刚提起的夏言，于是说，"还有那被革职在家的夏阁老！"

嘉靖帝满意地点了点头。

"嗯，那你说说，严嵩为什么怕夏言？"嘉靖帝像在问黄锦，又像在问自己。

黄锦不知如何回答，只看着嘉靖帝。在嘉靖帝将脸又转向他时，他说："万岁爷，奴才以为，这严阁老怕夏阁老，是因夏阁老性格疏放、态度倨傲、为人处世不近人情。"

"嗯，夏言确实是这样。"嘉靖帝点点头说，"那严阁老呢？他是什么样的人？"

"严阁老恰恰相反，为人处世圆滑、能屈能伸。"黄锦说。

"好！说得好！"嘉靖帝笑了，"还有呢？"

"从这二位的性格上来说，不惧任何事的夏阁老，自然比处处小心的严阁老占上风。"

嘉靖帝转过头，将黄锦上上下下地打量一番。

"黄伴啊黄伴！"嘉靖帝赞道，"朕一直以为你不问世事，只知道伺候朕，想不到你对他们也这么了解。"

"万岁爷心里想的事，惦记的人，奴才不敢不想，不敢不惦记。"黄锦笑笑说。

"嗯，惦记，这倒是的。他们一个是曾经的内阁首辅，一个是现在的内阁首辅，朕都惦记着。他们先后掌管着朕的天下，朕不能不惦记他们啊！"嘉靖帝说完，眯着眼看向前方，"那你倒是说说，他们二位，谁能用，谁又不能用。"

"万岁爷想用谁，谁就能用；万岁爷不想用谁，谁就不能用。"

黄锦还在得意自己会说话时，嘉靖帝却生了气，冷着脸骂道："好个奴才，你的意思是朕用人只凭喜好，不为江山社稷着想吗？"

嘉靖帝的喜怒无常，黄锦已经习惯，可这会儿的翻脸，还是让他没有想到。他吓得顿时"扑通"一声跪在地上，连连磕头，一边磕还一边不停地扇自己的嘴巴。

"万岁爷饶命，万岁爷饶命！奴才有罪！奴才知罪！"

"好了好了！起来吧！"嘉靖帝刚刚冷下的脸，又热了起来。

这话如果是别人说，那人很可能会掉脑袋，因为犯了嘉靖帝的大忌。糊涂和用人不淑是嘉靖帝最不愿意接受的，可这话是黄锦说的，他的怒气也就减少了一半。

"奴才有罪！请万岁爷降罪！"黄锦并不起来，他也意识到，自己犯皇上的忌了。

"朕知道你只是为了讨朕的喜欢才说的。起来吧！"

嘉靖帝弯下腰来，像要扶起黄锦。黄锦哪敢让皇上扶自己起来，急忙爬起。

"万岁爷可要小心喽，不要为了奴才而闪了腰！"

"人无完人啊！"嘉靖帝重新坐好，长叹一声，"这古语说得好，'人非圣贤，孰能无过？'严嵩和夏言，各有缺点，又各有优点，朕对他们二位是……唉！太求全责备，朕也就无人可用了。"

"万岁爷圣明！"黄锦说。他还在为刚才的事后怕，不敢再多嘴。

嘉靖帝也不再说话，坐在那里，好一会儿突然又说："明儿你让那夏言来见朕吧！"

"是！"黄锦答应一声。

"此事不要和任何人说。"嘉靖帝叮嘱说，"你和朕知道就行了。"

"是！"黄锦答应一声，知道宫里又要有大事发生了。

两天后，严嵩像往常一样，早早去了内阁，可那熟悉的内阁，却处处弥漫着不寻常。小吏们全都低着头，像是在躲闪着什么。

"严阁老，别来无恙啊！"一个熟悉的声音传来。

这声音太熟悉了，严嵩心跳加速，定在那里般，一动不动。

"没想到吧？"熟悉的声音又说。

严嵩缓缓循着那声音望去：夏言面带微笑，双手抱胸，靠在首辅室的桌子上，看着他。那笑里有讥讽，更有说不清，道不明的东西。

"夏……夏阁老！"严嵩声音微颤，整个脑袋都是晕的，耳边似有无数只蚊子在飞舞。一刹那，他觉得所有的感觉都消失了。但很快，脑海里又闪现出无数问题，首当其冲的是：他来这里干什么？

"三年多没来这里了，不是进了几个人吗？怎么都不在？"夏言说完，长叹一口气，扫视着整个屋子，"空荡荡的，灰尘弥漫，不好！"

此时，严嵩耳边的嗡嗡声虽在减弱，但内心的恐惧却在加深。他深吸一口气，提醒自己：你现在是内阁首辅，正受皇上宠信。不要怕，他只是一个被革职的前首辅而已。

严嵩将那微驼的背挺了起来，脸上挤出笑容。他不再叫夏言"阁老"，而是拖着长音道："夏兄，有事让下人传话就行了，何必亲自来此呢？"

"不亲自来不行啊！"夏言也拖起了长音，但并未看他，依然在东张西望。

"有何事？说吧！"严嵩咳嗽一声说。

"严阁老不知老夫来此有何事吗？难道严阁老没听说些什么？"夏言装出一副吃惊的样子，大步跨到严嵩面前，"怎么会这样？老夫以为宫里发生任何事，严阁老都知道。在老夫的心里，严阁老可是无所不知，无所不晓啊！"

"什么？"严嵩那刚刚平复的心情，瞬间又起波澜。宫里真有事发生？什么事？为什么自己不知道？不，一定是夏言故作神秘！"夏兄，据本官所知，宫里没有发生任何事。会不会是夏兄在家待久了，身体不适，有了幻觉？抑或希望宫里发生点什么？"

严嵩说完，回了夏言一个嘲弄的笑。

"哈哈哈……"夏言仰头狂笑起来，"看来，严阁老是真不知道。既然不知道也就算了。"

夏言说完，背着手在首辅室里转悠起来。他转了两圈后，停下，盯着严嵩。

"有没有什么事发生，很快你就知道了。"夏言凑近严嵩，降低音量，一脸严肃。

严嵩的心再次怦怦乱跳起来。他死死地盯着夏言，从夏言那狂傲的表情里，意识到情况不妙。果然，他先是听到一阵细碎的脚步声，接着看到了手拿圣旨的黄锦。

"圣旨到！"黄锦大声说。

夏言和严嵩急忙跪下。

"夏言、严嵩接旨！"

一听接旨的有夏言，且名字在自己前面，严嵩整个人都懵了。

黄锦念了什么，严嵩已经不知道了，他此时脑子里一团乱麻，耳边似有成千上万只蜜蜂在嗡嗡叫。当然，圣旨的意思，他知道了。

那"官复原职"四个字，像炸雷般，响在他耳边。

严嵩怎么都没想到，在他当了三年零五个月的内阁首辅之后，觉得夏言根本不可能再复职时，夏言复职了。

官复原职是什么概念？不就是依然任内阁首辅吗？那他呢？他这个内阁首辅又怎么办？不用说，就像他当初挤掉翟銮，成为内阁首辅，翟銮任次辅一样，他严嵩，在夏言官复原职后，被降为次辅。

这样的结果，无疑是晴天霹雳。

圣旨是夏言接的，严嵩一直跪在那里。不是他不想起来，是他全身发软，根本无法起来，他都快要虚脱了。恍惚中，严嵩觉得之前的一切都是那么虚无。自己一直在做梦，一场有人把他从最顶端踹到最底端的梦，而踹他的人，不是夏言，是皇上。

皇上怎么可以这样？为什么要这样？这才是严嵩最不解，也最害怕的地方。

皇上到底在想什么？之前对自己的宠信，是真还是假？是真，为何突然让夏言复职？是假，为何把整个大明的政事交给自己？严嵩百思不得其解。

夏言这复职，复得太突然，也太莫名其妙。按规章制度，夏言复职，要由内阁和六部商议决定，虽然皇上可以直接决定，但这程序还是要进行的，可严嵩竟然一点都不知道。难道不经过自己，皇上召六部商议过了？不可能。礼部尚书可是顾可学呀，怎么可能不透露给自己？即便顾可学背叛了自己，难道张佐、崔文也背叛了自己？不可能。那么，只有一种可能，夏言的复职，未经任何人，是皇上一个人决定并下旨的。

可为何要做这个决定？是自己犯了什么错？可为何只是从首辅降到次辅？要么就是自己失去了皇上的宠信。

严嵩被这些问题弄得头昏脑涨。

"严阁老？"夏言俯身盯着他，"严阁老不准备起来了？脸色太难看了，要不回去休息休息？"夏言看他时的鄙夷和幸灾乐祸，自此便印在了严嵩的脑海里，再也抹不去了。

严嵩环顾四周，内阁只有他和夏言，黄公公已经走了。

"恭喜夏阁老！"严嵩毕竟是严嵩，他慢慢起身，说出了最违心的话。

"这话言不由衷！"夏言说，"老夫复职，谁都有可能恭喜，只有你不会。老夫复职，谁都有可能开心，你不会！"

严嵩不说话，只是看着夏言，眼神空洞。

"严阁老，你问问自己的心，你会恭喜老夫吗？老夫复职，你会高兴吗？不！不会，绝对不会！哈哈哈……"夏言再次仰头大笑起来。

严嵩，再次屈居于夏言之下。

这份耻辱，他严嵩牢牢记在了心里。如果说之前他恨夏言，只是想将他赶出内阁，永不复职的话，那么，从这一刻起，他恨夏言，已经只有一个目的，那就是让夏言死，死无葬身之地！

可是，让夏言死是以后要解决的事，眼下他要弄清楚，皇上那里到底发生了什么。

严嵩有一堆问题想不明白，想求助于严世蕃，可严世蕃去了江南，没有回来。

自夏言复职那刻起，内阁成了严嵩最不想涉足，又必须涉足的地方。

嘉靖帝以这种方式给了严嵩沉重一击后，也许觉得有些过分，为了安慰他，再次下旨，加封严嵩为少师。严嵩知道，这"加封少师"是皇上在使平衡术。不要说严嵩知道，夏言和朝臣全都知道，因而，这加封少师不仅没能给严嵩带来安慰，反倒给他带来了耻辱。打一棒子，给点蜜。那蜜，在严嵩嘴里是砒霜。

加封严嵩为少师的圣旨下了后，严嵩坐在他常坐的位置上，夏言走了过来，敲敲桌子。

"严阁老，这地儿该让让了。"

严嵩眼睛眨也不眨地看着夏言。两个人对视几秒，严嵩收回目光，他知道，他坐的是首辅的位置，夏言要他让位。

"严阁老，本官的话，你没听到吗？"

夏言的表情，带着玩弄和戏耍。严嵩被激怒了，他恶狠狠地瞪着夏言，大吼一声："你想干什么？"

严嵩何曾有过这种时候？即便在比自己地位低的朝臣面前，他都没有这样过，更不要说在夏言面前了。夏言被他的样子吓了一跳，却也瞪大眼睛，盯着严嵩。不过，他没有说话，只是瞪着，意思是，你想干什么？如今，内阁首辅是我，你有什么资格同我大喊大叫？

理智占了上风，严嵩想起了他的"为官三字经"。他深吸一口气，把内心灼灼燃烧的怒火按了下去，在脸上挤出一丝笑容来。

"夏阁老，您是在和在下说话？在下……刚刚没听清楚！"

从严嵩咬紧的牙关里挤出的这句话，声音听起来比平时尖细很多。

"哦，原来是没听清啊！"夏言装出恍然大悟的样子，"好！那本官就再说一遍，你坐的地方该腾出来了，这是首辅位。本官要在这里票拟。"

夏言在说到"票拟"时，故意加重了语气，"票拟"二字再次刺激了严嵩。

"夏阁老是让在下给您挪位置？"严嵩脸上带着僵硬的笑，语气也很僵硬。

"莫非严阁老不愿意？"夏言冷笑一声，"想当初，本官可也是这样为严阁老腾位置的。"

这话不说还好，一说，严嵩那已经按捺下的气，又起来了，脖子、脸上青筋暴起。他张张嘴，想说什么，可一句话都说不出。室外有庶吉士和小吏在走动，走动声提醒严嵩要冷静。

小不忍则乱大谋！

严嵩深吸一口气，闭了闭眼睛，慢慢起身。

"严阁老，本官说得不对吗？三年多前，本官就是这么给你挪位置的。本官当初可没你这么不情不愿。"

严嵩知道，夏言这是要好好羞辱自己一番。

确实如此，这个仇，在夏言的心里已经压了三年多了。在这三年多的时间里，他看似在府里喝茶看书，很是悠闲，实际上，宫里发生的一切，特别是内阁，他都关注着。

宫里和内阁发生的事，大多是由翟銮告诉他的。

自夏言被革职，饱受严嵩欺压的翟銮想到了夏言的好，于是经常去夏府，讲内阁、宫里发生的事给夏言听。

"夏阁老，您说说，这大明天下，难道真要落在严家父子手里？"翟銮无数次在夏言面前说。

夏言虽然是个暴脾气，可翟銮说这些话的时候，夏言面无表情，很是淡漠，让翟銮以为他已经不管朝中的事情了。其实翟銮不知道，夏言心里在翻江倒海。

"夏阁老，皇上就任由严嵩父子胡来？"当顾可学入宫，被皇上任命为礼部尚书后，翟銮又对夏言说。

这次，夏言没有沉默，他叹了口气。

"这要看皇上有多糊涂了！"

那时的他，已经开始绝望。在此之前，夏言对复职还是满怀信心的。因而，刚刚被革职后，他显得很轻松，觉得自己很快会复职。可随着严嵩在内阁越站越稳，严派势力在朝廷越来越大，严嵩也越来越得皇上宠信……当然，更因严嵩的青词写得越来越好，甚至超过了自己，还有弹劾严嵩的何维柏被皇上以"忤逆之罪"抓捕等事情，都让夏言觉得，他复职无望了。

"看来，这一世，我做名相的愿望是没办法实现了。"

然而，就在他对复职不抱希望，甚至动了带家人回江西老家的念头时，皇上让最信任的贴身太监黄公公亲自到他府上，通知他觐见皇上。

刚开始的时候，夏言以为大难临头，谁料见了皇上，皇上先问了他一些革职后的生活情况，随后说要让他复职，继续任内阁首辅。

"皇上，那……那严阁老……"

夏言震惊不已，说不出完整的话来。

"你官复原职，严阁老自然就任次辅。他当首辅久了，累了，让他休息休息。"

嘉靖帝面无表情，这话说得也是意味深长，夏言却丈二和尚摸不着头脑。不过，能官复原职，让夏言心生愧疚，觉得自己误会皇上了。

"臣……谢皇上！"夏言伏在地上，声音哽咽。

从宫里出来后，夏言仰望天空，低声吼道："苍天有眼！大明有救了！"

不是夏言觉得他能拯救大明，而是他觉得，大明天子还未被严氏父子蛊惑，迷了心智。

遵照皇上旨意，夏言第二日去内阁接旨。为什么要去内阁接旨？虽然这些很反常，可一切太突然，容不得他多想。第二日，当他去内阁，看到严嵩一无所知的表情时，夏言明白，皇上这一切的反常举动，只是对严嵩有不满，借此提醒他、告诫他。是要让严嵩知道，这大明的天下，还是他朱厚熜的，不是严嵩的。他朱厚熜既可以让你入阁拜相，也可以让你革职回家。

这样复职不合规矩，却让夏言报了仇。

不过，光报仇还不行，他还要再好好羞辱羞辱严嵩，找着法子让他难堪。

"还是你好啊，严阁老。三年多前，本官可不止挪位于你，还被革职了。"夏言继续挑衅，"严阁老还没尝过被革职的滋味吧？"

严嵩知道夏言在挑衅，也不想再接茬，想忍耐，可夏言太欺负人了，他忍不住了。

"夏阁老久不为官，记性太差了吧？"严嵩反唇相讥，"当初您被革职，替代您的可不是在下，是翟大人。对了，听说夏阁老在家里的几年，只有翟大人时常上门拜访，想必二位的感情已经很深了吧？可惜啊，翟銮大人被削职为民了，看不到夏阁老复职。"

严嵩不提翟銮还好，一提翟銮，夏言气不打一处来，正要说话，严嵩又说："翟大人一定很遗憾。夏阁老若能早一年复职，他也就不会被削职为民了！"

严嵩的意思还有，你夏言别得意得太早了，当年接替你的翟銮，没做多长时间就被削职为民了，你这首辅，能做多久，很难说。夏言的脸色变了。

"严阁老，翟銮为何被削职为民，不用老夫提醒你吧？"几天前，夏言收到了翟銮的一封信。在信中，翟銮说，自己之所以被削职为民，全是被严嵩害的。

嘉靖二十三年（1544年），一直在内阁被严嵩压得没有喘息机会的次辅翟銮，他的两个儿子在会试中全部上榜，只等儿子们廷试让他扬眉吐气。翟銮觉得自己一辈子活得很窝囊，盼儿子顺利通过廷试，自己也好功成身退，回家安度晚年。

然而，他的步步退让，并没能让严嵩放过他。严嵩觉得，和夏言走得近的翟銮，如果他的两个儿子再通过廷试，就会进翰林院，然后入内阁，对自己的地位是种威胁。于是，他把这个担心告诉了儿子严世蕃。

"这还不简单？弹劾他。"严世蕃对父亲说。

"以什么名义弹劾？这翟銮在内阁就是个摆设，什么事都不管。在朝为官，多做才会多错，他不做，也就不会出错。为父又要弹劾他什么？"严嵩说。

"机会不是已经来了吗？"严世蕃说。

"什么机会？"严嵩问。

"这次廷试就是个机会啊！"严世蕃说，"他的两个儿子都榜上有名，这还不是机会？您老可以弹劾他翟銮贿赂考官啊。"

严嵩一听，对呀，这可是一石二鸟的好主意，既可以将翟銮赶出内阁，也可以阻止翟銮的儿子进入内阁。

"好主意！"严嵩不禁赞许地看了看严世蕃。

这样的事，严氏父子不愿亲自动手，他们吩咐一个想要拜在他门下的言官出手。言官一听，很是高兴，这不就是自己投入严派门下的"投名状"吗？很快，他就洋洋洒洒地写好了弹劾翟銮的奏疏。

嘉靖帝对翟銮印象不好，觉得他是个人云亦云、可有可无之人，再一看言官所写，说翟銮的儿子之所以会试第一名，皆是翟銮利用自己的身份为儿子走后门。那时候，正巧又值科考不正之风盛行，嘉靖帝信了，也怒了，决定杀鸡骇猴。还没弄清情况，他便大笔一挥，下旨将第一名降为第二名，第二名升为第一名。谁曾想，翟銮的两个儿子本就一个第一，一个第二，经嘉靖帝这一干涉，只是将两个儿子的名次调换而已。

嘉靖帝得知后，恼羞成怒，觉得自己受到了戏弄。而严嵩觉得时机到了，即刻又命门下的另一言官弹劾会试考官，称其"朋私通贿"，还称内阁次辅翟銮一向与这位会试考官来往密切。

嘉靖帝一看，决定严惩，于是下了一道圣旨，会试考官、翟銮各杖打一百下，革职；翟銮两个会试分别名列第一、第二的儿子，罢黜为民。

不做审判，直接定罪，翟銮直到被罢黜为民都没有反应过来。他想不通，怎么会有人针对他？他一生小心翼翼，生怕晚节不保，最终还是落了个被罢黜为民的下场。自己被罢黜倒也罢了，连自己的两个儿子都受到牵连。

得知翟銮家的变故，夏言悲愤不已，但又无可奈何。

在送翟銮一家回老家时，夏言亲自送到城门外，并请翟銮去了小酒馆。几杯酒下肚，夏言动了情。

"实在对不住。老夫若没有被革职，定不会让你们父子遭此厄运。"

翟銮苦笑道："夏兄的好意我翟某人心领了。能有夏兄这句话，我翟某人也不白在朝廷为官一回。只是后悔当初在一起共事时，若能像现在……唉！不说了！什么都不说了！"

"不必丧气，也许你只是比老夫提前离开一步而已。"夏言道。

"夏兄可不能这么说，您很快就会复职的。"翟銮说。

"你没说实话吧？"夏言瞅一眼翟銮，苦笑一下。

翟銮也苦笑一下，但却严肃地道："说实话，您一定要复职才行。谁能治严嵩，只有您啊。您若也……大明……大明真就危险了。"

夏言摇摇头。

"皇上不复老夫的职，老夫即便有心治严嵩，也鞭长莫及啊！"

"会的，一定会复您职的。"

"不可能喽！"

夏言不停摇头叹息。此次请翟銮进小酒馆告别，夏言是想和他说，自己若能复职，定还翟銮一家清白。可和翟銮说着说着，他都没信心了，没谱的事，还是藏在心里吧！

"喝酒！"夏言大声说完，端起一杯，一仰脖子灌了进去。

酒过半酣，两个人各怀心思，闷闷不乐，不再说话。直到翟銮起身要走，夏言才说："对了，你说你怀疑严嵩父子在搞鬼？"

"是呀，虽然没有证据，可我想了又想，除了他，还有谁想赶我出内阁？其实，他何必要赶我走呢？我又威胁不了他的首辅位。"翟銮说完轻叹一声，"再一想，也好。若真是他们父子的阴谋，只是削官为民，没有赶尽杀绝，已经很好了，满足了，应该满足了！"

翟銮话音刚落，已经泪流满面。

夏言皱起了眉头。他想，如果真是严嵩父子在搞鬼，会不会和自己有关？既然像翟銮说的，他对严嵩没有威胁，那么唯有严嵩发现翟銮和自己走得太近……

想到这里，夏言对翟銮充满了内疚。

"如果能查明害你的幕后黑手是谁，别忘了告诉老夫！"夏言最后说。

"谢谢夏兄！"翟銮拱手答应。

回家后的翟銮，悄悄和朝中关系较好的同僚联系。在夏言复职前几天，他收到了翟銮的信。翟銮在信中说，污蔑他的幕后黑手是谁他不能确定，但上疏弹劾他的人里，有个是拜在严家父子门下的言官。

其实，即便没有翟銮这封信，夏言也已经调查清楚了。

在送走翟銮一家后，夏言暗地里调查，最终查到了弹劾翟銮和会试考官的两个言官，这两位都是严派。只是，虽然知道真相，可他革职在家，心有余而力不足。如今不一样了，他复职了，且官复原职。

因而，在听到严嵩提翟銮后，夏言先是冷笑一声，然后眼冒怒火，盯着严嵩。

"严阁老竟然还记得是谁取代了本官。那么你不会忘记，你又是如何坐上这首辅位的吧？"

"在下当然知道，是皇上。皇恩浩荡，是皇上让在下坐上了首辅位！"严嵩大声说。

"说得好！哈哈哈……"夏言夸张地大笑两声，"那么本官问你，诬告翟銮两个儿子贿赂会试考官的又是谁？不对，和严阁老是否有关系？"

夏言本不想说得这么直白，但一时气极，也就说了。严嵩一听，煞白的脸变得铁青，双颊颤抖，五官移了位。

"你……你……你血口喷人，你怎么能……怎么能这么污蔑……污蔑在下？"

"血口喷人？污蔑你？"夏言轻轻一笑，摇了摇头，不再说下去。他今天的目的已经达到了，不想再说什么。今天，他只想告诉严嵩，他们之间的战争，就此开始。

"等着吧！好好等着，严嵩，你造的孽，最终都会报应到你身上的。"夏言想。

"对了，严阁老，别忘了给本官挪位置，本官今日提前回府庆祝！哈哈哈……"夏言大笑过后，拂袖而去。

内阁里只剩下严嵩一个人。他怔怔地坐在那里，直至外面黑得什么都看不到。

怎么回府里的，严嵩不知道。短短两天，发生了太多事。他的脑海里，除了不停浮现夏言那挑衅的话外，就是想不明白自己为何在皇上那里失了宠。

自己失宠，夏言得宠。夏言一直革职在家，又如何得宠的？为何自己一点都不知道？

没有什么比不知道自己如何失宠，夏言如何得宠更让他恐惧的了，因为他不知道接下来该怎么做。

"老爷怎么现在才回来？"欧阳氏看见他后，急忙迎上去。

严嵩像没听到似的，径直向书房走去。

"老爷……"欧阳氏刚叫了一声，便被严嵩一抬手打断了。

"宫里出什么事了？"欧阳氏喃喃着，突然又听严嵩说："东楼回来让他到书房来。"

欧阳氏想说儿子回来又出去了，但看着严嵩那失魂落魄的背影，转而对下人说："都出去找少爷！就说老爷找他，有急事！"

下人出去找严世蕃的时候，严嵩穿过那条长长的走廊，走进书房，瘫坐在椅子上，脑子里一片空白。不知过了多长时间，他听到了严世蕃地动山摇的脚步声。

"狗日的，还真回来了。"严世蕃的大嗓门回响在走廊上，"狗日的，他是修道修糊涂了吧？"

第一个"狗日的"是在骂夏言，第二个"狗日的"则是在骂皇上。

严嵩听到了，没有惊慌失措地制止，他此刻也想骂夏言，更想骂皇上，骂那修道修糊涂了的皇上。

严世蕃进来，手里提着油灯，因为严嵩一直摸黑坐在书房里。

"东楼，你说皇上为什么要这么做？"严嵩刚一看到儿子便问。这两天，他怎么都想不通。

"为什么，能为什么？对于一个喜怒无常的疯子，做什么决定都不奇怪。"严世蕃瓮声瓮气地说。

他点亮了一盏油灯，书房顿时亮了起来。

"皇上是不是抓到我们什么把柄了？不然怎么会让夏言复职？"严嵩又问，这是他害怕了两天的事。

严世蕃翻着白眼想了想。

"应该没有，真抓住我们什么把柄了，还能让您做次辅，加封少师？"

"也是。"严嵩喃喃道，"难道、难道只是因为皇上喜怒无常？"

这是严嵩最想要的答案，但又觉得事情没这么简单。

严世蕃坐在桌子上，一只手揪下巴上的胡子，揪下一根，咧一下嘴，扔掉，再揪下一根，揪到第三根的时候，他说："或许皇帝老儿觉得您的权力太大，想收回去一些，派那夏老儿牵制您。"

严嵩一听，先是点点头，接着又摇摇头。

"如果真是这样，为何不让夏言当次辅，而直接给他恢复原职？"

"次辅？"严世蕃冲父亲讥讽地一笑，"如果夏言只是次辅，如何牵制您？牵制得了您吗？"

严嵩没说话，他没设想过，自己做首辅，夏言做次辅会是什么情况。

"唉！"严嵩长叹一声。

"夏老儿复职不算事，以前皇帝老儿不也对他革职又复职吗？我担心的是，他复职的事，您就真的一点都不知道？"

严世蕃的这句话，让严嵩心里再次一咯噔。他摇摇头。

"还没问张公公和崔公公，可……他们应该也不知道。"

"那就太反常了。"严世蕃说，"现在您准备怎么办？夏老儿一定会报复的，您可要小心点儿，别再被他抓住什么把柄。"

严嵩看着儿子，脸上露出了一丝苦笑。"为父现在能怎么做？什么都不能做，只能等着、忍着、看着。"

严嵩的话里，有着说不出的悲凉，好似一切又都回到了三年多前。

"只等着、忍着、看着还不够，重要的是寻找机会，寻找一个让他再也不能翻身的机会！"严世蕃恶狠狠地说。他和父亲严嵩一样，此时都有些后悔，后悔只把夏言赶出内阁，没让他一命呜呼，这才让他有了复职机会，进而留下后患。

"咱们还是不够狠啊！"严世蕃最后说，"以后遇到这种事，什么都不想，杀！"

严嵩看着儿子，油灯下，儿子那张脸更恐怖了……

第八章　徐推官韬光养晦，夏首辅慧眼识人

嘉靖二十四年（1545年）底，曾任国子监祭酒的徐阶，终于向自己的人生目标迈进一大步，任吏部左侍郎。对于自己能如此快地进入大明权力中心，进入六部之一的吏部，既出乎他意料，又在他的意料之中。

出乎意料是因他不是一手遮天的严嵩的门徒。严嵩在任内阁首辅的三年多时间里，基本将六部诸多职位都换上了自己人。意料之内则是，夏言复职。

和严嵩任内阁首辅，对重要部门进行循序渐进的换人不同，夏言换人很张扬，毫不掩饰地清洗重要部门的严派之人。

一句话，既然我是首辅，我就要换掉你的人。

然而，换掉严派，又要换上谁呢？最好换上自己人。可夏言在换人时却遇到了麻烦，他惊讶地发现，朝廷里几乎没有他的人。在朝中摸爬滚打这么长时间，别说自己的门徒，就是和自己走得近的好像都没有。

如果换作别人，即便没有门徒，也会收门徒，谁不想做内阁首辅的弟子？可夏言不是，他想，只要不是严嵩的门徒，能一心为大

明就行。可即便这样，在朝臣中找来找去，竟然也没有符合这两个条件的。

"在大明想找个有治国之才，且和严氏没有瓜葛的，就这么难吗？"夏言感慨不已。罢了，那就从翰林院挑吧，然后慢慢培养。

明初的时候，凡是能进翰林院的，全都需要举荐，绝对不能从进士中选拔。洪武十八年（1385 年），情况有所改变，曾经不能进翰林院的进士也能进去了，且凡是参加了廷试的一甲进士都可入翰林院任修撰，二甲以下则授编修。洪武二十七年（1394 年），明太祖对翰林院侍讲戴德彝的那句"翰林虽职文学，然既列禁近，凡国家政治得失，民生利害，当知无不言。昔唐陆贽、崔群、李绛在翰林，皆能正言谠论，补益当时，汝宜以古人自期"，让翰林院的政治地位得到了极大的提高。

永乐二年（1404 年），翰林院的庶吉士出现了，庶吉士此后也就成了翰林院的专门官。之后，由于内阁成员都是从翰林院挑选，翰林院大学士也就成了内阁成员的另一种称呼。

翰林院与内阁，有着密不可分的关系。成化年（1465 年）后，不仅内阁，就是六部长官也都由翰林官充任，翰林院在明朝的地位越来越高。

夏言之所以决定从翰林院挑选人才，是他觉得，翰林院的庶吉士也许还没沾染上官场的坏习惯，还没有全被严氏父子盯上。当然，更主要的是，翰林院大多为清流，不容易被严派拉拢。

夏言复职后见到徐阶，就是在翰林院。

当时，徐阶来翰林院找他的同乡，同乡不在。就在他悻悻然离开时，看到了一个熟悉的高大身影。

"那不是内阁首辅吗？"徐阶当时就一震，心怦怦乱跳起来。

徐阶有这种反应很正常，夏言不仅是大明除了皇上而外，权力最大的人，且是他的恩人。

夏言对徐阶是有知遇之恩的，虽然夏言不这么认为。徐阶当初能从地方上调到京城，就是因为夏言。调来京城前，徐阶任江西按察副使。虽在地方为官，他却抱着以天下为己任，做千古名相的梦想。因此，他一直寻找机会，接近自己的梦想。

其实，说起来，徐阶曾离他的梦想很近。

嘉靖二年（1523年），刚刚二十岁的徐阶考中进士，顺利进入翰林院，任编修。那时候的他，朝气蓬勃，很有雄心壮志。他自信能凭借自己的能力，进入大明权力中心，进入内阁，当上内阁首辅。然而，嘉靖九年（1530年）发生的一件事，挡住了他前行的脚步。

什么事呢？他得罪了当时的内阁首辅张璁。

张璁是从礼部尚书一步步进入内阁，当上内阁首辅的。当内阁首辅前，他是文渊阁大学士，掌权翰林院。像严嵩一样，张璁有个特长——揣摩圣意，唯皇命是从。

嘉靖六年（1527年），朝臣都反对嘉靖帝将亲生父亲追认为皇，嘉靖帝处在孤立无援中。张璁瞅准时机，提出追封嘉靖帝的亲生父亲为"皇考"。不用说，大多数朝臣都反对，却正合嘉靖帝心意。嘉靖帝记住了他。在朝臣都反对他的时候，冒出一个支持者，嘉靖帝当然高兴，且为了给那些反对他的人一个教训，让张璁进了内阁。

刚入阁，张璁还不是首辅，却是皇上的宠臣。

嘉靖八年（1529年），内阁首辅杨一清被革职，张璁取代杨一清成为首辅。

讨好嘉靖帝尝到了甜头的张璁，一发不可收拾，继续他的讨好之路。知道嘉靖帝信奉道教，他提出去掉孔子"至圣文宣王"的称号，还说孔子的王号是名不正言不顺，必须取缔。他又说，这样以后祭祀孔子的规格就可以降低，省银子。

嘉靖帝一听，很是认同，即刻召集众臣商议贬孔之事。

朝臣中，崇尚儒家的不少，面对张璁的提议很是气愤，但碍于张璁的首辅、宠臣身份，敢怒不敢言。俗话说，初生牛犊不怕虎。年轻气盛的徐阶见大家缄默，站了起来，不仅坚决反对除孔子封号，还说孔子是儒家学派的创始人，是"天纵之师""天之木铎"，不能降低祭祀规格。

徐阶是谁？翰林院里一个名不见经传的年轻人。这样的人，竟然对抗内阁首辅的权威，反对张璁。张璁既惊讶又气愤，当即不顾身份，在众臣和皇上面前与徐阶吵了起来。徐阶并不示弱。他说，宋太祖赵匡胤在建隆三年（962年）曾亲自撰文，封孔子为"文宣王"；元朝大德十年（1306年），又加号为"至圣文宣王"；明太祖朱元璋起兵时，要先谒孔庙。各朝崇孔尊儒一直延续到今日，怎么能去"王"？还说，对孔子的祭祀只在每年的春秋两季进行，且已经形成传统，怎么能降祭祀规格呢？

徐阶说得有理有据。朝臣在惊愕之余，全都低着头偷笑，就连皇上也禁不住多看了他两眼。

张璁不知如何反驳，恼羞成怒。

"给孔子去王、降祭祀规格，都是为了朝廷，为了江山社稷。你一个小小的编修，有什么资格谈论此事？"张璁气急败坏道，"还不快滚出去？"

"学生想请张阁老为大家解释一下，为什么去孔圣人'至圣文宣王'和降低对孔圣人的祭祀就是为朝廷？"徐阶并不理会张璁的气急败坏，继续说，"还有，学生虽然只是个小小的编修，但皇上既然允许学生参与商议，就是要学生说点什么。在职而不作为，不是身为臣子的所为。"

徐阶不亢不卑，说完还瞟了一眼那些低着头，保持缄默的朝臣。张璁气得浑身发抖，如若不是皇上在，他定会暴跳如雷。不想在皇上面前太失态，他冲徐阶使劲一挥手。

"你知道什么？去孔子'至圣文宣王'，是因他的儒家学说不足以称王。再说了，降低了对他的祭祀规格，可以为朝廷节省银两。这些事情，岂是你一个小小编修懂得的？"张璁瞪圆双目，似乎要把徐阶吃了。

"孔圣人是儒家创始人，为何不能称王？祭祀孔圣人，一年只有两次，能为朝廷节省多少银两？如果真要节省，能省的地方多了，比如……"

徐阶说到这里的时候，张璁害怕了，如果再不阻止，这个不知天高地厚的家伙，不知道还会说出什么话来，会不会把他浪费、奢侈，甚至贪污的事都扯出来？就在他想制止徐阶说下去的时候，嘉靖帝发声了。

"大胆！"嘉靖帝怒道，"大堂之上，内阁首辅和翰林院编修当着朕的面争吵，成何体统？"

徐阶只能闭了嘴，而张璁顺势跪下请罪。

如此繁杂的场面，嘉靖帝很不适应，也很烦躁。他不再多说一句话，直接起身离开。离开前，他瞟了张璁一眼，不满他连一个小小编修都辩不过。

嘉靖帝走了，朝臣面面相觑，想为徐阶叫好，但碍于张璁在，也默默离开了。徐阶正要走，张璁在背后说："想不到你是这样一个白眼狼，枉本官如此信任你，你竟然当着皇上和众臣的面背叛本官，和本官作对。"

对张璁来说，你徐阶能在翰林院待着，就是我张璁的功劳，你应该感恩，而不是恩将仇报。

徐阶平素对张璁的言行都有诸多不满，对他用谄媚和投机手段坐上首辅位更是不齿。他看着张璁，梗着脖子道："学生只是就事论事，何曾想与谁作对？何况，有依附才谈得上背叛，学生并未依附于张大人，又怎能称得上背叛呢？"

张璁一时气噎。

"你、你……好……好……"脸红脖子粗的张璁，手指徐阶，半天说不出话来。

徐阶不再理会张璁，施个礼，走了。

"你等着！"张璁咬牙切齿道，"你会后悔的，本官会让你为今天的话付出代价。"

半个月后，徐阶被贬，任延平府的推官。

和严嵩相比，张璁还不算狠，既没想法让徐阶被革职，也没要他的命。

推官是府衙中掌管刑狱的官。对一般人来说，当推官已经不错了，但对风华正茂，二十五岁就进翰林院，以做"名相"为目标的徐阶来说，绝对是个打击。甚至因这件事，他对朝廷失望，觉得皇上能宠信张璁这样一个人，是大明的悲哀。

"让这样一个人把持朝政，大明还有什么希望？"徐阶在得知被贬的那刻，动了回乡隐居，不再为官的念头。然而，就在他沮丧绝望之时，他的脑海里浮现出聂豹的身影。

很多人一生中都会遇到一两个改变自己命运的人，对徐阶来说，聂豹就是其中一个。

徐阶认识聂豹时，还只有十八岁，是一介秀才。而那时候的聂豹也只是个七品县令。

两个人相识于对诗会上，徐阶的才情让聂豹眼前一亮。对诗会结束后，他主动邀徐阶聊天。聊天中，聂豹认定这位看似普通的秀才不普通。而徐阶呢，从聂豹的言谈举止也看出他的不一般。于是，他们从偶然的相识到无话不谈，最后成为忘年之交。

一日，聂豹问徐阶：

"徐生员，听说过王阳明先生的心学吗？"

徐阶先点头，又摇头。

"王阳明先生，学生听说过，可他的'心学'是什么我不知道。"

"可惜啊！"聂豹面露遗憾之色。

徐阶是个求知欲很强的人，即刻问："是什么？聂大人能告诉学生吗？"

"就是'知行合一'啊！"

"'知行合一'？那什么是'知行合一'呢？"

"'知行合一'是……"聂豹看看徐阶，没再说下去，"这样吧，你只需记住这四个字就好，这不是一两句话就能解释清楚的，需要在生活实践中去参透。你如今的经历，很难理解这四个字。"

徐阶虽然很想知道，但还是点了点头。

"以后遇到困难时，多想想'知行合一'。"聂豹最后说。

此时，自己不就遇到困难了吗？

"'知行合一'。"徐阶喃喃着，"如今，'知行合一'是否能帮我走出困境呢？"

然而，想了一天一夜，他依然悟不透什么是"知行合一"，但也打消了回乡隐居的想法。他想，聂豹面对他的处境时，首先想到的一定不是放弃。

"做一代名相是我的梦想，怎么能遇到一点点困难就放弃呢？"徐阶摇头。

既然报复我，想贬我去延平做一名小小的推官，那我就要好好地做给你看。想让我的仕途就此结束，我偏不让你得逞。等着吧，我会再回来的。徐阶离开京城去延平时，发出誓言。

梦想需要一步步来实现，他适时地调整目标。

心里有目标，也就不彷徨了。到延平后，新官上任三把火，心里憋着一股劲的徐阶，很快就做出了骄人的成绩。他对延平的一些疑案、有争议的判罚进行重新审理，并发现了很多冤假错案。因而，纠正冤假错案成了徐阶在延平任推官后烧的第一把火。

在此期间，他不辞辛苦地调查，将南平、尤溪、顺昌、沙县、将乐、永安等六地的冤假错案平反，并释放了受冤的三百多名无辜百姓。同时，针对当地盗贼成灾，他不眠不休，令人彻夜蹲守，将一百多名盗贼逮捕入狱。

徐阶这一系列雷厉风行的举动，赢得了延平百姓的好感。然而，罪犯越多，徐阶越难过，觉得刑法的目的不是抓人，而应该是减少犯罪。

"唉！"徐阶叹气，"嗟今之治，独求诸刑，金科玉条，贵逾六经，上刑日严，下俗滋敝，前奸未诛，后究已继。"

他在为大明刑法走入一个误区而感叹，为制止犯罪，加重刑罚。可刑罚越重，犯罪的人反而越多，慢慢形成一种恶性循环。身为刑官，徐阶觉得很惭愧。

为什么会造成这种局面？是因为刑法逾越了儒学啊。

真正的清明政治是罪犯越来越少。然而，现实却让他不得不为了百姓的安居乐业，抓更多罪犯。既然他做不到制止犯罪，也无法避免抓罪犯，那只能期待自己能公正办案了。

为了告诫自己，抓罪犯只是手段，不是目的，徐阶亲自书写"克明峻德，以新其民，德明德威，民自无讼，比屋可封，刑措不用"，挂在明德堂。

"知道是什么意思吗？"徐阶时常看着那行字，问一些新属下。

遇到摇头不懂的，他就耐心解释给他们听。

"古代之治，重视的是德。用德育人，犯罪的人就会减少。"徐阶说，"若人人有好的品德，也就无人犯罪。而无人犯罪，也就不需要刑法了。"

"大人，如果没有人犯罪了，理刑馆是不是也就不存在了？"属下问。

"是这样的。"徐阶点了点头。

"那……没有理刑馆，我们是不是就不用当差了？不用当差，不就没有俸禄可拿了吗？"另一个属下大惊道。

"没有了罪犯，理刑馆就不必存在，也不用在这里当差。不过，到了那时候，我们可以去做其他工作。"徐阶说。

"我们能做什么？"属下又问。

"教人德育，教人不要犯法。"徐阶说。

"是说没有了罪犯，我们就要去当私塾先生吗？"属下更惊慌了，"可我们没上过私塾啊，怎么当私塾先生？"

徐阶苦笑了一下，想解释，可知道解释不通。这些人里，很多人连字都不认识，又怎么能让他们明白这么高深的道理？也就在那时，他萌生了创立"乡社学"的想法。

想预防犯罪的发生，必须提高民众素质。说行动就行动，徐阶的"乡社学"很快就成立了。对"乡社学"所招人员，徐阶有一定限制，只招农村子弟，且免除他们的学费。

办"乡社学"需要资金，请先生也要资金，还得给学员免费，银两从哪里来？除了筹措资金，还要减少开支。为此，他专门为"乡社学"开辟了一块地，让学员们一边学习，一边种田。

这种做法很快就取得奇效。三年后，一个盗贼横行、司法混乱的地方彻底变了样。百姓们一高兴，一传十，十传百，也就把徐阶的事迹传到了京城，传遍了朝野。

徐阶在延平的三年，朝廷也发生了很大的人事变动，张璁被革职了。

没有了张璁的阻拦，徐阶因突出的政绩，很快就被调入湖北黄州任同知。

从京城到延平任推官，再由延平推官到黄州同知。经过这段经历的磨炼，徐阶的心态好了很多，不再因升职而洋洋得意，也不会因职务不遂人意而沮丧。对他来说，这些经历和磨难，让他收获颇丰。

徐阶对聂豹和他所说的"知行合一"也慢慢有了朦胧的认识，并开始了解心学创始人王阳明。

王阳明生于明成化八年（1472年）的浙江。他的出身很是显赫。他的父亲是状元，仕途顺利，也希望儿子仕途顺利。天资聪颖的王阳明也没让父亲失望，二十岁便中了举人。不过，就在王阳明的父亲以为儿子会和他一样，仕途一路顺畅时，波折出现了，王阳明连考几次进士都不中。

虽然有些失望，可王阳明的父亲始终相信，儿子能考中进士。别说他的父亲，就是当时的内阁首辅李东阳，对王阳明中进士也满怀信心。可王阳明给了他们沉重一击，在他们鼓励王阳明继续参加科教时，王阳明说："你们都以不登第为耻，而我却以因不登第而懊恼为耻。"

这石破天惊的话，让王阳明的父亲知道，儿子对入朝为官不感兴趣。

他虽然有父亲的聪明，但对科举考试的态度和父亲大相径庭。十三岁时，他就曾说，于他而言，科举并不是第一等大事。那么，他的第一等大事是什么呢？是做一名圣贤。

做圣贤才是王阳明的人生理想，他对这个理想的渴求，犹如徐阶对当一代名相的渴求。

不过，虽然参加科举考试不是王阳明的理想，可为了不让父亲失望，他还是在弘治十二年（1499 年），参加了礼部会试。那年，他二十七岁。在那次会试中，王阳明因答题出色而被赐二甲进士，观政工部，之后又授刑部主事，在江北等地决断囚狱，之后又授兵部主事。

眼看王阳明的仕途之路开始顺畅，结果正德元年（1506 年）的时候，宦官刘瑾专政，让事情发生了改变。

为了打击异己分子，刘瑾下令逮捕南京给事中御史戴铣等二十余人。抓他们的理由是这些人不愿意屈从刘瑾。

王阳明得知后，很为这二十余人不平。顾不得自己人微言轻，他上疏朝廷，请求释放他们，这惹怒了刘瑾。刘瑾当即下令，不仅杖打王阳明四十，还将他贬到贵州龙场，做了龙场驿栈驿丞。当然，贬是明的，暗地里，刘瑾还派人对王阳明进行追杀。幸而他机灵，在被追杀时，跳河游水躲过一劫。

王阳明不死，刘瑾不罢休，不过，因忌惮王阳明的父亲在朝廷的关系，暂时收手。

这次的死里逃生，激发了王阳明的斗志。虽然对朝廷失望，他却面对现实，利用自己的学识，教化龙场那个未开化之地的人，并赢得民众的信任和爱戴。也正是这段经历，让他认识到"圣人之道，吾性自足，向之求理于事物者误也"。

徐阶从王阳明的经历中，看到了他和自己的相似之处，很是激动。

自此，王阳明，这位从未谋面的心学创始人，成了他的第二位精神导师。从心学上，徐阶认识到，不管身处何种境地，担任何种职位，只要将自己的所学所识用在行动上，就一定能收到奇效。

王阳明的心学，照亮了徐阶那段灰暗的人生。为了推广心学，让更多的人领悟到心学的真谛，让处在混沌中的心灵得到洗涤，徐阶有了为王阳明建祠堂的想法。随后的几年，他又先后出任浙江按察佥事、江西按察副使。总之，他不管在什么地方为官，任什么职位，都政绩突出。

是金子在哪里都能发光。徐阶出色的能力，为他赢得了回京的机会。这个机会是当时的内阁首辅，夏言给的。

嘉靖十九年（1540年），徐阶在地方任职近十年后，重回京城，任东宫洗马兼翰林院侍读。

其实，徐阶非凡的能力，让夏言有心调他任国子监祭酒。可还没待他做出决定，夏言就收到了亲戚的来信。这位亲戚在信中求夏言关照徐阶，还说徐阶在江西任职期间，帮了他们很多忙。

"我们不知如何报答徐大人，只好求夏阁老……"

那位亲戚不知道，他这么做适得其反。夏言是出了名的铁面无私，对走后门、拉关系者向来不留情面。因而，这封信让他打消了调徐阶任国子监祭酒的念头。

"哼！算老夫看错人了！"夏言想。

夏言以为亲戚的这封信，是徐阶的主意，是徐阶想通过他的亲戚来走后门，和他拉关系。徐阶真是冤枉，他根本不知此事。

徐阶任江西按察副使时，无意间因秉公执法，解决了夏言一个亲戚的难题。那时候，他还不知那人是夏言的亲戚，并非特意为之。是夏言的那位亲戚为了感谢徐阶，给夏言写了信，结果帮了倒忙。

不过，虽然他错过了任国子监祭酒的机会，另一个机会却来了。

东宫需要洗马。

东宫需要一名洗马，夏言的脑海里马上又浮现出徐阶的名字。他想，只要自己不是任人唯亲，而是任人唯贤，何必在意亲戚推没推荐过徐阶呢？就这样，徐阶被从江西调到了京城，任东宫洗马。

调令到时，徐阶筹建的王阳明祠堂也建成了。回京前，他特意去了一趟，向这位伟大的、给了他精神支撑的圣人告别。

"学生曾随文蔚公习阁下之道，磨砺十年有余，方有所悟，虽未能相见，可实为再传弟子，师恩无以为报，唯牢记良知心学，报国济民，匡扶正道，誓死不忘。"徐阶整冠在王阳明雕像前发誓。

回京城的路上，徐阶感慨万千。他想，他曾经从京城被贬到地方，而如今他又从地方升到了京城。十年过去了，一切好似和过去一样，一切又似乎和过去不一样了。一样的是路上的景物，不一样的是他的心情。

十年前，他年轻气盛、做事冲动。十年后，他成熟了，稳重了，也知道如何在夹缝中求生存。这么看来，在被贬的十年中，徐阶收获不小，既是磨炼，更是修身养性。

徐阶是个感恩的人。

滴水之恩，当涌泉相报。一回京城，他首先想到的就是拜见内阁首辅夏言。去夏府时，也没忘带礼物。

"我们家老爷让你回去！"夏府的门房对他说。

竟然连夏府都进不去。就在徐阶失望之时，夏言的管家出来了。

"徐大人请留步！"

徐阶见到了夏言，也向夏言表达了感恩之意。

"该说的已经说了，快走吧！"夏言冷冷地道，"你不用感谢本官，本官是在为朝廷选人才，不是因为你是谁。如果你没有治国之才，即便你找再硬的关系，本官也不会用你。"

夏言还在为亲戚向自己推荐徐阶而不开心。徐阶有些尴尬，也有些茫然，但内心却一喜，至少，夏言和张璁不一样。

"学生告辞！"

徐阶深深施礼后，放下礼物要走，又听夏言说："把你带的东西都拿走！这一套在本官这里没用。"

徐阶脸红了，想解释什么，最终什么都没说，提着东西离开了夏府。

这是一个不收受贿赂的首辅，值得他信赖。尴尬归尴尬，徐阶还是很高兴的。

这次和夏言的正面接触，不算顺利，却让徐阶有了了解夏言的冲动。一了解才知道，夏言对谁都这样，因而，他在朝臣中的口碑并不好，甚至还流传着一句"不见夏言，不知相尊"的话。总之，自以为是，不讲情面就是朝臣对夏言的评价。

面对这个对自己有恩，且自己也很尊敬的首辅，徐阶不免为他担心起来。他知道，夏言犯了为官之忌：绝对不能孤芳自赏，更不能轻视身边的任何人。

就在徐阶为夏言担心之际，夏言果然出了事，被嘉靖帝革了职。

夏言被革职，曾让徐阶难过和沮丧了很长一段时间。为什么正直的首辅就当不长久呢？内阁到底需要一个什么样的首辅？徐阶还没想明白，翟銮就替代夏言，当了首辅。对于这个首辅，徐阶敏锐地觉察出，这个人坐不长久。同时，他发现了翟銮后面的野心家严嵩。

看来，内阁还将面临一场血雨腥风。徐阶想。

徐阶身在东宫任洗马，心却一直系在内阁。徐阶观察着时局的变化，以应对多变的局势。

夏言未被革职时，徐阶也曾想成为他门下的弟子，可夏言被革职后，不管是没有任何野心的翟銮，还是野心勃勃的严嵩，都不是徐阶想要依附的。因而，为了在不依附于别人时还能在京城站住脚，他开始拓宽自己的人脉，寻找自己的同好。

忍耐、积蓄力量、观察、判断……再入京城的徐阶，知道如何在不违背自己良知的同时，在官场生存。

徐阶在东宫做洗马的时间并不长，仅仅只有一年时间。不过，在这一年里，他拥有了自己的圈子，这个圈子是由"心学门人"组成的。

相同的精神支撑，将"心学门人"们聚拢在一起。原来，东宫有不少像徐阶一样翰林院出身的。在那里，他发现了和自己的政治见解相同的"同好"——王畿的弟子。而王畿又是王阳明的嫡传弟子。

于是，徐阶首先和这位王畿的弟子结成同盟，最后又通过这位王畿的弟子，结识了其他"同好"。

"心学门人"的队伍在逐步壮大，并自称"清流"，成了朝廷中区别于严派的门派。

有了志同道合的"王阳明门人"，徐阶不再孤单。像在地方为官一样，在东宫，他依然遵循着"知行合一"。一年后，也就是嘉靖二十二年（1543 年），徐阶被任命为国子监祭酒。

或许是总结了夏言的"孤傲，谁都不看在眼里"的教训，徐阶在出任国子监祭酒期间，谦逊礼让，没有一丝架子。他虽然身为祭酒，却平等对待周围的每一个人，因而有了很好的人缘。

嘉靖二十四年（1545 年），夏言的突然复职，让一直积蓄力量的徐阶，感到机会来了。因而，当那天在翰林院看到昂首挺胸，以趾高气扬之态进入翰林院的夏言后，他及时抓住机会，小跑几步，在夏言面前行礼道："学生徐阶拜见夏阁老！"

虽然已经三年多没在朝廷为官，但当年徐阶去夏府拜见的场景，夏言并没忘记。徐阶的不亢不卑和谦逊，在当时就给他留下了很深的印象。因而，在徐阶自报姓名后，夏言只是稍稍愣了会儿神，便认出了他。

不过，夏言并没有多说什么，只是意味深长地看了他一眼，点点头离开了。可走出两步后，他又突然停住脚步，扭头看着徐阶。

"你如今任国子监祭酒？"

夏言问的时候，徐阶正准备离开。对于夏言的这个反应，徐阶并不吃惊。他大跨一步，在夏言面前行礼微笑。

"回夏阁老，学生是任国子监祭酒！"

夏言点了点头，上上下下地打量起徐阶来。他打量得很认真，似乎想从徐阶的身上看出些什么。徐阶微微前倾，低头站在那里，维持着他一向的彬彬有礼，不亢不卑。

夏言的脸上，渐渐浮现出笑容。他欣赏在任何时候，任何情况下都能不亢不卑的官员。看来，几年过去，徐阶虽先任东宫洗马，后任国子监祭酒，但本性并没有变。

这样的人，是他需要的。夏言的用人准则就是：不是严嵩的门徒、顺眼、有治国之才、不能有媚骨……

这些标准，徐阶似乎都符合。

"你任国子监祭酒几年？"夏言问。

"回夏阁老，学生任国子监祭酒两年多了！"

"好！"夏言冲徐阶点了点头，转身大踏步离开。

徐阶看着夏言的背影，知道自己的命运转折点到了。他预感到，自己离人生目标，又靠近了一步。果然，几日后，徐阶便从国子监祭酒升为了吏部左侍郎。

进入六部也就相当于进入了大明的权力中心。此次再进去，徐阶不会再像十几年前一样冲动行事了，他开始运用十几年来总结出的那套官场生存哲学。当然，虽然人圆滑很多，但入朝为官的初心没有变。

夏言把持朝政，相比严嵩，徐阶觉得，他应该有更多的实现抱负的机会。

徐阶把夏言当师傅，更当镜子。他像夏言一样，工作中讲原则，生活中，又摒弃了夏言的孤傲。

以前，吏部官员接见属下时，为了树立威信，常常不苟言笑，和属下保持一定距离。可徐阶不一样，他觉得，这些人也许如今是他的属下，可不久之后，很可能在六部占据重要位置。

对于人与人之间的关系，徐阶有他的一套理论。他觉得，人与人之间，此时你的态度，很可能决定着彼时别人对你的态度，决定着此人会成为你的盟友还是敌人。因此，他提醒自己，为官时，不能树敌太多。此时树的敌，彼时就会成为你前进路上的绊脚石。因有这种观点，再见周围任何人，他都表现得谦逊有加，不仅主动询问吏治民情，还亲热地和他们拉家常。

面对这样的上司，属下们谁会说他不好呢？

"徐大人没有一点官架子。"朝臣在背后都说。

徐阶没有官架子，有人说好，有人就说不好。他的夫人就曾不解过。

"老爷，您是吏部左侍郎，这些人是什么？只是小小的地方官吏，您为何还要对他们那么客气，那么礼让？这有损您吏部左侍郎的身份啊！"

"你这是妇人之见！"他说，"你要知道，不管身处何时、何地、何种地位，都不能小瞧身边的任何一个人。这些人，好了，他们会是你的垫脚石，不好了，会是你的绊脚石。你是想要好还是不好？"

夫人听不明白他的这些道理，但有一点她很清楚：她的夫君野心很大，开始为进入内阁，进入大明最高权力机构做准备了。

徐阶的付出很快就得到了回报。当"工作能力强，知人善任"的评价传到夏言耳朵里时，夏言笑了。

"看来，老夫之前就没看错人，也没用错人。这个少湖还真是个可用之材！"

可用当然要重用，不久，徐阶升任礼部尚书。

有人曾说，礼部尚书是未来的内阁首辅，因为之前的首辅都是被从礼部尚书提上去的，夏言和严嵩都是。徐阶运气不错，也和当初的夏言和严嵩一样，以礼部尚书身份进入内阁，成为内阁阁员。

原本是件值得高兴的事，可很快徐阶就发现，内阁不好待。

此时的内阁，首辅夏言和次辅严嵩斗得正凶。夏言虽为首辅，却没有门徒，严嵩虽为次辅，但门徒极多。因而，两方可谓势均力敌。

严嵩在被夏言打压得透不过气来时，不再遮掩自己与夏言的矛盾，两个人图穷匕见。

不过，虽然平均势力相当，但单从夏言和严嵩来看，严嵩处于劣势，因而打的是防守战。严嵩一边防守，一边寻找机会出击。

面对夏言和严嵩的战争，徐阶巧妙地选择了回避。虽然在心里，他是倾向于夏言的，但他知道"宁得罪君子，不得罪小人"的道理。因而，面对严嵩，他反而比对夏言还客气。为什么要这样呢？

对夏言来说，只要徐阶好好工作，和严派保持一定距离就行。可对严嵩不是，只要徐阶和夏言走得近一点，他都会怀疑他们是一伙的，并寻找机会报复徐阶……

先自保，这是徐阶的聪明，也是他的圆滑，更是他在官场的生存之道。

第九章　夏言搜贪腐证据，严次辅举步维艰

　　严嵩在内阁的日子太难过了，难过到他都萌生出退出内阁的想法了。

　　当初，严嵩任内阁首辅时，也对翟銮和其他内阁成员实施挤压，但还只是将他们的权力没收，不让他们触碰票拟的笔，遇到某些事不和他们商量而已。对于一些和他无关也不重要的事，他还是会假模假样地和内阁人员商议。可夏言就不一样了，他做得很绝，只针对严嵩一个人，只视严嵩为无物。对夏言来说，内阁没有严嵩这个人。

　　夏言并不专权，遇事也会和其他阁员商议，特别是礼部尚书徐阶。但唯独将次辅严嵩排除在议事之外，那支象征着权力的票拟的笔，严嵩连看一眼的机会都没有了。

　　有几次，夏言在召几位阁员议事时，严嵩也曾厚着脸皮凑上去，带着谦卑的笑。但夏言一看到他，马上就会来一句"散会！"

　　严嵩忍受不了夏言对他的鄙视，也忍受不了其他阁员那饱含同情、可怜、幸灾乐祸的眼神。

　　"夏阁老！卑职也是内阁成员，是次辅，卑职有权参与议事，参与票拟。"终于有一天，严嵩忍不住了，向夏言提出了抗议。

夏言只用眼角余光剜了他一下，冷笑一声，道："严阁老，你以前不也是这样吗？"

"你……"严嵩气得嘴唇哆嗦，"你在报复！"

夏言不说话，扬长而去。

夏言对严嵩的这种态度，就连徐阶都看不下去了。他除了觉得夏言做得太过分外，还怕夏言把严嵩逼急了。狗急了还跳墙呢，把严嵩逼急了，严嵩能不报复夏言？然而，他没办法提醒夏言，提醒了夏言也不会听。

"严阁老坐下来休息会儿吧，学生给您倒杯茶。"

徐阶见严嵩气得浑身发抖，走了过去，扶严嵩坐在椅子上，又亲自倒了杯茶来。徐阶这么做，并非完全出于同情。他从夏言屡屡被革职，又屡屡复职，以及皇上不动声色地将严嵩从首辅降到次辅来看，皇上太喜怒无常了，喜怒无常到什么事都会发生。他想，皇上能突然让夏言复职，也就有可能突然再革夏言的职。甚至可以说，内阁首辅位，谁坐都有可能，谁坐都不牢靠。何况，严氏父子不是吃素的，他们门徒甚多。而夏言呢？得罪了不少人，一旦严派抓住夏言什么把柄，夏言再被革职，严嵩重回首辅位并非不可能。

因而，他必须要让严嵩感觉到，他不是夏言的人，以免夏言倒霉时，殃及自己，毕竟自己是夏言提拔上来的。

徐阶的做法，确实让处在羞愤中的严嵩好受了一些。对于徐阶，严嵩一开始是抱有敌意的。他知道，徐阶的两次升职，均是因为夏言，因而曾觉得徐阶是夏言的人。可他慢慢地发现，徐阶和夏言走得并不近。徐阶的为人，也和夏言完全不一样。

"这徐阶，到底是不是夏言的人？有没有可能拉到我们这边？"严嵩曾和儿子严世蕃商量过。

严世蕃摇头，"猜不透。不过据我了解，夏老儿提拔他，看重的是他的能力。夏老儿不是号称铁面无私吗？这样的人不会轻易用自己的人。何况，他有自己人吗？"

严世蕃最后一句有嘲弄的意味。

"这徐阶能力不错，也不像夏言那么让人讨厌，如果能拉到我们这边就好了。"严嵩说，他觉得徐阶在为人处世上，有些像他欣赏的胡宗宪。

"再看看吧！"严世蕃说。

然而，严嵩经过一番试探，发现徐阶似乎在和他刻意保持距离。

"不识好歹的东西。老夫落魄时拉拢你，你不过来。等老夫重回首辅位，你就是觍着脸想讨好老夫，老夫也不会再多看你一眼。"严嵩曾在心里这么骂过徐阶。

可此刻，当夏言羞辱了自己，别的阁员躲自己时，徐阶又主动走到了自己身边。这是在暗示什么吗？

"徐大人，你说说，你说说，这夏阁老……他……是不是太……太过分了？"严嵩在喝了几口热茶后，身体不再颤抖，可嘴唇依然微微颤动，"他……欺人太甚！"

严嵩能在徐阶面前这么说，是已经和夏言撕破脸，不用藏着掖着，可以明着对着干了。他这么问徐阶，也想再次试探，徐阶能否成为自己的人。他需要力量，特别是来自于内阁的力量。

"严阁老千万不要生气，气坏了身子不值当。"徐阶说的时候，瞟了一眼对面屋子里的几个小吏。他的声音不大，但足以让对面听清楚，"两位阁老之间一定有误会。"

让对面屋里的小吏听到，是不想让他们嚼舌根，说他和严嵩在背后说夏言的坏话。别说夏言是首辅，就是冲着夏言对他有知遇之恩，他也不想让人误会。

严嵩是何其聪明之人，徐阶心里的小九九，他一看便知。因而他也就彻底打消了拉徐阶进入自己阵营的想法。

看来，此人很狡猾，既不想和夏言走得近，也不想和自己走得近。严嵩的这番心理活动，徐阶不知道。但严嵩沉着脸，不再和自己说话却让徐阶意识到，自己没有附和严嵩，严嵩生气了。

"严阁老，学生先去忙了，有什么事您叫一声就行。"

严嵩不再搭理徐阶，只不耐烦地挥挥手。

这天，严嵩早早回了家。见他回来，夫人欧阳氏一如既往地迎了上去，心疼地道："老爷，你这段时间气色不好，别太劳累了！"

不是一段时间，是半年时间气色都不好。在这半年时间里，严嵩原本就消瘦蜡黄的脸，越来越像搁久了的橘子，干瘪着。虽然每日欧阳氏都令厨房为他准备补品，可都无法改善他的气色。

吃完饭，严嵩去了书房。自从夏言复职，严嵩一回家就将自己关进书房里，不到睡觉时间不出来。

在书房，他闭目沉思，挖空心思想如何走出困境。是继续和夏言斗争，还是先避其锋芒，暂时离开内阁，然后等机会反扑？擅长察言观色的他，一时之间还搞不懂嘉靖帝在想什么。

严嵩曾让张佐、崔文，甚至顾可学探嘉靖帝的想法，可这几位给严嵩的回复全都是：皇上好像很信任夏言。

"这夏言到底给皇上灌了什么迷魂汤？"严嵩实在想不通，"怎么突然对他重用起来了？"

既然找不到原因，严嵩便不敢贸然像上次一样，在皇上面前"控诉"夏言。因而，他和夏言的斗争便少了些底气，只能一味防守。

"唉！"严嵩想到这里，长长叹了口气。夏言的入阁，让严嵩好久都没心情看他最爱的两幅画了。

"《清明上河图》？"严嵩一惊，莫非是这幅画让他失去了皇上的宠信？就在这时，他听到了沉重而拖沓的脚步声，接着是儿子严世蕃那粗哑的大嗓门。

"爹，胡大人来了！"

严嵩正在想哪位胡大人，严世蕃已经带着两个人进来了。三个人中，除了严世蕃和赵文华，还有一个他不认识。

"儿子拜见干爹！"赵文华最先扑倒在严嵩脚下，连磕几个头。

严世蕃皱着眉，看着赵文华。他最讨厌赵文华的就是这点，每次在父亲面前，赵文华都表现得比他这个亲儿子还亲。

严嵩自他们进来，注意力便放在了那个陌生人身上。陌生人进他的书房，这是第一次。他皱了皱眉。严世蕃从父亲的一皱眉中，知道了意思。

"他不是外人！"严世蕃说。

"对！干爹，他不是外人！"赵文华也说。

这时，陌生人跪了下去，像赵文华一样，连磕两个头说："草民胡宗宪拜见严阁老！"

"胡宗宪？"严嵩叫了一声，心里高兴起来。他一直想见胡宗宪，无奈胡宗宪的父亲去世了，胡宗宪回乡丁忧，一去就是三年。今天总算见到了，"这么说，你丁忧结束了？"

胡宗宪先是一惊，接着是感动。他没有想到，严嵩对他的事这么熟悉，含泪道："回阁老，结束了。阁老能如此关心草民，草民感激不尽。"

"起来！快起来！"严嵩的脸上露出了久违的笑容，"也别什么草民了。你这三年虽然没有为官，却也是因丁忧，不是其他。你是大明官员，怎么能轻易说自己是草民呢？"

严嵩笑起来的时候，给人的感觉格外和蔼可亲，这消除了胡宗宪第一次见严嵩时的紧张。

胡宗宪不知道，严嵩如今太需要他这样一个人了。对严嵩来说，严派不能只是一群没有能力的应声虫，还需要一些能让大明缺不了、皇上缺不了的人，只有这样，自己才能在朝廷，在皇上面前说得上话。

严嵩太欣赏胡宗宪了。胡宗宪值得严嵩欣赏。出身书香门第的他，自小便受到了良好的教育，不仅喜读诗书，而且还喜欢研究兵法谋略。嘉靖十三年（1534 年），他参加乡试中举。嘉靖十七年（1538 年）又考中进士，进入刑部观政，正式走上仕途。

嘉靖十九年（1540 年），胡宗宪出任山东青州府的益都县令。虽然只是七品芝麻官，但胡宗宪做得很是投入，不仅招降了当地的强盗，且通过对其教化，让那些曾经的盗贼成了维护本地安宁的义军。同时，胡宗宪还带领百姓灭掉了多年未解的蝗虫之灾，让饱受蝗虫之苦的百姓长松一口气。

然而，就在胡宗宪的仕途走得顺风顺水的时候，嘉靖二十一年（1542年），他的母亲去世了，他不得不放弃仕途，回家丁忧守制。也就在这期间，他认识了赵文华。

赵文华是严嵩的干儿子。因而，胡宗宪虽然对赵文华的品性不认可，但想到丁忧结束后自己还要复官，严嵩又是内阁首辅，于是也就竭力讨好赵文华。在获得赵文华的信任后，又用一幅吴道子的《释迦降生图》，攀上了严嵩。

谁想到，不等他为母亲丁忧完，他的父亲也去世了。复职计划再次搁置，胡宗宪只得继续丁忧守制。当然，在此期间，他不忘苦读诗书，研究历史，更不忘打听朝廷的局势变化。他原本想在为父亲丁忧结束后，找首辅严嵩，谋一份好职位。结果，夏言的复职，让严嵩从首辅降为次辅。

当然，虽然严嵩不再是首辅，在内阁受到夏言的排挤，但对胡宗宪来说，严嵩已经是他结识的最强后台了。何况，依他之见，夏言的个性注定不会在首辅位上待太久，最终把持朝政的，应该还是严嵩。于是，丁忧结束后，他依照原计划，第一时间就拜访了赵文华，而后夜访严府。

胡宗宪的夜访，让近期一直处在郁闷中的严嵩很高兴，也暂时忘记了在夏言那里受到的屈辱。

胡宗宪这次见严嵩，备了厚礼，他投其所好地给了赵文华、严世蕃、严嵩他们各自最想要的礼物。

喜欢金银珠宝的赵文华得到了金银珠宝；好色的严世蕃得到了胡宗宪从老家安徽绩溪买来的漂亮女子；而严嵩呢？自然得到了古字画。三个人各得所爱，都很高兴，特别是严嵩。

"汝贞啊！"严嵩亲热地唤起了胡宗宪的字，"复职后，任巡按怎么样？"

别说胡宗宪，就是赵文华和严世蕃听了都吃惊不小，他们没想到，严嵩早早地为胡宪宗做了安排。

"草民多谢严阁老！草民……"胡宗宪激动不已，在意识到严嵩或许更喜欢自己自称"学生"时，他改口道，"请受学生汝贞一拜！"

胡宗宪顺势跪了下去。

"快快起来！"严嵩起身，弯腰想扶胡宗宪。胡宗宪急忙起身，反手扶着严嵩坐回到椅子上。

真是师生情深。

"既然愿意去那里，那就回去等消息吧，做好去赴任的准备。"严嵩说。

面对胡宗宪时，严嵩总是一副慈爱的表情。这点就连严嵩自己都搞不明白是为什么。或许是他觉得，胡宗宪是个能让他省心，也能在关键时刻为他出力的人。

严嵩对胡宗宪的欣赏和疼爱，别说赵文华了，就是严世蕃都嫉妒了。

不过，想着父亲近期被夏言压制，心情不好，严世蕃也就没有当着胡宗宪和赵文华的面表达不满。等他们出去后，他问父亲："爹，你早就想好让胡宗宪去浙江任巡按了？"

严嵩点了点头。严世蕃黑起了脸，心想，怎么都不和自己说一声？

"浙江这地方，必须有我们的人。"严嵩说。

"可为什么一定要他去？我们的人那么多，轮也轮不到他。"严世蕃生气地道，"何况，他靠得住吗？"

"浙江对朝廷来说很重要，必须去个可靠稳妥的人，而且还要有能力，不给我们出乱子。"严嵩说，"何况……"

不等严嵩说完，严世蕃便抢先说："何况那里还有倭寇出没？"

严嵩满意地点了点头。

"为父了解过，汝贞对兵法有研究，有倭寇的地方虽然麻烦，可若抗倭寇有功，为父在皇上那里也就能说上话了。"严嵩说到这里的时候，又想起了白天被夏言羞辱的事，脸沉了下来，"还有，他可不可靠，你不是已经给为父答案了吗？不可靠你能把他带到书房来？"

严世蕃不说话了，半晌又说："让他去浙江任巡按，夏老儿能同意？"

"他的手还没伸到地方上去。"严嵩说，"而且，他不知胡宗宪是我们的人。"

严世蕃伸伸脖子，想说什么，又突然转移了话题。

"夏老儿还是处处针对您老？"

严嵩叹了口气。

"不是针对为父，是在羞辱为父，想着法子羞辱！"严嵩越说越激动，胸前的白胡子抖动起来。

"他要是再这样，我们找言官弹劾他。"严世蕃大声说。

严嵩摆了摆手，摇了摇头。

"不！不能轻举妄动。"严嵩说，"再弹劾他，必须抓到能彻底击垮他的证据。一旦弄倒他，就要让他永无翻身可能。"

"这老东西，太猖狂了。"严世蕃双手握拳，在桌子上一砸，"别说爹您了，就连张公公他也不看在眼里。"

"哦？张公公？张公公和你说什么了？"严嵩急忙问。他想，如果能让张佐出手除掉夏言，那就再好不过了。

"今儿和张公公去听戏，说起了夏老儿在内阁的所作所为，张公公当场开骂，说夏老儿狗眼看人低，还说终有一天，他会让夏老儿人头落地。"

严嵩那原本阴沉的脸，因张公公的这句话，变晴了。

"这夏言是在找死啊！"严嵩说，"妄他为官这么久，竟然连为官之道都不知道。为官之道是什么？是知道别人是谁，知道自己是谁。宫里的公公是什么？在皇上那里是奴才，可也只能是皇上一个人的奴才，你要敢把他们当奴才，那是你眼拙。他们和皇上走得那么近，这样的人，有时候一句话能让你升官发财，一句话能让你人头落地。可那夏言，看不到这一点。他一直仗着自己是首辅，把皇上的奴才当成自己的奴才使。"

严嵩总结得到位，严世蕃摇晃着他的大脑袋，附和道："可不是吗？这夏老儿，既看不清自己，也看不清别人，更看不清皇上。公公是好得罪的？还得罪的是司礼监的公公，得罪的是掌印太监。掌印太监是什么？是内相，内相你也敢得罪？打狗还要看主人呢，他们是皇上的狗。你打皇上的狗，皇上能饶你？"

父子俩越说越兴奋，最后商定，找个机会联合张佐、崔文和顾可学，找机会参上夏言一本，让他无永出头之日。

然而，没等他们聚集在一起，夏言倒先出手了。

严嵩也有看走眼的时候，他没想到，那个自负狂傲、一直以正直著称的夏言，竟然也做起了收买人的"阴事"来。

夏言收买的人叫汪诚，是赵文华身边的一个侍从。汪诚原名汪曾成，是赵文华为他改的名字，说汪诚最符合他的身份。

"知道为什么叫他汪诚吗？"赵文华时常在筵席上，和人说起汪诚时都说，"因为他是本人身边的一条狗，一条忠诚的狗。"

"哦，怪不得叫'汪诚'。"有人恍然大悟，大笑道，"一条忠诚的，会'汪汪'叫的狗。好！这名字取得好！哈哈哈……"

"哈哈哈……"赵文华随客人夸张地大笑完后，还会冲汪诚说，"来，'汪'一个给他们听听！"

"汪！汪汪！汪汪汪！"汪诚学狗，"汪汪汪"地叫起来。

"像！像！太像了！真是太像了！哈哈哈……"在座的每位客人都拍手大笑。

或许觉得这样还不过瘾，一日，赵文华竟然对汪诚说："这样叫不行！狗怎么能站着呢？"

"对！狗可站不了。"众客人附和，"狗是四条腿，只能趴着，不能站着。"

汪诚看看赵文华，一脸为难。他是人，他也有尊严。可看到赵文华那看向他的，要他必须趴的眼神，他还是趴下了，一边爬，一边抬头"汪汪汪"地叫起来。

在座的客人全都疯笑起来。

从那以后，每到赵文华宴请宾客，汪诚都要表演趴在地上的狗。

汪诚眼里的恨意，赵文华感觉不到，在他心里、眼里，汪诚就是一条狗，和家里养的看门狗没什么区别。若说有区别，唯一的区别便是汪诚会说人话。

"再忠诚的人都可能背叛你，只有狗不会。"

赵文华无数次在别人面前炫耀他有一条会说人话的、忠于他、不会背叛他的狗。也正因此，不管什么事，赵文华都不会防他的狗——汪诚。

然而，汪诚毕竟不是狗，且自小就恨上了赵文华。

汪诚的父母是赵家的家奴，因而，汪诚自一出生便是家奴。自小受尽赵文华的欺负，汪诚想过反抗，但逆来顺受的父母求他做个好奴才。

对汪诚的父母来说，在赵家虽然过得没有尊严，但不会饿肚子，不会衣不蔽体。

"儿呀，主人骂就让他们骂吧，骂又不痛！"母亲对他说。

"打就让他们打吧，咱们身体好，打不死的。"父亲也对他说。

这种思想的灌输，让汪诚不得不将恨深埋心里，表面上，他这奴才却做得比父母还好。他之所以能如此顺从，皆是为了少挨些打骂。

了解了汪诚的经历后，汪诚进入了夏言的视线。

夏言自再次复职入阁，便将"赶严嵩出内阁"当成了头等大事。严嵩必须赶走，除了他极度厌恶严嵩外，他还想给翟銮一家报仇，甚至可以说，严嵩的离开是在为大明除害。

"于公于私，他都必须离开。让这样一个阳奉阴违，一身媚骨的人当内阁首辅，大明迟早会毁在他的手里。"

夏言抱着这种想法，开始使阴招。他知道，不使阴招，很难抓住严嵩的把柄，严嵩太狡猾了。而抓严嵩什么把柄呢？收受贿赂。

严嵩父子收受贿赂，夏言早有耳闻，可这种事拿证据太难。特别是严嵩，想找到他收受贿赂的证据，可以说比登天还难。既然不能从严嵩身上找，那就从他儿子严世蕃身上找。

夏言觉得，相比严嵩，严世蕃为人处事不是那么谨慎，很是张扬。张扬必露破绽。然而，观察一段时间后，他放弃了。严世蕃太聪明了，不管怎么张扬，收受贿赂之事都藏得严严实实。何况，不是当场抓住，即便有证据，也很可能因他的狡辩，让证据作废。

严嵩不行，严世蕃也不行，那就只有赵文华了。

人人皆知赵文华是严嵩的干儿子，或者说，严氏父子收受贿赂，大多都是通过赵文华。然而，就是从赵文华下手，夏言尝试过后发现还是很难得手。最终，他想到了不离赵文华左右的汪诚。

汪诚是赵文华最不防备，且经常和赵文华一起出入严府的人。

夏言是个不屑于使阴招的人，但一旦使用阴招，也不会落空。

收买汪诚一点儿都不费劲。夏言在了解了汪诚的出身，以及他的个性后，先令人将汪诚秘密"劫持"到夏府，再用"鞭子"使他害怕，然后用"汪汪狗"来刺激他，最后给了他足够多的银两，并许诺绝不"出卖"他。

汪诚在这四招下，没再坚持多久，竹筒倒豆子般，交代了主人赵文华和严氏父子一起收受贿赂的事。

"和大人说句实话吧，小的不是因您给的这些银两才背叛主人的，是赵文华太欺负人了。不对，他从未把小的当成人，小的只是他的一条狗。在他客人面前，他经常让小的像狗一样在地上爬，像狗一样叫……小的早想报仇了。"汪诚先是哽咽，接着双目带火。

然而，汪诚的这些证言，对夏言来说还不够。因为他的证言，只能证实贿赂到了赵文华这里。

"严家父子很谨慎的，小的虽然跟着主人进严府，但进不去严家的书房。"汪诚说。

夏言失望了，这些证据，最多只能给严氏父子挠挠痒，解决不了问题。

"许勉仁能升指挥使金事，全是因为给了赵文华好处。"汪诚见夏言对他的话缺少热情，接着道。

"许勉仁有没有给严氏父子什么？"夏言问。

他目前最需要的是严嵩或严世蕃收受贿赂的证据，赵文华的事，可留待以后再说。

"肯定有，不过送的什么，小的就不知道了。"汪诚说。

又是一个缺少证据的事，夏言皱起了眉头。或许是太想在夏言这里立功了，也或许是太想让赵文华倒霉了，汪诚想了想又说："对了，听赵文华说，过些天胡宗宪要拜访严氏父子。"

"胡宗宪？那个曾在山东青州府任益都县令的胡宗宪？"夏言一惊，"他们怎么搅到一起了？"

胡宗宪这人，夏言知道，知道他在做县令时，在百姓中口碑很好。这样的人，怎么能和严氏父子勾搭？

"对！就是大人说的那个胡县令！"汪诚说。

"什么时候？"夏言说，"这胡宗宪什么时候拜见严氏父子？"

"哪天去，小的不知道，只听赵文华说，就这几天，胡宗宪丁忧结束了，就去拜见严氏父子。"汪诚说完，见夏言深思不语，又说，"小的还听赵文华说，胡宗宪要给严世蕃带个女人，是从他老家买来的。"

夏言的脸上露出了笑容。也许能从那女人身上打开突破口。

自此，夏言便派人盯上了赵文华和严府……

胡宗宪买来送给严世蕃的年轻女子，在被严世蕃蹂躏三天后，跑了。当然，她是在夏言派出的人的协助下跑掉的。年轻女子对矮胖、变态、独眼的严世蕃很是恐惧，逃出严世蕃的魔爪后，面对救命恩人夏言，毫不保留地把自己怎么被胡宗宪买来，又怎么被送给严世蕃，伺候严世蕃的事说了出来，甚至还说她看到胡宗宪给了严世蕃一小箱子金银财宝。

"你怎么知道是金银财宝？"夏言问。

"是……好像是……"年轻女子不敢确定了，"那箱子不大，又那么重，民女想……"

夏言很是遗憾，年轻女子的证言，只能证明她被胡宗宪买来，送给了严世蕃，严世蕃欺凌了良家女子，仅凭这些，能打倒严嵩吗？显然不能，何况，严世蕃完全可以把欺凌良家女子的事揽下来，说父亲严嵩不知此事，完全说得过去。

而胡宗宪贿赂严氏父子的证据又在哪里？买女子送给严世蕃算不算贿赂？如果算贿赂，是为复职贿赂吗？怎么想，这些证据都不能把严氏父子怎么样，特别是无法把严嵩赶出内阁。

经过一番思忖，夏言决定再等等，等胡宗宪复职时，串起证据链，这样严氏父子收贿、卖官，胡宗宪买官就有说头了。

然而，让夏言没有想到的是，还没等到胡宗宪去浙江任巡按，严氏父子已经知道夏言手里握着他们的把柄了（他们以为夏言掌握了确凿证据）。而严氏父子之所以会知道，也是因为汪诚。

真是成也汪诚，败也汪诚啊。

汪诚突然多出的银两，让他一时之间得意忘形。他不仅在赵文华身边时心不在焉，且一反往常，偷偷去了青楼。

"好好伺候老子，老子现在有的是银两。"几杯花酒一下肚，汪诚就不知东南西北了。

赵文华身边的狗经常来青楼玩。这些话传到赵文华的耳朵里时，引起了他的警觉，他联想到近段时间汪诚的种种反常举动——汪诚时常找借口外出，昨天更是以得了痨病为由，说要休息几天。

这在以前根本是不可能的事。

"不对！这狗东西，不是得了痨病吗？怎么还去青楼了？哪里来的银两？"赵文华开始以为汪诚偷了他的银两，在确定没有任何财产损失后，他预感到了问题严重。

赵文华先让自己冷静下来，然后令人找来陪过汪诚的妓女，用一支银簪买通她，让她再接待汪诚时，套一下他的话。很快，那妓女给他回话了，说汪诚的银两是当今内阁首辅给的。

夏言给汪诚银两，赵文华的头发尖都竖起来了。

"来人啊！把那个……"

赵文华想把汪诚揪过来问个明白，甚至一刀砍了他的头，可最终还是没有这么做。他急忙赶去了严府。

在严嵩那间书房，赵文华刚刚说完，严嵩就大叫一声。

"啊！"严嵩眼前一黑，如果不是赵文华及时扶住他，他已经倒下了。严嵩的头嗡嗡作响，比知道夏言复职还吃惊，"完了！完了！完了！"

严嵩喃喃着，脑海里只剩下这两个字了。

"干爹，现……现在怎么办？"赵文华见严嵩脸色苍白，目光呆滞，连忙问。

严嵩缓缓转过头，看着赵文华。赵文华像是中了一箭，身子一哆嗦。

"混账！混账东西！"严嵩先是怒骂了一句，然后抓起桌子上的茶壶，朝赵文华扔去。赵文华头一偏，茶壶擦着他的耳朵飞了出去，砸在了墙上，随即掉落在地，发出"咔嚓"声。

茶壶碎了，赵文华的耳朵也流出血来。

不过，赵文华丝毫感觉不到疼痛。他知道自己闯大祸了，"扑通"一声跪在地上，不停磕头，嘴里喊着"干爹饶命，干爹饶命"。

"干爹？干爹？谁是你的干爹？"严嵩怒不可遏，"混账东西，你连你的狗都不看好，到头来咬你。只咬到你也好，现在竟然……"

严嵩说不下去了，恐惧漫延全身。

"干爹不要生气……儿子……儿子这就去……这就去把那只狗宰了。把他宰了，给干爹出气！"

赵文华何曾见过严嵩发这么大的火？他说话结巴起来。

"出气？把一只狗宰了能给老夫出气？"严嵩嘴唇哆嗦着，"还不快去问那狗东西，都给……都给夏……夏言说了什么。"

严嵩越想越气，越想越害怕。自己还没抓到夏言的把柄，倒被夏言抢了先。自己已经过得够被动了，这下子，说不定连命都要丢了。

"这就去！儿子这就去！"赵文华忙不迭地答应着，连滚带爬地出了严府。

回家后，他即刻派人去抓汪诚。当时，汪诚在酒馆里已经喝得不省人事。

汪诚被赵文华的手下像拖死狗一样，拖到了赵文华的面前。看着像一摊烂泥似的汪诚，赵文华恨不得马上杀了他，但还是忍住了。他使了个眼色，马上就有人端来一盆冷水，照着汪诚的头浇了下去。

汪诚一个激灵，清醒了些，嘴里嚷嚷着："干什么？干什么？你们知道爷爷是谁吗？爷爷是……"

汪诚没有说下去，他看到了一脸铁青的赵文华。

"老爷！"汪诚清醒了一半，双腿一软，跪在地下。

"你不是得了痨病吗？"赵文华说，"怎么一点都不像快死的样子？"

"小的……小的吃……吃了几服药，好……好些……好些了！"汪诚结巴道。

此时，他完全清醒了，一边说话，一边揣摩赵文华的心思。他不知道赵文华抓他来干什么。是嫌自己骗了他？这好办，大不了挨板子，他不怕。可如果知道自己背叛了他，那自己可就……

想到这里，汪诚打起了摆子。

"老爷，小的就是老爷的一条狗，一条汪汪叫的狗。小的，小的不该欺骗老爷，说小的得了痨病，小的……"

"骗老子？"赵文华看着汪诚，用大拇指一指自己，"你只是骗了老子？"

突然，赵文华转过头，看着身边的手下。

"都给老子滚出去，滚远一点，没有老子的允许，谁都不准靠近。"

赵文华的声音阴森森的，汪诚心里一"咯噔"，他知道，最坏的结果来了。

"现在就我们两个人了，说吧，夏言给了你多少银两，让你干什么？你都和他说了什么？"赵文华身子朝前倾，盯着地上的汪诚，"把这一切，原原本本地说出来，一个字都别漏。漏一个字，老子让你马上见阎王。"

"老爷……老爷……"汪诚已经吓得说不出完整话来了。

"如果一字不漏地说了，老子就饶了你这条狗命。"赵文华又说。

"老爷！老爷……老爷饶命！老爷……饶……饶小人一条……一条狗命吧，都……都是那夏言，都是他……他……都是他逼小人的……"

汪诚就像当初在夏言面前一样，竹筒倒豆子，什么都说了。当然，他省略了他说恨赵文华的话。汪诚说完，赵文华眼前一黑，差点跌倒在椅子下。他的后背，瞬间湿了一片。

"你……你这个狗奴才！"赵文华重重靠在椅背上，闭着眼，咬牙切齿地说。

他想给他一刀，但忍住了。小不忍则乱大谋。他必须尽快把情况汇报给严嵩，由严嵩决定如何处置这条狗。

"老爷饶命！老爷饶命！"汪诚不停地磕头，额头磕破了，流出血来，满脸都是，"小的什么都说了，是夏言逼小的说的，小的不说，他拿刀逼小的说。小的……"

"回去吧！这事不要和任何人提。"赵文华慢慢睁开眼，有气无力地道。

"老爷！您……您这是……饶……饶了小的……小的狗命？"汪诚没想到会这样，不敢动弹。

"还不滚？"赵文华一脚踢在了他的身上。

"是！是！小的这就滚！这就滚！小的什么都不说，小的什么都不知道。不知道！小的多谢老爷不杀之恩！多谢老爷不杀之恩！"汪诚嘴里念叨着，跌跌撞撞地跑回住处。

关上门后，他长舒一口气，以为自己的命保住了。他不知道，赵文华只让他多活了几个小时。

汪诚离开后，赵文华即刻出门，去了严府。

书房里有三个人，严嵩、严世蕃、赵文华。

事情太严重，也太紧急了。不管是严嵩还是严世蕃，全都没有顾得上打骂赵文华。那时的父子俩，就像赵文华恨汪诚一样，恨不得宰了赵文华，可理智告诉他们，不是时候。

听完赵文华审汪诚的情况，严嵩和严世蕃互看一眼。

"你相信你那条狗说的全是实情，没有隐瞒？"严世蕃问。

"能！能肯定！他不敢……"赵文华想说他不敢说谎的，但没说下去。

"如果只是这些，夏老儿应该没有把这事说给皇帝老儿。"严世蕃看着父亲说。

"那……那可太好了！太好了，那还有救！"赵文华高兴起来，不停擦额头和鼻头上的汗。在这阴冷的书房，赵文华一进来，汗就没停过。

严嵩瞪了赵文华一眼，把眼神转向严世蕃。

"何以见得？"

其实，他认同儿子的分析，如果夏言已经禀报皇上了，皇上不可能没有反应。

"皇帝老儿如果真知道了，不可能什么都不做。昨儿晚上，我和那顾可学还一起喝了酒。他说昨儿早上，他还给皇帝老儿配药来着，皇帝老儿心情不错。"严世蕃说。

严嵩点点头问："嗯！还不算坏。不过东楼，为父亲想不通，夏言为何不上报皇上？"

"证据不足！夏老儿应该在等更多证据。"严世蕃说。

"哼！就是说，他觉得这些证据还不能置我们于死地。"严嵩冷笑道。

"很可能是这样！"严世蕃说。

"干爹！东楼兄，要不这样吧，我派几个兄弟，把……把那夏言……"赵文华做了个抹脖子的手势。

严世蕃用独眼瞪了赵文华一眼，不说话。严嵩则冲赵文华说："你还是好好想想，怎么解决你那条狗吧！"

"是！我会让那狗到他该去的地方的。"赵文华忙说。

第二天，汪诚死了，是吊死的。不过，赵府里传出的却是：汪诚得了痨病，生不如死，上吊自杀了。

第十章　严嵩为苟且偷生，忍屈辱跪求夏言

严氏父子站在夏府门外，焦急地等着，似乎等着最后的审判。

严嵩的样子像极了拉满的弓，他驼着背，顶着一头稍显凌乱的白发，眼睛看着门口，心里念着"阿弥陀佛"。此时的严嵩，比任何时候都渴望夏言的出现。

严世蕃呢，一改往日的趾高气扬，头颅不安地摆动着。不由自主地摆头是严世蕃在无计可施时才有的无意识动作，这让严嵩心里更急了。看来，连这个遇到任何事都有办法解决的聪明儿子，也都无计可施，手足无措了。

"要不，我们回去吧，再想想其他办法？"严嵩对儿子说，"咱们先弄清楚，除了文华那只狗说的那些，夏言到底还知道些什么。"

严嵩现在最怕的，不是汪诚给夏言说的那些，他怕的是夏言从别处还知道了些什么。知己知彼才能百战不殆。什么都没弄清楚，来这里干什么？不是自找其辱吗？

"不！不能回去！绝对不能回去！"严世蕃扭头看着父亲，摆动的脑袋总算停下来了。他用那布满血丝的独眼看着父亲，"就因为不知道他知道多少，才不能回去！我们必须先稳住他！"

严嵩张了张嘴，但什么话都没有说出来。他有些可怜起这个儿子来了，一向足智多谋、骄傲的儿子，能和自己一起做这么低声下气的事，从未有过。

"唉！"严嵩长长叹了口气。来夏府，是他和儿子商量了很久，想不出万全之策的无奈之举。

"看来，没有其他办法了，只能去求夏老儿。"

当严世蕃说出这句话时，严嵩从凳子上蹦了起来。

"什么？求他？你……"严嵩一边摇头，一边摆手，"不！不！不能这么做，绝对不能这么做，怎么能去求他呢？我们……我们……何况我们去求他，就说明我们承认他掌握的那些证据了，这不是不打自招吗？不！不能！"

"只能这么做了！"严世蕃说，"我们必须在夏言上报皇上前，把这件事按下去。"

"按下去，按下去！按得下去吗？他能答应按下去？他恨不得我们死。"

"可你有其他办法吗？"严世蕃白了父亲一眼。

"为父没有，可……"严嵩说，"东楼啊，你不是一直很有主意吗？这次怎么……"

"来不及了！想什么办法？夏老儿知道多少？我们不知道，怎么想办法？只能从他那里想办法。时间拖得越久，对我们越不利。只有从他这根上解决了，我们才会安全。"严世蕃说。

"爹在夏言那里受的屈辱还少吗？爹不怕，只是你……"

严嵩还没说完，严世蕃就说："您不是经常说，认输是为了不输吗？我不怕暂时的认输！"

"东楼……"

"别说了，等从夏府回来再说吧！我们是在和夏老儿抢时间，啰嗦这么多干什么？弄些东西带上，不要多，但不能少。去求他！让他可怜我们，生怜悯之心，我们就赢了。"

严嵩不停摇头，觉得儿子疯了。他太了解夏言了，夏言怎么会被一些财物打动？如果能被这些东西打动，他们之间还会这么剑拔弩张，你死我活吗？何况，夏言好不容易找到扳倒他们的机会，会放弃？会怜悯他们？做梦！

严嵩想继续劝儿子放弃，但又不忍心，只能拖一会儿是一会儿，希望儿子能在天亮前，想出一个更好的计策来。

"东楼，那我们明天去吧！"严嵩说，"天亮了去……"

"明天？明天谁知道会发生什么事？再说了，我们去夏府干什么？您不知道吗？是向夏老儿求情，求他饶了我们。我们不仅要在他面前低声下气，还要在他面前装可怜。装可怜这种事，不是白天做的，是要晚上做！晚上做！您知道吗？"

严世蕃是真的生气了，独眼珠子像是要冲破眼眶蹦出来。严嵩被儿子的样子吓坏了，不再说话。

"你不想去，你以为我想去？这是唯一的活路，去不去随你！"严世蕃"您"也不说了，用独眼剜了父亲一眼，拖着沉重的身体，离开书房。

"快点！"严世蕃走出好远后，又冲书房喊了一声。那一声很响，好似房子都在摇晃。

严嵩再叹一声，慢慢跟了上去。

于是，父子俩悄悄来到夏府门口，不停歇地敲门，叫醒了门房。

门房被吵醒，一边骂骂咧咧，一边打开门。

"你们找……""死"字还没说出来，门房怔住了。他揉了揉眼睛，当确定是严嵩父子时，彻底醒了。

"你们是、是严……"

"我是严世蕃，我和我父亲要见你们老爷，有重要事情，非常重要，必须现在见到他。"

严世蕃用他从未有过的谦逊，对门房说。同时，从怀里掏出了一锭金子，塞在了门房的手里。门房哪里见过这么大一锭金子，眼睛瞪圆了，想退还给严世蕃，又舍不得。

"不让你做别的，就给我们好好通报一下就行！"严世蕃又说。

门房看看严世蕃，又看看手里的金子，再看看严嵩。

"去通报吧！本官有事要找夏阁老，很重要的事。"严嵩开口了，有些沙哑，又有些无力。

"要是我们老爷……"

门房说到这里，看了看那锭金子，他是怕通报了，夏言不见，严世蕃把金子收回去。严世蕃猜出了他的心思。

"你只管通报，你们家老爷见不见，这锭金子都是你的。"

"好……好吧。"门房说，"那请二位大人稍等片刻。"

"我们在你的门房里等着，你家老爷答应见我们，你会有第二锭！"严世蕃在门房背后说。

门房看了严世蕃一眼，小跑起来……

夏言被门房叫醒并得知严氏父子在门外求见时，他先是一愣，随即明白了。能用银两收买的人，怎么可能靠得住？这汪诚……

"告诉他们，老夫睡了，不方便见，让他们回去吧！"

门房想再多说几句，又怕惹怒夏言，悻悻然地去回复严氏父子。

不出严嵩和严世蕃意料。

"辛苦了！"严世蕃说着，又掏出一锭金子，塞在了门房的手里，"麻烦你再去通报一声！"

看了一眼手里金灿灿的金子，门房又去通报了一次，结果还是一样。严世蕃并不罢休，第三次掏出金子，换来了门房的第三次通报。这次，结果总算不一样了，来回复严氏父子的是管家。

"严阁老，我们老爷昨晚身体不适，睡得晚，无法半夜起床接待二位，请二位回去吧！"管家说到"半夜"时，看了看满天的繁星。

"本官有重要事和夏阁老谈。"严嵩说。

"我家老爷说了，若有事，天亮在内阁说吧！"管家又说。

严嵩再能忍，也忍不住了，正要拂袖而去，却听儿子大声说："是吗？夏阁老身体不适？那我们更应该去看看了。"

管家一听这话，怔在了那里。如果面对的是其他人，他可以让家丁轰他们走，可面前是严氏父子啊。就在他不知所措之时，严世蕃已经拨开管家，径直进了夏府。

严嵩那刻的脸色，一定像蒙上了红布。虽然以前他也经常被夏言羞辱，但哪里经历过被门房、管家拒之门外后还不管不顾地往里面闯？不过，见儿子已经进去，他也只能硬着头皮，跟着进去。

"严大人！严大人！"管家反应过来时，严嵩和严世蕃已经进去了，无法再阻拦，他只能嘴里不停说，"我们老爷身体真的不适，昨儿从宫里回来就不舒服，还找大夫开了几服药。"

严嵩和严世蕃不再搭理他。已经进来了，还和一个奴才说什么？

夏府对严嵩来说，很熟悉了，在未进内阁时已来过多次。因而不用管家带，他就带着儿子径直去了。见二位严大人已经到了夏言的卧室门外，管家急走两步。

"二位大人请稍等！"

管家说完，对着半开的门缝，朝里面说："老爷！严阁老和严大人来了。小的说您身体不适，他们说有重要事，一定要见您！"

夏言醒着。他在门房通报严氏父子求见时便没再睡着，当得知严氏父子已经到了卧室门外时，惊诧不已。

"竟然有这么不要脸的人！"

太出乎意料了，夏言倒不知怎么办了，是继续装睡还是起来接见他们？接见他们，他实在不愿意，那就继续装睡吧。夏言翻了个身，继续装睡。可没想到，他翻身的声音被门外的严氏父子，甚至管家都听到了。

严氏父子对视一眼。管家有些尴尬，毕竟面前的人是内阁次辅，正不知所措，却见严世蕃已经推开门进去了。

这次，严嵩没有迟疑，随即踏进门去。

两个人径直走到夏言的床边。管家惊呆了，傻站在外面。

严氏父子会在不经他同意的情况下，径直走进他的卧室，站在他的床边。夏言惊讶之余是愤怒。当然，他也在庆幸夫人回了娘家，不然该多尴尬啊。

这父子俩也太无礼了。夏言只想翻身下床，将他们轰出去。不过，想到自己刚刚装睡，他倒不好意思这么做了。

两个仇人站在床边，背对他们的夏言，整个身体都紧绷起来，不知道这父子二人接下来会干什么。

"严大人，严……"

门外的管家这时才反应过来，嘴里一边叫着"严大人"，一边冲了进来。不过，没等他走到严氏父子面前，严嵩便冷着脸说："你出去吧！本官要和你家老爷谈点事。"

管家再次怔在那里，走也不是，不走也不是。

"是关于朝廷的事，你也要听吗？"严世蕃也厉声道。

管家看看床上，想让夏言说句什么，但夏言只是身体动了动，并没有说什么。管家只好慢慢退了出去。等管家出去，夏言才知道，自己上了严氏父子的当了。他们料定自己在装睡，也料定在他们叫管家出去时，自己不会说什么。

夏言越想越懊恼，为什么要装睡？为什么不将他们赶走？心虚的不应该是他们父子俩吗？夏言在懊恼之下，正想接下来要怎么做时，他先是听到"扑通"跪地的声音，接着又听到了呜呜咽咽的哭声。

先是一个人在哭，接着又有一个人开始哭。哭声一个苍老、悲伤，另一个则伤心欲绝。两种哭声明显是在极度压抑之下发出的。

用哭声打动夏言，这是严嵩在看到严世蕃闯进夏言卧室后才意识到的。在那一刻，他在心里为儿子严世蕃竖大拇指，觉得这个儿子太聪明了。他怎么没想到呢？如果说夏言有什么软肋，那就是心软，见不得别人流眼泪和伤心，即使是仇人。

当然，更让他想夸儿子的是，儿子在关键时刻也能屈能伸。

严世蕃确实找到了夏言的软肋。夏言表面孤傲、冷漠，实际上心肠很软，典型的吃软不吃硬。严世蕃能叫父亲和自己一起来求夏言，就是利用了夏言这一点。

严氏父子这突如其来的举动，惊吓到了夏言，让他无法无动于衷。

一个内阁次辅，带着儿子在自己床前痛哭，如果不是知道错了，害怕了，会这么做吗？得饶人处且饶人，他怎么忍心任由他们这么做？

"唉！"夏言长叹一声，翻身坐起。

这一翻身是致命的，他的心彻底软了，因为跪在他床边的严嵩泪流满面。

一个比自己年长两岁、六十多岁的老人跪在自己的床边……

夏言慌忙下了床，将严嵩扶起。

"你这是何必呢？"夏言冲严嵩说完，又瞟了一眼严世蕃，"你也起来吧！"

严嵩不知是真没站稳还是装的，踉跄一下。夏言急忙伸手扶住他。正待说话，严嵩反手抓住了他的手，混浊的泪水，扑簌扑簌地流了下来。

严嵩此时的哭，并非像夏言所想，是害怕了，知错了，而是害怕和屈辱。

"总有一天，老夫会将今天所受的屈辱，全都还给你的。"严嵩在心里说。

严嵩的心里话，夏言听不到，但严嵩的眼泪，他看到了。他那颗对严氏父子已经僵硬的心，瞬间被严嵩的眼泪软化了。

"分宜，你这是干什么？"

用"分宜"称呼严嵩，已经是很久以前的事了。听到这句称呼，严世蕃在心里冷笑一声，他知道，他们成功了。

"分宜只求夏阁老能高抬贵手，给分宜和犬子一个改过的机会。"严嵩说完，眼泪又"唰唰唰"地流了下来。

"东楼，还不快给你父亲……"夏言瞪了严世蕃一眼，话没说完，严世蕃已将早都准备好的绢布递给了父亲。

为了把这场苦肉计表演得逼真一些，严世蕃也想过要流出眼泪来的，可流不出，只能干号。看到父亲那源源不断的眼泪，他心里也不好受，对夏言的恨意也就更深了。

等着吧，夏老儿，不会等多久，你会跪在我们的面前，号哭、流泪的。严世蕃想。

"唉！"夏言长叹一声，"你们呀……你们父子俩真是……做得也……特别是东楼你，你看看你，你做了多少丧尽天良的事？"

夏言竟然像个长辈一样，开始训斥起严世蕃来。

"公谨（夏言的字），犬子以后再也不会这样了，看在我们是老乡的情面上，饶了我们父子吧！"严嵩也用了一个亲热的称呼——公谨。从夏言的言语和表情，他知道，他们父子的危险已经解除。不过，只有夏言亲口说不再提此事，他的心里才会踏实。

夏言沉默片刻，看看严嵩，又看看严世蕃，最后无奈地道："好了！这都大晚上的了，你们回去吧！此事到此为止！"

"公谨……您、您是说这事不再追究了？"严嵩激动得结巴起来，双腿一软，再次跪了下去，"分宜谢谢夏阁老！"

幸福来得太突然了，让严嵩一时有些把持不住。

"爹！"严世蕃先冲严嵩叫了一声，随后也像父亲一样，跪了下去，"东楼多谢夏阁老！"

严世蕃这一跪，当然还是演戏。这戏必须演足了，以免夏言过后反悔。

"走吧走吧！"夏言挥了挥手，有些像是在赶苍蝇，"天还未亮，你们回去还可再睡会儿。"

严世蕃起身，扶起了严嵩。两父子再次千恩万谢后，一步一回头，一步一抽泣地离开了夏言的房间。

看着他们父子二人离去的背影，夏言先是摇头，后又叹气。看来此次好不容易收集的证据，又要作废了。

夏言决定放他们一马，只要他们以后能收敛。夏言不知道，正是他的这个心软，导致了他之后的悲剧人生。如果知道之后会发生什么，夏言一定不会因严氏父子深夜在他床边哭泣而心软，他一定会用最严厉的手段，击垮他们，以免他们伸出獠牙，变成吃人的狼。

严氏父子利用夏言的软肋，用一场"忍辱道歉"改变了局势。夏言是个言而有信的人，答应的事就不会反悔，即使是在冲动之下答应的。因而，此事他没有再向任何人提起。

不是夏言太自信，以为自己将严氏父子征服了，而是严嵩太会演戏了。

自那日夜闯夏府跪地求情后，严嵩在夏言面前更谦卑，也更恭敬了，似乎不再介意夏言对他的漠视。

严嵩的态度，让夏言对严氏父子的戒备心理完全解除，并打消了赶严嵩出内阁的想法。

时间一晃，一年过去了。

嘉靖二十五年（1546 年），一封奏疏送到内阁。夏言一看，是兵部侍郎兼陕西总督三边军务曾铣写的。

曾铣在朝臣里，可以说是少有的能和夏言说上话的人。曾铣曾在夏言的老家江西任过职，任职期间，拜访过夏言的父亲。夏言的父亲也在给夏言的信中屡屡提到过曾铣，一来二去，两个人有了交情。曾铣每到京城，只要时间允许，都会去夏府拜访。

曾铣此次的奏疏，大意是蒙古土默特部首领俺答越来越不将大明看在眼里，与其让他们在河套屡屡进犯，不如收复河套，让俺答知道，大明不可侵犯。

河套原属大明领地，只是靠近蒙古，于是，那里便成了土默特部时不时越界抢掠之地。刚开始的时候，明朝廷还会派兵出面赶走他们，可他们那骚扰式的抢掠，让明朝廷疲惫不堪，渐渐有些力不从心，最后直接放任不管了。

俺答得寸进尺，刚开始只是到河套抢掠后回去，到最后直接鸠占鹊巢，让河套变成了他们的地盘。

如果能换来边境的安全，那并不富饶的河套丢了就丢了吧，明朝廷想。然而，原以为丢掉了河套这贫瘠之地就能换得平安，谁知俺答在占领河套后，竟然像是打开了抢掠大明的大门，侵犯频率越来越高，靠近河套的大明领地，成了又一个河套。那里的百姓，被俺答烧杀抢掠成了常事。

百姓遭殃，负责那边边境安全的曾铣更是烦不胜烦。

你打他走，你走他扰。老被俺答牵着鼻子走，太窝囊了。正是因为这样，促使曾铣写了这篇奏疏，希望朝廷能拨款出兵，将河套收回。

"中国不患无兵，而患不练兵。复套之费，不过宣（府）大（同）一年之费。敌之所以侵轶无忌者，为其视中原之无人也。"

对于任由河套被俺答占领，夏言一直心存不满，也早有收复河套，以保一劳永逸的念头，如今见曾铣和他的想法不谋而合，很是高兴，连叫了几声好。

"只有这样，才是一劳永逸之策，才是万世社稷所赖也！"曾铣在奏疏最后说。

这奏疏看得夏言精神一振，热血沸腾，特别是最后那句"只有这样，才是一劳永逸之策，提万世社稷所赖也！"竟然让夏言兴奋到拍桌而起。

"曾兄真乃大丈夫也！"夏言大声道。

从曾铣的奏疏被送到内阁，严嵩的视线就没有离开过夏言。夏言看奏疏时的表情变化，以及激动到拍桌叫好，严嵩全都看在了眼里。

自夏言有了严嵩的把柄，严嵩便变得"顺从"多了，夏言说什么就是什么，让做什么就做什么，比奴才还像奴才。当然，夏言还像以前一样，无视严嵩的存在，并没有因严氏父子曾深夜跪在他床边，求他原谅而对严嵩在态度上有任何变化。不过，虽然对严嵩态度没变，但夏言的心态却有了变化，在他眼里，严嵩不再是他的对手，而是个令人讨厌的，一身媚骨的可怜老人。他和严嵩的战争结束了，整个大明，已经没有人能撼动他的地位了。

夏言越发自负。当然，这种自负源于嘉靖帝让他第三次复职，给了他一种错觉：皇上离不开我，大明离不开我！

夏言不知道，严嵩的"顺从"只是为了麻痹他，父子二人一直在寻找机会，寻找一个能将他置于死地的机会。而嘉靖帝呢，更不可能离不开。曾经，嘉靖帝确实需要夏言，因为那时候，朝臣中还没有人的青词写得比夏言好。可如今呢？不仅严嵩的青词与夏言写的不相上下，就是内阁的另一位成员，徐阶的青词也清新华丽，很合嘉靖帝胃口。

嘉靖帝之所以让夏言复职，只是想警告严嵩，让他不要放肆，和夏言无关。

人不能太自负，太自负就会高估自己，低估别人。夏言就是。

夏言在为曾铣的奏疏叫好的时候，一直竖着耳朵听的严嵩，听到了"曾兄"两个字，再一琢磨，奏疏是陕西三边总督府来的，便意识到是曾铣写来的。

曾铣在奏疏里写什么了？让夏言这么高兴？严嵩想。

虽然不知写了什么，但看夏言那高兴劲儿，应该对自己不是什么好事。曾铣不是严派，且和他的两个对手夏言和聂豹走得近。

曾经，何维柏弹劾严嵩，虽被皇上治罪，但却没被判处死刑，皆是因为聂豹。聂豹在任陕西按察副使，兵备潼关时，就与已是陕西三边总督的曾铣相识，并互相赏识。

从经历上来看，曾铣和聂豹有很多相似之处，两个人都是文官出身，却又喜欢军事，也都有着很强的军事素养。同时，两个人也都是先做县令，又因政绩出色，被升任为巡按史的。从带兵上来看，聂豹有兵备潼关的经历，而曾铣有三边军务的经历。

严嵩想到这里的时候，心里一动。冲曾铣和聂豹走得近，就足以让严嵩有兴趣知道曾铣在奏疏里说了什么，有没有文章可作。更何况，曾铣还和他日夜都想置于死地的夏言有牵连。

有了这种想法，严嵩盯夏言就盯得更紧了。

夏言不知道自己正处在严嵩的"监视"中，他还没有从曾铣慷慨激昂的文字中走出来。在又接连看了几遍后，他拿起纸笔，挥笔疾书，对曾铣的"收复河套计划"进行了票拟。

落笔后，仍没有从激动中恢复平静的夏言，将徐阶叫到面前。

"少湖（徐阶的字）来看看这个，镇守边关的将领如果都有这样的气魄，大明何愁会被外敌侵扰？"夏言一边冲徐阶说，一边用手指敲击那份奏疏。

徐阶俯身看了一下。

"怎么样？想法不错吧？"夏言收起奏疏说，"本官这就呈给皇上，让皇上看看边关将领的豪气！"

太激动，也太着急，夏言拿着奏疏走了，并未征询徐阶的意见，更没征询严嵩的意见。看着夏言急匆匆的背影，徐阶有些尴尬，但他知道夏言的脾气性格，也便苦笑一下，没放心上。不过，在看到严嵩正看着夏言的背影发呆时，徐阶的心里有了不好的预感。

严嵩突然之间变得事事顺从夏言，让徐阶困惑了很长一段时间。不管什么原因，徐阶都不相信，严嵩认输了，退出了争斗。以他对严嵩的了解，严氏父子一定在谋划着什么，可在谋划什么呢？他不知道。

徐阶想过提醒一下夏言的，可又找不到合适的机会。何况，夏言会听吗？

徐阶从严嵩那里收回目光，又想起了刚刚看到的，曾铣奏疏里所说的收复河套的事。

"曾大人的想法不错，可皇上会同意吗？"徐阶有些担心。

徐阶和曾铣有过一面之缘。两年前，他去看望聂豹时，曾铣正从聂豹那里出来。当时，聂豹在为他们二人做了介绍后，还没聊上几句，曾铣就因事先走了。吃饭时，聂豹和徐阶又重提曾铣。

"本想让你们认识认识的，可惜他有事。这人可是个军事天才。"聂豹说，"大明边关有这样的将领镇守，是朝廷之福，也是大明之福。不过，此人有些怪，军法严厉到令将士们害怕。"

"哦？"徐阶有些吃惊，"曾大人看起来不像严厉之人。"

在徐阶看来，曾铣既没有武将的魁梧身材，也没有武将眼神中的狠，甚至可以说，曾铣看人时，眼神很是温和。这样的人，如何令属下害怕？

"人不可貌相！"聂豹说完，便给徐阶讲起了发生在曾铣身上的一件事。

聂豹说，有一年除夕，曾铣突然对那些和俺答打了一年仗，好不容易休息的将士们下达了出兵作战命令。除夕出兵作战，别说不吉利，能找得着对手吗？打俺答，一向只能打阻击战。也就是说，只有俺答入侵，他们才能还击。不入侵他们打谁？这样的日子，天寒地冻的，俺答也不可能出窝，于是，将士们发起了牢骚。

"出兵？出兵跟谁去打？俺答兵个个抱着女人，吃烤牛肉，喝烈酒呢。"一个人说。

"就是，难道我们要去动俺答的老窝？"另一个说。

……

大家叽叽喳喳，一阵议论，为不出兵找各种借口。不过，抗命吧，他们又不敢，曾铣的脾气他们是知道的，说一不二，军令如山。

最后，他们推举出一位曾铣赏识，也和曾铣的夫人有亲戚关系的副将去和曾铣提议，收回出兵命令，让他们过个安安稳稳的好年。

副将信心满满地去了，结果再也没能回来，回来的是他的头颅。而且是曾铣亲自提溜着来的。看到那血肉模糊的头颅，众将士又惊又怕。

"是像他一样掉脑袋，还是出兵作战，你们自己选择！"曾铣冲将士们说。

没人敢再多说一句话。于是，除夕之夜，曾铣带着将士们出发了。

让将士们没想到的是，他们出发不久，就遇到了正准备在除夕之夜偷袭他们营地的俺答兵。

俺答兵看到他们，比他们看到俺答兵还吃惊。俺答兵没想到，在汉人最重视的除夕，他们竟然还会出兵，一时乱了方寸。

"狗日的，还真来了，那我们就送你们回老家。"曾铣大喊一声，"是他们让你们过不好年的，还不快打？给老子狠狠打这群鞑子。"

曾铣可不是只下命令，在喊出那句话的同时，他拍马提刀，向俺答兵杀将过去。一时之间，曾铣率领的明军将他们在除夕夜还要打仗的愤怒，全都发泄在俺答兵身上。

俺答兵被杀的被杀，逃跑的逃跑。

"追！给老子追！将这群鞑子彻底赶出我们大明！"曾铣一边挥刀，一边大声说，"这样我们就能过个好年了。"

这一喊，俺答兵逃得更快了，丢盔弃甲，没命逃窜。而曾铣则带着他的明军，穷追猛打……

曾铣率领明军胜利回营后，将士们掩饰不住内心的激动，纷纷询问他怎么知道俺答兵会来偷袭。

"这还不简单吗？"曾铣得意道，"本将军能掐会算。而且，我们营地那棵树上，一早就有喜鹊在喳喳叫，本将军知道，一定有喜事。对我们来说喜事是什么？不就是将俺答兵打得屁滚尿流吗？"

曾铣说完，得意地哈哈大笑起来。

徐阶听完聂豹讲的，更吃惊了。

"曾大人真有能掐会算的本事？"

"打仗讲究的是出其不意，曾铣在除夕夜出兵是出其不意，俺答在除夕夜偷袭更是出其不意。"聂豹笑着说，"明军能胜，是因曾铣想到了俺答会出来，而俺答却没想到明军会出来。"

徐阶想到这里时认为，曾铣此次能提收复河套计划，想必已经做好了充分的作战准备。

正如徐阶所想，曾铣是经过深思熟虑，这才向皇上写"收复河套"奏疏的。几年里，他和他的士兵们，常常为了赶走那些入侵大明，四处抢掠的俺答兵疲于奔命，既浪费时间，也浪费财力。因而，在经过了各方权衡后，他写了这篇奏疏。

嘉靖帝是个非常情绪化的人，刚刚看了夏言递上来的奏疏，觉得曾铣所言属实，恰好心情也不错，便微笑着问夏言："夏阁老觉得怎么样？"

夏言自然大赞曾铣的"收复河套计划"。

嘉靖帝随即翻到背面，看到了夏言的票拟，全是对曾铣"收复河套计划"的赞誉之词。嘉靖帝不易觉察地皱了下眉，怎么比给他写青词还用心？

"这是你们内阁的意见？"嘉靖帝少有地问道。

"是！"夏言说。

"那就让司礼监批红吧！"嘉靖帝说。

"谢皇上！"夏言看了看旁边的司礼监掌印太监张佐。

皇上都让批红，司礼监掌印太监张佐自然没理由拒绝。很快，曾铣的"收复河套计划"奏疏只等皇上下诏了。

不过，就在当天晚上，张佐乘坐轿子，悄悄进了严府，在严嵩那间隐秘的书房，向严氏父子说起了"收复河套计划。"

"原来是这么一回事儿啊！"严嵩说，"怪不得夏言那么高兴。"

"皇上怎么会做如此仓促的决定？"严世蕃有些奇怪。

"咱家也没想到！"张佐说，"咱家还奇怪呢，皇上这是怎么的了，这么大的事，只见了内阁票拟，就让咱家批红，不和六部商议。"

"内阁票拟？"严嵩无奈地苦笑了一下，"票拟都是夏言一个人的事，别说和老夫商议，就是奏疏内容，不是张公公来说，老夫都不知道。"

严嵩说这话时，掩饰不住愤怒和失落。不过这次，相比严嵩，严世蕃倒很镇定。

"这事嘛……"严世蕃眯起他的独眼，停顿一下，"可能还有变数，爹没参与是对的。"

"什么变数？"严嵩问。

"我觉得皇上这么快决定一件这么大的事……有问题。"严世蕃摇了摇头说，"这个决定，不应该是他真正的想法！"

张佐先是轻笑两声，然后"啪啪啪"地击掌。

"咱家早就听说严公子聪明，以前倒不觉得，这下，咱家是真正看到了。"

"张公公是说，是说犬子……是说犬子说得对？"严嵩先是一惊，又一喜，从座位上站了起来。

"严阁老！咱家如果不是觉得皇上的心意有变化，何苦来贵府呢？"张佐说着话，跷起了手，看了看长长的指甲，不再说什么，他要卖个关子。

果然，严氏父子全都凑到了他的面前。

"张公公是说皇上后悔他的决定了？"父子二人一起问。

张佐先是摇头，接着又点了点头说："现在还没后悔，但咱家想呀，皇上指不定会后悔呢。"

"张公公快说说，到底怎么回事。"严嵩着急地道。

"咱家发现，夏言呈上那曾铣的奏疏时，皇上看了的确兴奋。当然，也或许是刚刚吃了仙丹的原因。"张佐停了一下，翻着眼看了看严氏父子，诡异地笑了笑，继续说，"你们知道的，皇上一吃这些东西呀，就兴奋。"

严氏父子可没有心情听张佐说仙丹的事，他们没有笑，只是盯着张佐，等着他说接下来的话。

"可咱家发现。"张佐收住笑，继续说，"皇上看夏言的票拟时，皱了皱眉，还问了句，'这是你们内阁的意见？'，咱家想啊，皇上能问这句话，心里可能咯噔着呢，不然不会问。"

"这倒也是。"严嵩压制住兴奋，"张公公能确定皇上心里有变化？"

"这可不好说。"张佐说,"不过呢,咱家伺候皇上这么久,皇上高不高兴,有多高兴,咱家还是知道的。"

"好!太好了!太好了!"严世蕃一拍桌子,把严嵩和张佐全都吓了一跳,"机会来了!"

"机会?"严嵩假装不明白,"什么机会?和张公公说说。"

"真是天助我们严家啊!"严世蕃这么一说,又改口道,"是天助我们!我们和张公公!"

严嵩紧张地看着张佐。

"犬子说错话了,望张公公别……"

张佐打断严嵩的话。

"这话怎么说的?严阁老,你家公子说得对,是天助你们严家,和咱家可没什么关系。这夏言,不就你们严家的仇家吗?对咱家……咱家可是不会把他的傲慢放在眼里。"

张佐说话时,表情异常丰富,眉毛跳,嘴巴撇,身子扭,很是滑稽。严嵩还想解释,但又想,还不如直接给东西实惠呢。

"这还不是多亏了张公公?"严嵩笑得五官挤在一起,一边说,一边亲自倒茶给张佐,"张公公,前些日子,犬子得到一块宝贝,不知张公公可否喜欢?"

严嵩说完,冲儿子使了个眼色。

严世蕃有些不大情愿,愣了一下,但还是朝书架上一摸。一道隐门打开,严世蕃走了进去,一会儿工夫,手里拿着一只锦盒走了出来。

"什么好玩意儿?"张佐嘴里在问,眼睛却停在那只锦盒上。他知道,从严家拿出来的东西,不会错。

严世蕃不说话,只是走到张佐面前,打开锦盒。张佐的眼睛顿时瞪大了。

"这……金……金石猫眼?"张佐双目圆瞪,双唇微颤。他伸出颤抖的手,拿起那枚闪烁着耀眼金光的猫眼石,嘴里不停歇地说:

"美！太美了！真是太美了！"

"张公公好眼力！"严嵩巴结道，"确实是金石猫眼。"

"好！好玩意！真是个好玩意儿！"张佐轻轻举起了猫眼石，上看下看怎么看都看不够。幸好他的注意力全都集中在了猫眼石身上，不然，他会看出严世蕃的不满来。

严世蕃对这枚金石猫眼也是情有独钟。这宝贝是某地一个县令送给他的，严世蕃很是喜欢，可严嵩看后却说张佐喜欢这种宝贝，让他送给张佐，严世蕃当即表示反对。

"他喜欢我就要送给他？凭什么？我也喜欢。"严世蕃大声说，"一个阉货，何必把他看得太重？您好歹也是内阁次辅，他一个……"

"你懂什么？"严嵩厉声道，"为父和你说过，他们虽是奴才，可也是皇上最亲近的人，他们的一句话，有时候可以决定一个人的生死。"

当时，严世蕃虽然没再辩解什么，但还是不想送。可刚刚他说错话了，张佐又带给他们这么一个好消息，他这才忍痛割爱。

"好啊！好啊！"张佐激动得眼含热泪，嘴里喃喃着，"美啊！太美了，咱家没见过这么美的猫眼石。"

收集各种宝石是张佐的嗜好。他收集的宝石品种繁多，独缺猫眼石，而在猫眼石里，最珍贵的又是金石猫眼。

"张公公喜欢就好！"严嵩笑得眉眼挤在了一起，"这猫眼石是犬子孝敬张公公的。"

严嵩说的时候，不忘又给儿子使个眼色，让他笑着点儿，别板着面孔。

"这是东楼孝敬张公公的，请张公公笑纳！"严世蕃虽然没有笑，但也没再板着脸。他想通了，这次若能将夏言整倒，父亲再掌朝政，还怕没有这样的宝贝？

"这……这……"张佐高兴得有些语无伦次了，"那咱家可就接着了？"

"这种宝贝，除了张公公，谁得了都是对宝贝的玷污！"严嵩这马屁一拍，张佐更高兴了。

张佐本和严氏父子都是一条绳上的蚂蚱，如今又得了他们一块绝世珍宝。张佐在服侍皇上时，也便有意无意地说起了俺答的难缠。

"这曾大人，还真是小看了那些蛮夷。看他说的，真那么好赶走，河套还会被他们赖了去？这些人呀，避还来不及呢，真要去收复，可不就把那些人得罪了吗？那以后还能有个安生的日子？那边境里整天打打杀杀，血腥不说，募兵、器械、军饷……哪项不要银两？唉！事情多着呢。不收复那荒野之地，俺答人虽然时不时来我们地界抢点东西，可不伤我们大明筋，不动我们大明骨。这一收复啊，怕就没完没了了。"

张佐的话，真真正正说到了嘉靖帝的心坎上。

嘉靖帝后悔了，在夏言呈上曾铣奏疏，他让张佐批红时他就后悔了。打仗岂是随随便便说打就打的？能打赢吗？赢了，收复了河套倒也罢了，可要是输了呢？不仅河套收不回来，俺答兵一生气，又占去一块。如今舟山还在抗倭，那倭寇可比俺答难对付多了。俺答抢掠百姓财物虽然可恶，可还不至于想夺他大明，用河套换平安，划算。

然而，君无戏言，既然票拟了，批红了，还下旨了，便不能再改了。

不过，虽然不能改了，嘉靖帝对曾铣和夏言却不满起来，觉得都是他们的错，如果不是他们的奏疏、票拟，说得天花乱坠，自己怎么会下令收复河套呢？

第十一章　陆指挥使遭弹劾，阁老们各怀心思

　　嘉靖二十六年（1547年）十月，湖广道御史陈其学弹劾锦衣卫指挥使陆炳。弹劾理由有三：潜藏奸宄之徒，勾结候崔元增加盐税，收受奸商徐二贿赂。

　　内阁首辅夏言看罢，禁不住拍桌而起，大声道："好大的胆子，身为锦衣卫指挥使，竟然做出如此下三烂的事。"

　　因太过激动，再加上身体不适，夏言摇晃了几下。幸而旁边的徐阶手脚快，扶住了他。

　　弹劾陆炳的奏疏最先到徐阶手里，他随手给了次辅严嵩。严嵩看过后，思索良久后递还给他。

　　"还是给夏阁老吧！"严嵩说，"以免夏阁老误会！"

　　"夏阁老不在内阁，学生怕久不处理会误事！"徐阶说。

　　夏言这两日因痢疾在家休息，有事都是严嵩和徐阶商量着处理。可这次，严嵩竟然不接。

　　"此事重大，岂是你我可以做主的？"严嵩说完，一边脸上的肌肉跳动了几下，"再说了，夏阁老的脾气你是知道的，这事处理不好，他会大发雷霆的。"

严嵩说这话的时候，表情僵硬，徐阶很难看出真假。

"那……那就先搁着？等夏阁老病好了……"

徐阶刚刚说到这里，便听被严嵩打断了。

"送到他府上去吧，这事不是小事。"

严嵩的反应有些反常，徐阶觉察出了，但又不知何意。不过，他还是在晚上去了夏府。夏言看后，果然震怒。

"不快票拟呈给皇上，送老夫这里来干什么？"夏言咳嗽两声，"你虽然只是阁员，可不能事事都不拿主意。虽然陆指挥使身份不一般，可只要凭良心，又怕什么？在内阁做事，不能瞻前顾后。"

夏言觉得徐阶之所以将此奏疏送到他府上，是碍于陆炳的锦衣卫指挥使身份。徐阶低着头不说话，也不解释。

"对了，严嵩看这奏疏了没有？"夏言又问。

"看……"徐阶还没说完，夏言又说，"老夫生病在家，这些事需要你们决定，快去吧！现在就去！"

"此时？"徐阶看看门外，皎洁的月光洒进院子，照得四周亮如白昼，倒显得点着油灯的屋内有些昏暗，"太晚了，明天吧！"

夏言看看屋内的油灯，这才意识到，晚上了。

徐阶来的时候，夏言还在睡觉，一时半会儿连时辰都分不清了。

"那就明天吧，你不敢做主，不是还有严阁老吗？这是难得的见皇上的机会，他不会错过的。你就说，老夫说了，严惩。"

"严阁老说这事重大，要夏阁老您……"

徐阶还未说完，只听夏言又说："事情重大，既然知道事情重大，就要即时处理。这种事，能拖吗？一拖，必定有人找人说情，说情的一多，很多事情就没办法办了。"

"学生错了。"徐阶羞愧难当。

"这奏疏什么时候收到的？"夏言又问。

"今天中午。"徐阶说。

"看看，这都什么时候了？"夏言不满地看了徐阶一眼，"有些事情，必须赶时间，耽误不得。"

"夏阁老说得是！"徐阶的脸更红了。他没想到这点，否则即使要交由夏言处理，也要早点来。

"是学生考虑不周！"徐阶越想越惭愧，"学生……"

"好了！好了！"夏言朝他摆摆手，"你回去吧！此事不严惩，天理难容。明日票拟后，呈上去吧！"

"那学生走了，夏阁老多保重身体！"徐阶见夏言气色还是不好，便说。

夏言不再说话，也不看他，挥了挥手。徐阶急着离开，竟然忘记拿奏疏。等夏言发现，叫家仆叫回徐阶，可徐阶已经走远了。

"罢了罢了，还是明天老夫回内阁处理吧！"夏言想，徐阶和严嵩一定是碍于陆炳的身份，不愿做决定，便想着明天回内阁。

深夜，夏言正要脱衣休息，门房来报，说锦衣卫指挥使陆炳求见。

"还真快啊！不见！"夏言说。

门房走了，夏言刚刚躺下，门房又在外面敲门。

"老爷，陆指挥使说见不到老爷他就不走。"门房说。

"那就让他待着吧！"夏言说，"谁也不能放他进来。"

夏言不想再现严氏父子跪在他床前哭泣的画面。门房走了，一会儿工夫又来了。

"陆指挥使说了，说他姨妈……"

门房话没说完，夏言便轻叹一声，坐了起来。

"让他进来吧！"

陆炳一提他的姨妈，夏言便不得不让陆炳进门了。

陆炳的姨妈和夏言曾经青梅竹马，两小无猜，还私定过终身，无奈夏言父母不同意，为他另娶了他人。因而，夏言对陆炳的姨妈始终怀有愧疚之情。

陆炳夜登夏府，自然是为陈其学弹劾他的事。而陆炳知道此事，则是由严世蕃告知的。

严嵩看到那份弹劾陆炳的奏疏后，觉得有利用价值。当然，他想利用的，是夏言对陆炳网开一面，徇私情（夏言的一切，严嵩都了解过，陆炳和夏言的关系，他也知道）。

不过，在他回去和儿子严世蕃说此事时，严世蕃却说只让夏言徇私情，太便宜夏言了，无法将夏言置于死地。

"东楼，你是说这奏疏没用？"严嵩很失望。他日日夜夜，反复琢磨，都是如何将夏言击垮，好不容易找到一个，怎么又没用呢？

"当然有用。"严世蕃说，"只是我们要利用的，是陆炳这个人，不是这件事。"

"利用陆炳？什么意思？"严嵩说，"陆炳和夏言的关系……你觉得陆炳能为我们所用？"

"爹，你是不是老糊涂了？"严世蕃睃了一眼父亲，"陆炳和皇帝的关系，不比和夏老儿关系近？皇帝老儿会因夏老儿包庇陆炳而治他的罪？即便治，也治不死他，最多又是革职。可革了夏老儿的职，他还可以复职，不是长久之计。"

"唉！"严嵩长叹一口气，"东楼说得对！为父真是老了，倒把陆指挥使和皇上的这层关系忘了。差点误事！差点误事啊！"

他有些后怕，如果夏言徇私情放过陆炳，他再以此弹劾夏言，会发生什么事？他不敢想。

"东楼啊！那你说怎么办？"此时的严嵩，已经不敢做任何决定了。

"我不是说了吗？"严世蕃为父亲的"笨"而不耐烦，"我们借这件事，利用陆炳。陆炳的脾气性格我知道，死要面子，也记仇，只要他能怨恨夏老儿，我们就能利用他对付夏老儿。"

"那要怎么才能让他怨恨夏言？"严嵩问，"促使夏言将弹劾陆炳的奏疏呈上去？"

"不……算了算了，你别管了，这事看我的吧！"严世蕃不想再和父亲解释，他快步走出严府，去了陆炳家。

"什么？弹劾我？"陆炳得知自己被弹劾，瞬间呆住了，"是……是哪个龟孙子要弹劾我？"

严世蕃可不想让陆炳把话题转到弹劾他的陈其学身上，于是说："陆兄，依我之见，现在的问题不是谁弹劾了你，弹劾你的人真不算什么，现在的问题是谁知道了弹劾你的事。"

"不是你们都知道了吗？"陆炳没好气地说。

"我们知道不算什么，夏言，首辅夏言知道了。他知道了，你知道的，肯定会呈给皇上。"

陆炳不说话，脸色铁青。

"这夏……这夏阁老六亲不认，你知道的。听说……听说他要严惩你，还说要杀鸡骇猴，纠正朝臣的不正之风。你这事，说小不小，说大不大，闭只眼就过去了。可要拿你开刀，指不定就要把你抓起来。"严世蕃先是胡编捏造，后又火上浇油，尽量激起陆炳对夏言的恨来。

"是！是啊！东楼兄说得对，这……这事要是对其他人来说，可能也不算什么事，可这夏阁老，是天王老子都不怕的角色，谁都敢管动。这……这可如何是好？"

陆炳急了，脸色煞白，在房间里转起圈儿来。

"陆兄，我看也不必太急，也不是没有办法补救。"严世蕃见火候到了，说。

"什么办法？"他问。

"去夏府吧，向夏阁老求情。"严世蕃说。

"求情？说笑吧你？刚刚你也说了，他六亲不认。"陆炳说，"向他求情会有用？算了，我还是去求黄公公吧！"

严世蕃一听急了，一旦陆炳找了黄锦，他的借刀杀人计划不就泡汤了吗？

"陆兄，找谁都不如找夏阁老好！"严世蕃说，"你想想，依夏言的脾气，他真想拿你开刀，连圣意都会违抗的呀。如今夏阁老第三次复职，可见皇上多么信任他，所以……所以我觉得陆兄还是找夏阁老好。你想啊，弹劾奏疏就在夏阁老手里，如果你说服了他，他不将那奏疏呈上去，不就什么事都没有了吗？而且还没什么人知道此事。如果你找黄公公，别说黄公公不一定替你求情，就是替你求情了，皇上不也就知道这事了吗？因此呀，只要夏阁老不追究，也就相当于没人弹劾你，你说对不对？”

陆炳想了想，确实如此。依黄锦不喜多事的性格，即便他去找，黄锦也不一定会帮他。于是他就说：“那……东楼兄觉得我去夏府，该不该拿点……”

“自然要拿些东西的。”严世蕃说，“夏阁老虽不收礼，可这是救命之恩，陆兄怎么能空手而去呢？”

陆炳想了想，点了点头。

“好了，那我走了！”严世蕃说，“我觉得你还是连夜去的好，以免第二日奏疏呈给了皇上，一切就晚了。我爹之所以让徐大人将奏疏送到夏府，就是为了给陆兄争取时间。”

严世蕃一边催陆炳尽快去向夏言求情，一边又要陆炳对他们严家父子感恩。

陆炳是个聪明人，知道严世蕃的意思，也拱手道：“多谢东楼兄和严阁老，待此事解决，陆某人必定上门致谢！”

“致谢是小事，算不上什么事。咱们兄弟之间，不用说这些，以后指不定还成儿女亲家呢。”严世蕃说。

陆炳一愣。

“好了好了！儿女亲家的事，以后再说，你还是快去吧！不耽误你时间了。”严世蕃走出两步，又退回来说，“对了，千万别说是从我这里得知此事的，你知道夏阁老和我爹……”

“放心吧！绝不连累东楼兄和严阁老。”陆炳说。

严世蕃走后，陆炳便做起了准备。他不知送什么好，思来想去，他带着随从和四个家丁，抬着三千两白银去了夏府。他想，都说夏言不收礼，很可能只是嫌礼太轻。哪有不收礼的人？他不相信，面对三千两白银，有不动心的人。

结果，陆炳吃了闭门羹。几次三番后，他搬出了姨妈。

"陆指挥使何事啊？这么晚来见本官。"夏言坐在那里，冷着脸。

陆炳是锦衣卫指挥使，母亲又是皇上的奶妈，他还和皇上以及皇上的贴身太监黄锦一起长大，谁见他不高看一眼？可这夏言例外，一直对他爱答不理。不过，由于知道夏言的脾气性格，陆炳平时也不放心上。如今他是专门来向夏言求情的，对夏言的态度，也就更不在意了。

他赔着笑脸说："卑职听说夏阁老近日身体有恙，带了些东西来看夏阁老。"

陆炳说完，朝外面叫了声："还不快把东西给夏阁老拿进来？"

外面的随从答应一声，正要把三千两白银搬进来，却见夏言起身怒道："陆指挥使，有事说事，别尽搞这些有的没的。要真拿进来了，别怪本官给你扔出去！"

陆炳气得脸都白了，这夏言也太不给自己面子了。不过，他想着自己来的目的，也就再次压抑住内心的怒火，走近两步，轻声道："听说……听说有人污蔑卑职，夏阁老可……"

"哼！陆指挥使不愧是锦衣卫啊！"夏言冷笑一声，眼神锐利，"什么事都瞒不过你。不过，是不是污蔑，你自己最清楚。"

"夏阁老，卑职真是冤枉啊！"陆炳假装委屈道，"夏阁老也许不知，这些人弹劾陆某，只是因嫉妒，嫉妒陆某和皇上、黄公公，还有夏阁老……"

"慢着！"夏言一抬手，"你可以说别人嫉妒你和皇上、黄公公的关系，千万别提夏某人，我夏某人和你陆指挥使没什么关系。"

陆炳的脸再也挂不住了。这夏言也太不是东西了。他双拳紧握，恨不得冲上去狂凑夏言一顿，甚至拿刀捅向夏言。可他深吸一口气后还是忍住了。别冲动！千万别冲动！夏言越这样，说明他越危险。

"我……"

陆炳刚要解释，只听夏言又说。

"你朝廷有人，谁不知道？可湖广道试御史陈其学还是弹劾你，可见你做了多少违背法令的事。你包庇、藏匿违法乱纪之人难道不是事实？不是事实，你府里那张、王二人是怎么回事？还有，你勾结候崔元加盐税，收受奸商徐二贿赂难道都是假的？"夏言义愤填膺，瞪着陆炳，继续说，"别以为我夏某人看到弹劾你的奏疏才知这些事，这些事，早就传到我夏某人耳朵里了，之所以没上奏，是近日事情太多，没来得及追究。"

陆炳的后背瞬间就湿了。他没想到，夏言知道得这么清楚。看来，严世蕃说得对，自己必须说服夏言放过自己，不然后果不堪设想。

不知是吓得双腿发软了，还是在故意做戏，陆炳"扑通"一声，跪在了地上。

"夏阁老饶命！夏阁老饶命啊！"陆炳鼻子一酸，哽咽起来，"卑职有罪！卑职不该听信奸宄小人之言，让他们在家里小住。卑职是受到了他们的蒙骗！他们说得可怜，卑职心一软，想帮他们，没想到他们害卑职……不过，他们一周前已经走了。"

"走了？"夏言有些不相信，"他们去什么地方了？"

"卑职不知道，真的不知道。"陆炳摇头说。

陆炳的话半真半假。真的是，这些人确实走了，假的是，他知道这些人去了哪儿，只是不能说。这一说，抓住了这二人，自己窝藏奸宄之人不就落实了吗？

"好！这事先放下，等抓住他们审过后再说。"夏言说，"增加盐税又怎么说？"

"这……这都是候崔元的主意。"陆炳把责任推得一干二净。

"哼！"夏言冷笑一声，"真是这样？"

"真是这样的，夏阁老！饶了卑职吧！"陆炳是真急了，真害怕，眼泪也流了下来，"卑职自小，自小就受到姨妈疼爱，如若……"

陆炳再次利用姨妈，让夏言刚刚还坚硬的心，瞬间又软了下来。他叹了口气。

"夏阁老若能饶了卑职这一次，卑职必定……"

陆炳还没说完，便听夏言说："罢了罢了！不要再说了。这样吧，本官先不将此事上报皇上，给你个机会。你回去后，把你如何藏匿张、王二人以及你和候崔元加私盐、收受徐二贿赂的事，全都详详细细地写下来……"

陆炳听到这里，心里已经在骂娘了。这夏言，自己跪也跪了，泪也流了，姨妈也搬出来了，他还不放过自己，只暂时不上报皇上，还让自己写下所犯之事。这不是让自己交代罪行，落实证据吗？

严世蕃的目的达到了，陆炳此时恨死夏言了。

等着吧！你不会有机会再呈给皇上的。陆炳想。

他想归想，可嘴里还是说："多谢夏阁老的救命之恩！"

"还有，把你拿来的东西都带走！怎么拿来的怎么带走，不管是什么。"夏言冷冰冰的话，无疑让陆炳觉得是种羞辱，何况门外的家丁和随从都听到了。

"好！夏言，你有种！等着吧！"陆炳在从夏府回家的路上，心里一直念叨着。

陆炳在夏府受辱的时候，严世蕃正和父亲严嵩在书房里猜测事情的发展。

"你确定夏言会羞辱他？"严嵩还是有些不放心。如果儿子的猜测出了差错，夏言没有羞辱陆炳，也不再追究，陆炳岂不对夏言感恩戴德？

"你不信您儿子？夏言什么人，您不知道？"严世蕃用独眼瞟了父亲一眼，"放心吧！夏言会像羞辱我们一样，羞辱他的。"

严嵩一听这话，心又开始刺痛。自己和儿子跪在夏言床前的事又浮现眼前，他双颊的肌肉又抖动了几下。

"我们有多恨夏老儿，陆炳就会有多恨夏老儿的。"严世蕃说完，稍停又说，"而且，这几日，他一定会再来找我们的。"

果不其然，两天后，陆炳将他在夏言那里受辱的事说了。

"这夏老儿太过分了，也不看看你陆兄是谁。你陆兄在朝廷，谁不怕三分？"严世蕃再次火上浇油。

"不整死他，我陆炳誓不罢休！"陆炳最后说。

严世蕃的脸上，露出了得意的笑，他瞟了父亲一眼。严嵩的脸上也浮出笑意。

"有机会的！"严世蕃说，"一定会有机会的。"

"什么？"陆炳没听明白。

"你不是说要整死夏老儿吗？"严世蕃说，"总会找到机会的。"

陆炳直直地看着严世蕃。他突然明白，严氏父子和他一样，对夏言恨之入骨，甚至可以说，严氏父子比他还恨夏言。不过，他并不知道，严氏父子和他一样，也在夏言那里受过辱。他以为严氏父子恨夏言，是因夏言夺了严嵩的首辅位。

不久，严世蕃想要的机会来了。

嘉靖二十七年（1548年），离曾铣提出"收复河套计划"过去一年多后，陕西三边总督曾铣率西北军讨伐俺答还没结果，俺答的生活习性，以及他们擅长的"游击战"，令曾铣和他的西北军头痛不已。

虽然每次领兵出征都大胜而归，但这大胜也只是将俺答赶出河套而已，等他们收兵，俺答又来了，又在河套驻扎、抢掠，无恶不作。

"和俺答作战，要做好打持久战的准备！"曾铣说。虽然他性子也急，但多年和俺答打交道，让他对他们越来越了解，"这场仗，谁沉得住气，坚持得住，谁就会赢。"

然而，曾铣就是再沉得住气，嘉靖帝也不给他机会了。嘉靖帝不耐烦了。他原本都有些后悔同意曾铣的"收复河套计划"，此时见曾铣迟迟不能收复，还空耗军饷，便召六部和内阁重新对此事进行商讨。

"这河套都收复一年多了，怎么还没收复？朕听到的，只是不停要军饷、兵马，这样的收复有意义吗？岂不连累了那里的百姓？让他们长期忍受战乱之苦？"

嘉靖帝这话一说，在场的人全明白了，皇上想放弃"收复河套计划"。他们不说话，等夏言说话。

嘉靖帝的话一出口，夏言便暗叫不好，紧锁眉头，想着怎么解释此事。不过，有个人抢在了他的前头。

"皇上圣明，这收复河套，从一开始就是一件劳民伤财的事。"严嵩说。

这可是他等了很久的机会。严嵩刚一开口便惊呆了在场的所有人。除了夏言，让这些人震惊的不是严嵩的话，既然皇上反对，严嵩反对有什么奇怪的？他们震惊的是严嵩抢在了夏言之前开口。

在大明，重臣之间，除非皇上点某人的名字，不然，皇上问话后，都要按官位顺序来回话的。有内阁和六部参与的会议，最先说话的是内阁首辅，然后次辅、阁员、六部尚书等。一旦顺序打乱，也便意味着官位会发生变化。

显然，严嵩是刻意为之。

然而，在夏言，他震惊的是严嵩说的话。

"严阁老，你这是什么意思？这怎么会是劳民伤财的事？河套被蛮夷侵占这么久，河套周围的百姓屡屡遭受俺答掠抢，你看不到吗？收复了河套，让河套百姓回归大明，河套周边的百姓，也能安全很多，这不好吗？"夏言完全是针对严嵩在说，可他忘了，严嵩只是复述皇上的话，因而，他驳斥严嵩，也就是驳斥皇上。

嘉靖帝的脸色不好看了，严嵩心里一喜，继续挑衅。

"夏阁老，您说得对，如果收复河套，是有诸多好处，可收复了吗？一年多了，河套不仅没有收复回来，反而浪费军饷无数。以前，老百姓只是偶尔被俺答抢掠，可现在呢？仗打到哪里，哪里就民不聊生，民众死伤无数，百姓怨声载道。您说，这还是好事吗？"

"打仗怎么可能不死人？"夏言气愤不已。此时，他已经意识到，严嵩是在和他作对。他一时气极，大声说："还有，严阁老，为何在内阁议此事时，你不表示反对，这时候又拿出来说？你有何居心？"

严嵩等的就是这句话，他左脸抽搐一下，眼角泛出笑意，这笑意被徐阶看在眼里。他想，坏了，夏阁老中严嵩圈套了。

"各地来的奏疏，夏阁老何曾征询过我们意见？此事夏阁老在内阁商议过吗？"严嵩说完，先看了看皇上，又看了看徐阶，"夏阁老不会忘了吧？此事是你一个人做主，不信可问徐大人。"

严嵩把球抛给了徐阶，徐阶没说话。

夏言顿时怔在那里，哑口无言。其实，他完全可以说内阁已经议过了，甚至把徐阶抬出来，让徐阶替他作证。想必如果他这么做，徐阶即便不会顺势点头，也不会说什么。这样，此事到底内阁议过还是没议过，也就说不清了。可惜，夏言不是这样的人。

嘉靖帝冷眼看着夏言和严嵩在针锋相对。让夏言第三次复职，正是为了让二人斗。

"夏阁老，严阁老所言可属实？当初朕让内阁商议此事，你们有商议过吗？"嘉靖帝问。

"请皇上恕罪！"夏言说，"臣是没有在内阁商议，而之所以没有商议，是臣觉得曾大人的提议很好，便私自做了决定。"

其实，这种内阁首辅私自票拟的事很正常，并不是什么大不了的事。因而夏言虽然知道严嵩是在报复，也没有放在心上。然而，让他没想到的是，严嵩突然"扑通"一声跪在地下。

"皇上，臣有罪！"

"何罪之有？"嘉靖帝皱起了眉，对政事，他并不想过多纠缠，政事、国事都让他烦，他喜欢安安静静地修道炼丹。不过，此次严嵩算是给了他一个很好的台阶。"收复河套计划"，虽然他最后后悔了，但圣旨已下，想收回圣命，又担心朝臣说他出尔反尔。严嵩的这些话，让他有了反悔的借口。

"皇上，夏阁老私自票拟，不让臣等知道，完全是出于私心。

是他想向皇上为曾铣邀功，因而票拟时，才大赞特赞曾铣，以此误导皇上。"严嵩大声说。

嘉靖帝大喝一声："夏言，欺上瞒下，你可知罪？"

"皇上恕罪！"夏言这下知道怕了，"扑通"一声也跪在地上。

"恕罪？枉朕那么信任你，几次让你复职！"嘉靖帝怒声道，"如此大的事情，你竟私自揽权，强君胁众，这还是一个内阁首辅的所为吗？"

严嵩虽然低着头，但脸上那掩饰不住的笑容全都看在了徐阶的眼里，徐阶后背一阵发凉。他想，看来，他的猜测没有错。严嵩能一直对夏言低眉顺眼，只是在等待一个机会。甚至可以说，是在制造机会，制造一个将夏言再次赶出内阁的机会。

严嵩赶夏言出内阁的目的达到了。

夏言再次被革职，而曾铣也以"轻启边衅"被捕，从河套被押解回京。不过，让徐阶没想到的是，将夏言赶出内阁，只是严氏父子的第一步，后面还有更狠的。

第十二章　夏阁老死不瞑目，严首辅小人得志

夏言第四次被革职，严嵩第二次当上首辅，徐阶顺理成章地成为次辅。

此次被革职，夏言彻底心灰意冷，他厌倦了钩心斗角，厌倦了算计和被算计，决定就此回老家，永远离开京城。或许，嘉靖帝也觉得夏言的此次革职有些冤，在他被革职后的第三天，又下一道圣旨，允许他以尚书身份离职。

然而，严氏父子是不可能这么放过夏言的。锦衣卫将曾铣抓捕并带回京城的当晚，严氏父子在严府书房里秘密会见陆炳。

"陆指挥使辛苦了！"严嵩高高兴兴地迎了上去，握住陆炳的手，"那曾铣抓得是否顺利？"

"带回来了。"陆炳答非所问。

可能是因为马不停蹄地长途跋涉，陆炳显得很疲惫，话也不多。

严世蕃问道："他就没有反抗？听说此人性格倔强，就没给你们的抓捕制造点麻烦？"

严世蕃是希望曾铣反抗的，曾铣的罪越大，夏言的罪也就越大。

陆炳斜着眼睛瞥了严世蕃一眼，心内暗忖，这个人太可怕了。

他甚至有些怀疑，自己的身边是不是被安插了严世蕃的人。他稍作沉思后说："我们奉命行事，是奉皇上之命，谁敢反抗？"

"是！是！那倒也是。"严世蕃没在此问题上多做纠缠，马上转移了话题，"陆兄，你的仇报一半了，夏老儿要回老家了，听说了吗？"

陆炳刚回京，还不知道此事。

"什么，离京？为什么离京？皇上会同意吗？"

"皇上不仅允许他离京，还特意下旨，让其以尚书身份归乡。"严嵩的脸上，露出了嫉恨的表情，"看来，皇上对夏言，还是有些不舍啊！"

"为什么要离开？之前不也屡屡被革职吗，怎么没想着离开，这次倒要离开？"陆炳说。对夏言，他心情复杂。

"皇上放夏言离京，我们可不能让他这么走了。"严世蕃偏着圆而大的脑袋，看着陆炳，"陆兄，你说是不是？"

陆炳瞟一眼严世蕃，端起一茶杯，呡了一口，慢慢说："东楼兄什么意思？"

"陆兄当初怎么说的？'不整死他，誓不罢休！'他这一走，陆兄的仇还怎么报？"严世蕃说话时，一直看着陆炳。夏言被革职后，陆炳似乎对弄死夏言缺少了热情。

"我说这话了吗？"陆炳直视着严世蕃。

"陆兄不记得了？"严世蕃虽然只有一只眼，但和陆炳对视时，毫不示弱。

陆炳不想记得。在夏言那里受辱时，陆炳确实想让夏言死，但过后，他想通了，夏言毕竟没有将此事禀报给皇上，也没有向任何人提起，甚至对于让他交代罪行之事，也未再提起。再一想到夏言拒收三千两白银的事，虽然让他很没面子，但也让他不得不佩服。因而，别说让夏言死，就是夏言被革职，他都有些于心不忍。

陆炳的反应，让严嵩心里一沉。他看了看儿子。既然已经将陆炳拖上了船，他们就不能让陆炳下船，不然他们就危险了。

"陆兄真不记得了？我可记得清楚着呢，你说恨死夏老儿了，还说非弄死他不可。害怕了？"严世蕃这话就有些激陆炳了。陆炳是个习武之人，怎受得了别人说他害怕。他咽了口唾沫，半晌才说："东楼兄什么话，我陆炳是个怕事之人吗？我和你东楼兄一样，想置夏言于死地，只是我觉得，既然他已经要离京了，就放他一马吧！"

"不不，此人不除，是个后患。"严世蕃不停地摇晃着他的大脑袋，"对陆兄尤其是！别忘了，你的把柄可还在他手里，一日不除他，你就不安全！"

"那东楼兄想怎么办？"陆炳嘴里这么说，心里想的却是，是你们觉得夏言是个后患，非要除掉吧！

"这不就找你来商量了吗？"严世蕃说完，把椅子挪到陆炳对面，坐下。严嵩始终没说话，坐在一边，像个无关的人，观察着陆炳。

"什么意思？东楼兄该不会让我在他离京途中把他干掉吧？"

陆炳这话一说，严嵩马上看向儿子，自己确实这么想过，想在夏言离京回乡的路上，找人把他干掉。而这个人，非锦衣卫指挥使陆炳莫属。不过，严嵩的这个想法，当时就被严世蕃否决了。严世蕃觉得，夏言如果在回乡的路上被杀，很可能引起皇上的注意。若皇上追查起来，最先怀疑的就是他们父子。因而，最好让皇上取他的命。

严世蕃回答道："那倒不必，咱们谁都不必亲自动手。"

陆炳长舒一口气，真要让他动手，他未必下得了手。

"东楼兄已经有主意了？"他问。

"咱们不是有个曾铣吗？"严世蕃得意道，"从曾铣身上下手。"

"这么说，东楼兄是想借曾铣除掉夏言？"陆炳问。

"准确地说，是让曾铣先着火，然后再把火烧到夏言身上。"严世蕃说。

陆炳深深看了严世蕃一眼，心想，此人不仅长得丑，心更丑。

好久不出声的严嵩，此时说话了："东楼啊，这曾铣虽被锦衣卫抓了回来，关进牢里，可他进的不是死牢啊。这事他罪不至死，火烧到夏言身上又怎样？"

"爹啊！现在曾铣确实罪不至死，但我们可以让他罪该万死啊！"

"这……"严嵩看了陆炳一眼。陆炳的眉头皱了起来，心想，这父子俩太毒了，连一个丢官入狱的人都不放过。

"你想怎样让曾铣罪该万死？"陆炳问。

"弹劾！弹劾曾铣！"严世蕃说，"曾铣犯了死罪，和他有牵连的夏言，逃得了吗？"

陆炳的心怦怦乱跳，不知道该说什么。

"弹劾这事，必须找个可靠的人，特别是皇上信任的人。"严世蕃说，"此人，我觉得陆兄最合适！"

"什么？我？"陆炳蹦了起来，"东楼兄，你也太看得起兄弟我了吧？我弹劾曾铣什么？我又不知他犯了什么法。"

"啧啧……陆兄，若知道他犯了什么法，我们不就直接弹劾了？还用坐在这里商量？"严世蕃说，"弹劾什么，还不容易？趁俺答依然在侵扰我大明领地，陆兄上奏弹劾，说他贪污军饷、打败仗后不上报，不打仗又冒领功。你说皇上会怎么样？会不会砍了他的头？"

严世蕃说到最后一句，独眼一瞪，眼珠凸了出来，很是恐怖。陆炳有种毛骨悚然的感觉，不禁也瞪大了眼睛。这人能把黑的说成白的，白的说成黑的，实在太可怕了。陆炳后悔上了严氏父子的贼船。

"这……这也……"陆炳本想说，这也太狠了吧，但最终把这话吞了回去，换了句，"东楼兄，主意是个好主意。不过，我弹劾曾铣，不合适，太不合适了！"

陆炳说得很慢，他需要找到能说服严氏父子的不合适理由。他不愿意做这么缺德的事，他和曾铣没仇。押解曾铣回京的路上，他未与曾铣有过什么交流，但他佩服曾铣是个铮铮铁汉。

陆炳率领五百名锦衣卫去抓曾铣时，确实遇到了点麻烦。当时，他们被曾铣训练出的五千精兵挡住了去路，这五千精兵是曾铣特意为收复河套训练的奇兵。

"你们不能带走曾将军！"精兵强将齐喊。

陆炳和他的锦衣卫，全都手持绣春刀，瞪着他们，做出迎战准备。

"我们在这里抵御俺答入侵，保护百姓，你们竟然要抓我们的将军！兄弟们，和他们拼了！"带头的将士喊。

"拼了！拼了！拼了！"士兵们挥着拳头，高声喊着，震耳欲聋。

"兄弟们，绝不能让他们带走曾将军！"那带头的将士又喊。

"不能带走！不能带走！"士兵们也喊。

五千对五百，锦衣卫副指挥使有些害怕，轻声问陆炳："怎么办？"

锦衣卫抓人，何曾遇到和他们刀剑对抗的？何况还是与五千精兵，说不怕是假话。

"再等等！"陆炳说。那刻，他内心的震撼多过恐惧。

就这样，陆炳率领的五百锦衣卫，与曾铣训练的五千精兵，整整对峙了三天三夜。好几次，副指挥使都问陆炳，要不要以叛乱上报朝廷，被陆炳制止了。他不想那么做，因为曾铣已经在劝他的将士们了。

"再给我点时间，让我说服他们。他们不应该死在这里，即使死，也要死在战场上！"

正是曾铣的这句话，让陆炳甘愿等上三天。

第三天，五千精兵散去，陆炳从容地走到他们面前，伸出双手，让他们给他戴上了枷锁。快到京城时，陆炳特意叮嘱手下，不要把同曾铣五千精兵对峙的事传出去，以免朝廷以叛乱罪惩治陆炳和那五千精兵。

"这样的人，应该死在战场上，而不是刽子手的手里。"陆炳对他手下说。

然而，为了除掉夏言，严氏父子不仅诬陷曾铣，还要让他来诬陷，他怎么可能做得出这事来？

陆炳的拒绝，让严世蕃的脑袋耷拉了下来。其实，他并非要陆炳弹劾曾铣，他只是想试探试探陆炳。陆炳的态度，让他确定陆炳想退缩。陆炳的退缩，很可能给他们之后的计划增添麻烦。严嵩用眼角的余光，瞟了瞟儿子。

身为锦衣卫指挥使，陆炳对外界的反应很敏感，他知道他的回答让严氏父子不高兴了。不行，不能得罪这父子二人，这二人可不是刀子嘴豆腐心的夏言，这二人什么事都做得出来，他们能算计曾铣、夏言，自然也能算计他陆炳。陆炳突然有些不寒而栗。宁得罪君子，不得罪小人的道理，他懂。

"东楼兄，不是兄弟我不愿意干，而是这事真不适合我干。这曾铣远在边塞，我又常年在京城，怎么弹劾他？"陆炳说到这里，突然想起一个人来，"不过，我不能亲自出手，却可以给东楼兄推荐一个人。"

"什么样的人？"严世蕃问。

"一个再合适不过的人！"陆炳说。

"陆指挥使是说……"

严嵩未说完，严世蕃便接着道："人在京城吗？如果在京城，陆兄就给我引荐引荐。这事还是当面说的好。"

"东楼兄也太心急了吧？"陆炳笑着说，"此人一时半会儿你还见不着。"

"见不着，什么意思？"严世蕃不解。

"他在监狱！"陆炳说。

严氏父子对夏言斩尽杀绝的劲头，让陆炳害怕，他不愿意参与到严氏父子的谋害计划中去，可是直接退出，很可能给自己带来危险。他脑子里蹦出一个人来，此人不管是狠劲还是贪婪，都和严氏父子很像。有了此人，想必严氏父子也就不会事事都拉着他了。

"你说的这个人是谁？为什么会在监狱？"严世蕃刚说到这里，独眼一亮，大叫一声，"陆兄，我知道了，你说的可是仇鸾？"

这下该轮到陆炳大吃一惊了。

"厉害！"陆炳怔了一下后，朝严世蕃竖起了大拇指，"都说东楼兄是天下第一聪明人，我陆某总算领教了！"

"哈哈哈……"严世蕃狂笑起来，"不错！仇鸾，好！合适，最合适的人选！看来，老天也助我们！"

此时，严嵩也已经知道仇鸾是谁了，一直阴沉的脸，露出了笑容，那笑容在满是皱纹的脸上漫开。

能让严氏父子这么满意的仇鸾，又是何许人呢？

此人是正德年间，在平定安化王之乱中立下了大功的仇钺的后人，世袭咸宁侯，曾镇守甘肃。仇鸾确实就像陆炳所说，很像严氏父子，贪婪、凶狠。当然，由于他是武将，经常被迫上战场，便多了一个缺点，贪生怕死。

曾铣身为陕西三军总督，有时会率西北军和俺答汗率领的部落打仗。那时候，仇鸾就是曾铣的手下。曾铣是个打仗不要命的人，而仇鸾恰恰相反，因而，仇鸾的临阵退缩让曾铣很生气，也很鄙视。

不过，仇鸾临阵退缩，曾铣一直只在内部加以惩治，并未上报朝廷。直到有一次，仇鸾为了领功，杀老百姓冒充俺答兵，激怒了曾铣，他一纸奏疏将仇鸾弹劾，仇鸾由此坐了牢。

这样一个曾在曾铣手下待过，且和曾铣有仇的人，弹劾曾铣，不是最合适的人选是什么？

"就他了！此事若成了，他不仅可以不用坐牢，而且还能因揭露曾铣有功而得到提拔！好！"严世蕃大声说。仇鸾是他严世蕃想用的人，不仅这次。

几日后，严世蕃乔装打扮，进入牢里，秘密会见仇鸾。

"亲爹！你就是罪民的亲爹啊！"仇鸾一听严世蕃说完便跪在了地上，嗷嗷大哭起来，嘴里叫着爹。

"本官可没有你这样的儿子，也不要你这样的儿子。我不像我爹，喜欢收干儿子。"严世蕃瞪着独眼半讥讽道。

仇鸾一听这话，又磕起头来。

"首辅大人若是罪民干爹，大人您便是罪民的亲哥哥！"仇鸾是何等机灵之人，丝毫不觉尴尬，瞬间就给自己换了个身份，换了辈分，"弟弟仇鸾拜见哥哥！"

"起来吧！此时叫还有点早！"严世蕃斜着眼说。

"哥哥放心！此事弟弟一定办好，一定让哥哥和干爹满意。"仇鸾的这句话，终于让严世蕃露出了难得的笑容，这笑容让他的面目更显狰狞。

"只是……"

"只是什么？"仇鸾没说完便被严世蕃打断。

"只是弟弟识字不多，怕……"

"这个你不用操心，到时你只需按本官给你的东西，抄写一遍，按上你的手印即可。"

"还是哥哥想得周到！"仇鸾高兴道，"以后哥哥说什么，弟弟一定照办！"

仇鸾弯腰媚笑的样子，让严世蕃很是开心，他高兴又得了一条狗，一条可以听他话，指谁咬谁的狗。他的身边需要一条这样的疯狗，仇鸾便是那条疯狗。

"那什么时候弟弟……"仇鸾太急迫了，急着办完此事，急着出狱，急着认首辅为干爹。对他而言，有了首辅这个干爹，他就拥有了一座大金山，他就可以等着取之不尽的金银财宝送上门来。

"等着吧！"严世蕃说完，不再多说什么，也不看仇鸾，甩开膀子走了。

看着严世蕃矮胖的背影，仇鸾激动不已。他突然感激起曾铣来，如果曾铣不将他送进狱中，他又怎么可能有报效首辅的机会？好运来了，挡都挡不住啊。仇鸾的好运，正是曾铣和夏言的噩运。

嘉靖二十七年（1548年）九月，俺答突然率军进扰宣府，势头很猛，直逼京城。

"皇上，这都是曾铣'收复河套计划'惹的祸！"严嵩的这句话无疑火上浇油。也就在这时，那封由严氏父子操刀，由仇鸾抄写并按手印的弹劾曾铣的奏疏到了。

欺君、战败不上报、贪污军饷、派遣儿子曾淳携银两来京贿赂权贵……

不用看后面的，只看这几条罪状，就足以处死曾铣。嘉靖帝当即下旨，将曾铣关入诏狱。几日后，曾铣被腰斩了。

临刑前，曾铣泪流不止，仰望天空，大喊一声："一心报国！"

曾铣被押去行刑时，夏言正带着家人走在回乡的路上。从京城出发已经快一个月了。

"老爷！我们快到丹阳了。"老管家说。

"好！快到了就好！"夏言说，"到了丹阳后，休息两日再动身吧！"

从京城回乡的路上，夏言一直沉默不语。虽然对朝廷已经失望，但他心里还在牵挂着朝廷，牵挂着即将被严嵩控制的内阁。

"好在内阁还有少湖！"夏言想到徐阶，心里有了稍许的安慰，"想必他还能挡挡严嵩。"

夏言在离开京城前，不少同僚偷偷去看他。虽然这些同僚平时也不和夏言来往，但想到他这次这么冤，也都很同情。不过，除了徐阶，夏言谁都不见。

"少湖，老夫知你是清流，和严派不是一路人。"夏言第一句话就让徐阶一惊，"不过，严氏父子你要倍加小心！"

徐阶点了点头。

"学生会小心的。"

"特别是他那儿子严世蕃，更要注意！老夫如今会落到如此田地……唉！不说了，不说了！"夏言摇头叹息。

"学生一定谨记师父的教诲。"徐阶说,"也请师父原谅学生……原谅学生没有……"

徐阶还没说完,便被夏言一挥手打断了。

"你不必自责。老夫知道,很多人都在私下议论,说你是老夫提拔的,为何不替老夫说话,还说你也是严派……老夫知道,你不是严派。"夏言稍停又说,"你这么做是对的,此时任何人说任何话,都是徒劳。既然徒劳,你若说了,不仅帮不了老夫,反而会遭到严氏父子的打击报复。"

徐阶一听这话,"扑通"一声跪在了夏言面前,眼圈一红,说不出一句话来。夏言被革职,让很多人都用异样的眼神看他,除了觉得他不知感恩外,还觉得他是受益者。夏言离开内阁,让他从阁员升为次辅。甚至还有人说,夏言被革职,是他和严嵩共同所为。

徐阶每次听到这些都百口莫辩,很是委屈。因而,面对夏言的理解,他感动不已。

"快起来吧!"夏言皱皱眉,厉声道,"不要轻易向别人下跪。男人上跪天,下跪地,中跪父母。身为臣子,也只能给天子下跪,你身为内阁次辅,怎么能对老夫下跪呢?"

"一日为师,终身为父!"徐阶流着泪说,"学生跪师便是跪父,跪父理所当然!"

"唉!起来吧!"夏言也动了情,眼圈红了,他俯身扶起徐阶,"老夫在朝中并未结交什么人,可老夫能在离京前,有你这样一个学生,知足了!其实,老夫本可以替你解释,可老夫想了想,还是没有说。你知道老夫为何不说吗?"夏言看着徐阶。此时的夏言,完全没了以前的威严,有的只是慈爱和温和,很像一个长者。

"师父是担心学生成为严派的攻击目标。"

夏言点了点头。

"能知老夫的良苦用心就好。如今的朝中,严派人数众多。几年里,他们培植了不少党羽。你一定要多加小心。还有,以后不管怎样，都别忘了你要做一个什么样的'相'，也别忘了，你是清流，千万不要和严派同流合污……"

那天，夏言和徐阶聊了很多。徐阶离开夏府时，夏言又提醒他说："记住，大丈夫不拘小节，不要纠结于别人说什么，也不要去多做解释，时间会为你做出最好的解释。你的所作所为，时间会证明你的对错。"

夏言确实对徐阶抱了很大的希望，从徐阶的身上，他看到了自己不具备的隐忍和不张扬。这隐忍和不张扬，很可能会成为对抗严氏父子的利器。

"老爷，丹阳到了！"老管家的这句话，打断了夏言的沉思。

"好！休息吧！"

夏言说着话，下了轿子。然而，刚刚住进客栈，夏言便听到了一个坏消息：曾铣被腰斩了。

"腰斩？被腰斩了？"夏言惊得双眼一黑。

"老爷！"老管家叫了一声，扶住了他。

坐回椅子上，夏言半天才睁开眼。"曾大人犯了什么罪？要……腰斩？"夏言声音微颤。

老管家不说话，只是摇头，叹气。

"再去打听一下，曾大人究竟犯了什么罪，竟然到了腰斩的地步。一定要打听清楚！"

管家答应一声出去了。夏言靠在椅背上，闭上眼睛，喃喃道："老夫都离京了，不会威胁到你们了，你们还不放过老夫吗？"

夏言预感到，曾铣的死没有那么简单，自己既能因曾铣的"收复河套计划"被革职，也很可能因曾铣的被腰斩而……夏言不敢再想下去。他挣扎着起身，想去外面，可刚站起来，又跌坐在椅子上。

只能等着了。

终于，老管家回来了，一进门便抹着汗说："老爷，听说曾大人的一个下属弹劾曾大人，说他欺君，还说他战败不上报、贪污军饷，还说他派遣儿子曾淳携银两来京贿赂权贵……"

"贿赂权贵？"老管家的话刚说到这里，夏言便大叫一声，从椅子上滑了下去。

"老爷！老爷！老爷您怎么啦？"

老管家和家仆七手八脚，将他抬到床上。稍倾，夏言睁开眼，急忙道："快！动身！一刻都不要停留，回家！回家！"此刻的夏言，额头已经渗出亮晶晶的汗来。他心里很清楚，自己已经逃不掉了。但也许是条件反射，他还想挣扎一下，希望能回到老家，看看老家的亲人，他怕以后再也没有机会了。

"贿赂权贵"，这"权贵"，一定指的是自己。

果不其然，在他刚刚坐上马，扬鞭快跑时，追兵堵在了马前。看到追兵，夏言反而放松下来，十分镇定地看着他们。

"老夫的罪名是什么？"他问，语气从容不迫。

"与罪臣曾铣结交，接受罪臣曾铣的贿赂！"来人说。

夏言冷笑一声，闭上了眼睛。

"老夫命休矣！"夏言喃喃道，"严嵩，你太狠了！"

在大明，藩王擅自入京和边将结交近臣都是死罪，因为这里面暗藏着图谋不轨。

夏言和家眷被重新押回京城后，随即进了死牢。自进入死牢，夏言就没再说过一句话。

嘉靖二十七年（1548年）十月，豪迈有才情、能纵横驳辩、心系天下、胸怀万民的一代首辅夏言被斩首在西市。他的妻儿被流放广西，子孙自此被削职为民。斩首的当天，天空黑云密布，小雨纷纷，雨中，徐阶闻到了血腥味……

那天，徐阶一动不动地坐在窗前，看着窗外绵绵细雨，想起了夏言离开京城前，和他的那场谈话：官场上没有一番历练，难成大器。何谓历练？就是熬日子，耐着性子等，硬着头皮忍。

"记住，若想扳倒严嵩，严嵩只贪还不够，还要让他威胁到皇权才行！"

"师父，我记住了。"徐阶在心里说。

那天，他表面平静如水，内心却翻江倒海。

夏言死了，严嵩那一直悬着的心，终于落了下来。经历过再次将夏言扳倒，且是永远地扳倒，严嵩意识到，想要在官场上屹立不倒，就要和光同尘。夏言死，不是他严嵩弄死的，而是夏言自己找死，因为，夏言没有做到和光同尘。皇上忽喜忽怒，身边人也便忽功忽罪。若想只有功没有罪，那就凡皇上赞同的，自己都说对；凡是皇上反对的，自己都说错。总而言之，把话说到皇上心里，把事做到皇上心上即可。

严嵩在总结出这些后，在嘉靖帝那里也就越来越游刃有余，嘉靖帝对严嵩也越来越信任。甚至可以毫不夸张地说，严嵩成了他的另一个贴身太监。

严嵩这个内阁首辅，除了要票拟、写青词外，还多了个任务，为皇上试吃丹药。

替皇上试吃丹药本是有专人的，可那日当陶仲文托着盛放着"仙丹"的金盘来到皇上面前时，嘉靖帝看着躬腰低头站在一旁的严嵩说："今儿就让严大学士试吃吧！"

严嵩一惊，抬起头来。严嵩刚要说话，便见张佐在一边朝他使眼色一边说："恭喜严阁老，这可是陶仙人特意为皇上炼的仙丹，皇上这是在赐你仙丹吃呢。"

一听张佐这话，严嵩心里叫苦不迭，却不得不跪下道："谢主隆恩！"

自那日后，为皇上试吃丹药便成了严嵩的事。这原本的"青词宰相"，又多了一个称呼："试药宰相"。每次试吃完丹药，严嵩回去都要吐上半天，不吐出来不舒服。他不明白，这么难吃难闻让人反胃的药丸，皇上是怎么当成"仙丹"来吃的？不想吃不爱吃是一回事，可再试吃时，严嵩还得感恩戴德地幸福地吃下去，几日后再向皇上汇报丹药的好处……

"这皇帝老儿，不是折磨人吗？"严嵩每次在家吐的时候，儿子严世蕃都要这么说。

"这是皇上对为父的信任。"严嵩说完，笑了一下，但他笑得比哭还难看。

严世蕃没再说话，他在想，什么时候父亲才能不受皇上摧残？想必是皇上被完全攥在了他们父子手里的时候。

"再熬熬吧！"严世蕃说。

严嵩没问"熬"什么，自完美除掉夏言，严嵩对儿子也就绝对信任了。他觉得，在谋略上，儿子远远超过了他。

"不能谋万事者，不能谋一时，有时候，谋一时就是谋万世！"严嵩在夏言被斩首的那天，高兴地对儿子严世蕃说，"为父老了，以后严家的大事小事，你能定夺的，都由你来定夺！"

"不仅严家大事小事，以后内阁有什么事，爹拿不定主意的，也告诉我，我给您老拿主意。"严世蕃一点都不客气，大声说。

严嵩一听，正想教训儿子几句，突然住了嘴。儿子的这句话倒提醒了他，内阁里，似乎没有一个让他觉得可靠的，既然这样，儿子这么"通国典，晓时务"，进内阁的话……

很快，他又摇头否决，觉得不能操之过急。

严世蕃做尚宝司少卿也有些日子了，他早想给儿子换个位置，可换到哪个位置上好呢？

"东楼，你该动动了，你想去六部里哪个部？"

"去工部吧！"严世蕃的独眼里射出狡黠的光，他脱口而出。

儿子要去工部，让严嵩有些吃惊，他以为儿子想去的是管财政的户部。严世蕃不愧是"绝顶聪明"，马上就从父亲那讶异的眼神里，读出了父亲的心思。

"户部我也想去，可不能去。皇帝老儿本来就生性多疑，您老想想，父亲掌管着他的天下事，儿子再掌管他的财政，他会怎么想？我可不想让他放下修道炼丹，整日盯着我们父子俩。"

严世蕃说完笑了，严嵩也笑了，觉得儿子自策划了夏言之死后，变得更成熟了。

"东楼啊，有你这番话，为父就彻底放心了。可你为何一定要去工部？"

严世蕃得意地摇头晃脑，小声说："工部掌管什么？全国屯田、水利、土木、工程、交通运输、官办工业，油水多了去了。"

严嵩笑着用手指点了点儿子，道："你呀，你呀！对了，那你在工部坐什么位置合适？"

"工部左侍郎！虽然上面还有个工部尚书，可这工部尚书上面不还有爹您吗？何况，工部尚书总要在京城待着，不自由。"

严嵩点了点头。

"咱们上面，现在不还有个皇帝老儿吗？那黄灿灿的金子，多诱人啊，皇帝老儿爱那玩意儿，我们就不能直接沾手。"严世蕃说到这里，突然大笑起来。不过，他刚笑出几声又收住笑，严肃地道："以后咱们分工合作，京城这里有爹，地方上有我，大明的天下，很快就会全部掌握在我们手里了。"

严嵩第一次没有为儿子的张狂责骂他。当大明天下都已掌握在他们父子手里，儿子的这种张狂就不是张狂，而是自信了。

"文华是不是说明天来府里？"严嵩突然问。

嘴里哼着小曲的严世蕃，不满地睃了父亲一眼，用鼻子哼了一声。

严嵩知道儿子不喜欢他提赵文华，便解释道："东楼啊！我们还是需要文华的，很多事情你不能出面，可以叫他去出面。这样一旦出了什么事……"

严嵩没再往下说，他聪明的儿子，能不知道是什么意思？果然，严世蕃的脸色好了起来，哼了一声说："这小子，指不定又到什么地方搜刮钱财去了。不过最好的宝贝，他都会送过来的，他不敢私藏。从这点上来说，这小子还算识相。"

"明儿他来了，你说说他，别老做些因小失大的事。"严嵩说。

严世蕃像是没听到似的，将脸转向一边。他当然听到了，只是不以为然，大明还有谁对他们有威胁？除了皇上，没了。只要背着皇上就行，没什么好担心的。

赵文华此次从江南回来，是专门祝贺干爹严嵩再次升任内阁首辅的。干爹如今又成了一人之下、万人之上的首辅，巴结他这干儿子的人会少？他回京时，送礼者多得应接不暇。这次回京，赵文华特意挑选了几幅古画给严嵩，几件首饰给欧阳氏，一顶价值连城的金丝帐给严世蕃。在赵文华看来，干爹和干娘的礼物可以马虎，混世魔王严世蕃的礼物不能马虎。然而，即便他很用心地给严世蕃准备了金丝帐，严世蕃还是嫌弃地弃之一边。

"就这破烂玩意儿？"严世蕃不悦地道。

"东楼兄！这里还有，还有……"赵文华急忙令人抱来十五只首饰盒，摆在了严世蕃面前，"这些都是送给嫂嫂们的，还望嫂嫂们笑纳。"每次给严世蕃准备礼物，赵文华都叫苦连连。随着严世蕃娶的妾越来越多，他要准备的礼物也越来越多。更主要的是，给严世蕃每位小妾的礼物，不能厚此薄彼。这次，他是下了血本了，严世蕃的一妻十四妾，个个都有昂贵的首饰。

"嗯！"严世蕃瞟了一眼那堆首饰，怒气虽消，但他还是没有好脸色。赵文华的眼珠子骨碌碌转了几下，他有了主意，凑近严世蕃道："东楼兄，馨香院近日来了个金头发、蓝眼睛的女人，您听说了吗？"

"什么？洋女人？"一说到女人，严世蕃来了精神，肥胖的身躯从座位上弹起，瞪着独眼，"你是说，刚刚又新来了一个洋女人？"前段时间，严世蕃在那里才玩过一个女人，说是洋女人，可惜没玩几次就死了。

赵文华嘿嘿笑着，笑得很是淫荡，他说："这次的不一样。是金头发、蓝眼睛的洋女人，不是东洋女人。虽然带着'洋'字，可东洋女人看着和我们差不多，哪有西洋女人……"

赵文华在胸部和屁股上比画了几下。

"那还不快走？"严世蕃一刻都等不了了。

两个人快步走出严府，骑马直奔馨香院。

大胸、翘臀、金发碧眼的西洋女人让严世蕃乐不思蜀。他在馨香院整整待了三天三夜都没回家。

第四天的时候，老管家找到了馨香院。

"少东家！少东家！"老管家抹着一头汗，气喘吁吁地在挂着"芍药"牌子的门外喊。

正在西洋女人身上乱啃的严世蕃，不耐烦地冲门口吼道："什么事？"

门外叫他的是老管家，如果换作其他人，他要么不理睬，要么叫人揍上一顿。老管家能亲自来找他，必有急事。果然，老管家在门外说："少东家，有事，有急事，老爷的事！"

父亲的事就是皇上的事，严世蕃不再耽误，不舍地从西洋女人身上爬起，胡乱披上件衣服，打开了门。原来，嘉靖帝昨晚夜传圣旨，询问今年江南蚕丝的总量，还让内阁票拟。在西苑值宿的严嵩怔住了，这皇上是糊涂了吧，前几天不是才票拟过吗，还召集六部商议后决定了，怎么又要票拟了？严嵩正要回话说已经票拟过了，但又一想，不行。怎么回话？难道说皇上忘了，这不就是说皇上糊涂了吗？皇上最忌讳别人说他糊涂。算了，还是按原样票拟吧。结果，嘉靖帝又退回来了。

这是怎么回事？严嵩犯了难。

皇上真糊涂了？要不要再按原样票拟一遍？那很可能惹怒皇上。难道皇上对票拟不满意？可又是哪里让皇上不满意呢？严嵩正不知所措之际，和他一起值宿的李本从他面前经过。严嵩叫住了他，说："皇上要票拟今年江南的蚕丝总量，你去查一下，看我们之前的票拟，会不会有错。"

李本先答应一声，走了。

自夏言死后，严嵩便觉得内阁没有了对手，在票拟上，也不再像以前一样独断专行。之所以不独断，是怕出事后没人能替他背黑锅。就说夏言吧，当初在收复河套问题上，若他能和其他内阁成员商量，又怎么可能被严嵩利用？因而，在票拟今年江南蚕丝总量的问题上，严嵩先是和次辅徐阶、阁员李本商量，后又召集六部商议，最后才决定的。

很快，李本就查好了，说没有错。

"一字不差！"李本说。

"那是怎么回事呢？"严嵩更纳闷了。真是圣意难猜啊。

"严阁老，该不是皇上不认可我们写的蚕丝总量吧？"李本突然一拍脑袋说。

"有可能！"严嵩说，"可这事就麻烦了，如果不满意我们报的产量，是嫌我们写多了还是写少了？"

"严阁老，我们报的数字不多也不少，都是按江南报上来的数据票拟的，我们不能……"李本的话还没说完，便被严嵩用眼神制止了，"让徐阁老来西苑！"

"现在吗？这么晚了，徐阁老……"

"还不快去？"严嵩怒声道，"我们等得，皇上等不得。"

于是，徐阶被人从睡梦中叫醒，心急火燎地从徐府来到西苑。和严嵩、李本的看法一样，徐阶也觉得，皇上肯定对他们上报的数据不满意，因而才让他们重新核算。不过，对重新核算，是要将数目加上去还是减下去，严嵩和徐阶有着完全相反的结论。

徐阶觉得，数据应该减下去。"之前江南报上来的数字，卑职就觉得有出入，虚报了，报多了。"徐阶说，"或许皇上看出数目是虚报了，才让我们重新核算。"

严嵩却不同意徐阶的意见，他说："不会！以本官对皇上的了解，皇上不会觉得是虚报。如果江南今年的蚕丝总量上不去，国库的亏空问题又怎么解决？"

"可实际的产量如果和上报产量出入太大，国库的亏空还是无法得到解决，而且我们还会……"

徐阶还没说完，就被严嵩不满地打断了。

"以后是以后的事，产量有出入是江南的事，我们只管报总量，只管让皇上满意。"

徐阶想，难道瞒报有什么后果，你们不知道吗？不过，这些话徐阶只能放在心里。他不能说，说了会得罪严嵩，以他现在的地位，他得罪不起严嵩。

"那就依严阁老说的来拟吧。"徐阶说着又加了一句，"关键皇上到底是嫌多了还是嫌少了，我们不知道。不了解清楚再报上去，肯定还会再被退回来的。"

这也是严嵩最担心的，他不敢做决定了。徐阶说得有道理，首先要弄明白圣意，只有猜对圣意，才能给出让皇上满意的数字。

"唉！"严嵩叹口气，看着李本，"你觉得呢？"

李本一直不说话。对他来说，他只是阁员，大可不必参与到首辅和次辅的讨论中去。虽然在理智上，他赞同徐阶，可他又怎么能不支持首辅的看法？李本小心翼翼道："二位阁老说得都对！就是不知道皇上的真实想法。"

就在这时，皇上那边又来人催了。三个人你看看我，我看看你，大眼瞪小眼。

"皇上今晚看来是不会睡了。"李本说。

嘉靖帝如此着急，就是因为睡不着，想起了江南蚕丝的事。他不满意之前的票拟，便使得内阁里的三个人以及伺候他的太监们不得安宁。嘉靖帝经常不说真实意图，让臣子、太监去猜测圣意，这甚至成了他的一个乐子。

"还是随便报个数字上去吧！"李本害怕了，"试试，再不呈上去，皇上会发火的。"

"严阁老，不行就报两份，一份比之前报的数目多一些，一份比之前报的数目少一些。"徐阶说。

严嵩先是觉得徐阶的主意好，可又一想，摇了摇头。若论对皇上的了解，徐阶肯定比不上他。呈上去两份，皇上一定会大发脾气的，觉得是在糊弄他，嘉靖帝最恨别人糊弄他。

"要是有人能读懂皇上的心思就好了。"李本突然的一句感慨，让严嵩想起了儿子严世蕃，于是他给严世蕃写了个条子，令人快马加鞭地送到严府。

那时候，严嵩还不知道儿子严世蕃已经三天三夜没回家了。

当严嵩的"急件"送去严府，送到老管家手里时，老管家知道事情紧急，急忙跑去馨香院，将严世蕃叫了起来。

三天三夜都没好好休息，严世蕃很是疲倦，头昏脑涨。

"给爷端盆凉水来！"严世蕃大声说。

满满一盆凉水被端来了，严世蕃二话不说，将那张胖脸全部浸在水里。几秒钟后，他抬起头来，抖抖脸上的水，整个人都清醒了。在房间里踱了几圈后，他大喊了一声："拿笔墨纸张来！"

严嵩、徐阶和李本在内阁焦急地等着。徐阶和李本在得知严嵩向儿子严世蕃求救后，虽然觉得荒唐至极，却也不敢说什么，只得像严嵩一样，等着。

终于，他们等来了严世蕃的意见。

看完儿子那挥挥洒洒的文字，严嵩笑了。他不再征询徐阶和李本的意见，直接票拟起来。票拟过后，他冲他们二位说："东楼的看法和本官一样！"

严嵩说的时候，得意至极。徐阶嘴里奉承着严嵩，心里却在冷笑，那就等着皇上再退回来吧！

结果，这票拟再呈上去时，嘉靖帝不仅非常满意，且当即令张佐批红，还说第二日就要下圣旨。

严嵩得知蚕丝产量让皇上很满意后，喜不自禁，连连夸赞儿子。

"东楼比你们……"严嵩指了指徐阶和李本，"更了解圣上。"

"是！是！严阁老说得是，卑职很是惭愧。左侍郎为了大明天

下整日废寝忘食……"李本不知该如何称赞严世蕃，也就习惯性地说了。话没说完，他便看见徐阶不停给他使眼色，这才意识到，自己又说错话了。京城里，谁不知道首辅的公子整日里只会出没花街柳巷？

李本吓得脸色煞白，好在严嵩正高兴着，没太在意李本的话。

"不要以为东楼只是懂圣意！"严嵩说的时候，看了徐阶一眼。

徐阶尴尬地笑笑，没说话。

"知道东楼在信里给本官说了什么吗？他说，皇上肯定嫌我们上报的数量少。"严嵩说。

"严大人怎么知道的？"徐阶问。

"东楼说，西洋要和我们朝廷做生意，西洋人看上我们的蚕丝啦！西洋一要，这蚕丝数量不就要上去吗？如若不是东楼对这些事情有所了解，又怎会参破皇上的心思？"严嵩说完，又将眼神在徐阶和李本身上扫了扫，接着说，"东楼不是内阁成员，却知道为朝廷操心，为皇上分忧。皇上为天下苍生不眠不休，我们身在内阁却毫无办法……唉！本官愧对皇上信任，愧对朝廷和黎民百姓啊！"

擅长演戏的严嵩，说着说着，眼圈一红。徐阶和李本全都垂下了头。

"徐阁老，你是大学士，也是次辅，可不能只朝上看，不朝下看啊！"严嵩把矛头对准了徐阶。

严嵩这句话意味深长。徐阶嘴里答应着"阁老说得是"，心里却在想，看来，以后的内阁，真要成为严家父子的了。

严世蕃一出手就解决了内阁三人的烦恼，不得意都不行。

儿子如此有出息，花天酒地一点算什么？严嵩对这个儿子更放心了，管他是不是整日在花街柳巷逗留，管他娶了多少房妾，严嵩全都无所谓了。

吃喝嫖赌成了严世蕃的标签。北京城里，凡是能吃喝嫖赌的地方，到处都能看到他的身影。而凡是有他身影的地方，大家全都作鸟兽散。倒不是他要赶走别人，而是酒后的严世蕃喜欢发疯，一旦发疯，他便要去作弄客人，见谁作弄谁，没有人敢反抗。因为严世蕃不仅是内阁首辅的儿子，还是皇上钦点的"小阁老"。

严世蕃喜欢这称号，自此不管走到哪里，一定要让别人叫他"小阁老"，而内阁再有事，严嵩也开始大张旗鼓地让严世蕃来解决。

"内阁在哪儿？"有人问。

"能在哪儿？当然在严府！"有人回答。

"大明在谁手里？"还有人问。

"当然在大小阁老手里。"有人回答。

"严府就是内阁，大明朝政在严氏父子手里"的说法在京城不胫而走……

（完）